한국경제 10대 전략

자유민주주의와 시장경제체제

안내

1. 한국경제에 관한 관심은 있으나 바쁘신 분은 〈프롤로그—목차—에필로그〉 순으로 읽으면 전체 내용을 알 수 있다.

2. 〈프롤로그—목차—에필로그—2부 10대 전략—1부 자유민주주의와 시장경제체제〉 순으로 읽으면 도움이 된다.

정판영

한국경제 10대 전략

TOP 10 STRATEGIES OF THE KOREAN ECONOMY

자유민주주의와 시장경제체제

프롤로그

———

　　한국전쟁이 끝난 뒤 UN군 총사령관이었던 맥아더 장군은 "이 나라가 재건되려면 최소 100년이 걸릴 것"이라고 했다. 그러나 폐허 속에서 해외, 주로 미국 원조에 의존하던 대한민국은 50년도 채 되지 않아 세계 경제 강국으로 우뚝 섰다. '한강의 기적'을 이루어 낸 한국은 해외 원조를 받던 나라에서 원조를 주는 나라로 발전한 것이다. 대한민국은 세계 제2차 대전 종전 후 신생국 150여 개 국가 중에서 원조를 받던 나라가 원조를 주는 산업화와 자유민주주의 체제에 의한 민주화를 동시에 이룩한 유일한 국가가 되었다.

　　피터 F. 드러커는 저서 『자본주의 이후의 사회』에서 1992년 12월 "역사에 기록된 것 가운데 한국전쟁 이후 40년 동안 한국이 이룩한 경제 성장에 필적할 만한 것은 아무것도 없습니다. 역사상 어떤 나라도 한국이 겪은 것보다 더 빠르고, 그리고 더 철저한 변화를 겪지 않았을 것입니다. 또한, 앞으로 20여 년 동안 어떤 나라도 한국만큼 빨리 그리고 철저히 변하지 않을 것입니다." 그는 한국전쟁 종전 직후 한국을 방문하여 한국의 폐허와 모두가 파괴된 잿더미 참상을 보았다. 국민의 가난과 질병과 무질서의 현장, 기업경영 인재도, 중산층도, 교육받은 지식인도, 부존자원도, 전력도, 산업시설도, 엔진이어도, 과학자도, 산에 수풀도--- 거의 없는 상황에서 한 세대여 만에 이룩한 한국의 경제 기적에 대하여 경의와 찬사를 보내준 것이다.

그는 지식인이 현대 사회와 현대 경제의 핵심 자원이라는 그의 주된 명제의 최고의 모범국가가 한국 근대화 과정이라고 했으며, 한국의 기적은 교육투자에 의한 인적 자원, 경영자의 헌신, 고된 일을 마다치 않는 근로자, 기업가 정신, 그리고 무엇보다 경영의 승리라고 극찬했다. 그는 "선진국이 되는데 영국과 프랑스는 200년을, 미국은 125년을, 일본은 80년이 걸렸는데 한국은 30년 만에 선진국이 되었다"라 하였다.

그 후 1997-8년 한국이 IMF로 국가 위기에 직면했을 때 그는 자기의 예측이 빗나간 것을 보고 학자로서 실망했으나, 다시 2년도 안 되어 IMF 졸업하는 것을 보고 안위했고, 1996년 OECD 가입, 2000년 IMF 졸업, 2002년 월드컵 개최국, 2005년 1인당 GDP $2만 직전($19,303)

등을 보면서 "내 예측이 맞았지!" 하면서 누구보다도 한국을 사랑했던 노석학(老碩學) 드러커는 2005년 96세로 영면한다.

2011년 노벨경제학상을 받은 토마스 사전트*Thomas Sargent*는 "한국의 역사와 경제는 기적 그 자체"라고 했고, 기 소르망*Guy Sorman* 파리대학 교수는 "한국의 경제 발전사는 인류의 소중한 문화유산"이라고 평가했다.

세계는 230여 국가가 있다. 한국은 1991년 UN 회원국이 되었고, 가입 후 불과 16년 만에 반기문 UN 사무총장(2007.1.1~2016.12.31.)도 배출했다.

1996년 OECD 24번째 회원국이 되었다. 현재 회원국은 37개 국가이고, 가입조건은 자유민주주의, 시장경제, 인권이 보장된 나라다. 중국, 인도, 러시아, 브라질 등 인구가 많고 국토가 넓어도 OECD 회원국이 아니다.

한국의 1인당 GDP는 2006년 $2만을, 2018년에 $3만을 넘었다. 그리고 2012년 20-50 club에, 2018년에 30-50클럽 club 멤버로 7번째(2018년) 가입국이 되었다. 지구촌에서 30-50 club 가입국은 크고 잘사는 나라를 상징한다. 인구 5천만 명이 넘는 국가로서 1인당 GDP가 $3만 초과하는 국가가 가입할 수 있다. 가입국은 미국, 독일, 일본, 영국, 프랑스, 이탈리아 다음에 한국이다. 서유럽 국가들의 대부분(독일, 영국, 프랑스 제외)과 호주, 캐나다 등은 1인당 GDP는 $3만가 초과하였지만, 인구가 5천만 명 미만으로, 중국, 러시아, 브라질, 인도 인도네시아 등은 1인당 GDP가 $3만 미만으로, 30-50 club 가입되지 못하고 있다.

■ 긍정적

한국의 경제력 2001~2020년/10~12위, 1인당 GDP 30위 전후, 세계 수출 순위 6~7위, 세계 원조 순위 5위, 한국의 브랜드 가치 10위, 한국의 군사력 7위, 국방비 지출 10위, 해외 여권 파워 일본 다음으로 2위 (189국), 인천국제공항 5위, 해외 봉사단 파견 규모 미국 다음으로 2위

(2017년 4,153명), 외국인 유학생 수 13만9000명(2017년, 법무부), 자동차 생산국 6위(2018년 403만대), 조선 생산능력 1위, 조강 생산능력 5위(2018년 7,250만t), 유엔평화군유지군 27개국 지원, 해외유학생 24만 명(2017년), 1975년-2017 국제 기능올림픽 연속 19년 1위(23회 중 4회/2위), 2018년 콘텐츠 시장 7위, 1988/서울올림픽/4위, 2002/한·일 월드컵, 2011/대구세계육상선수권, 2018/평창동계올림픽/7위 등 '4대 메이저 스포츠 그랜드슬램' 달성/5위, 월드컵 본선진출/10회/6위, 2009-2018 LPGA 1위/99회 우승, 2017 고등교육 이수율 70%(25~34세), 48%(35~64세), IMD 2009-2018 과학경쟁력 3~8위, 기술경쟁력 11~17위, 주요국 GDP 대비 R&D 4.23% 1위(일, 독, 미, 프, 중, 영으로 이어짐), 특허출원 4위(중, 미, 일 다음이 한국, 독, 호, 영으로 이어짐), 국제지식재산지수 9위, 저작권 프랑스와 공동 5위, 세계혁신국가순위 1위(2019년, 독, 핀란드, 스위스, 이스라엘, 싱가포르, 스웨덴, 미, 일, 프랑스로 이어짐), 세계은행 인적자본 싱가포르 다음 2위(일본, 홍콩, 핀란드, 아일랜드, 호주, 스웨덴, 네덜란드, 캐나다로 이어짐), 국가별 책 발행

10위, OECD 유료 일간지 발행 5위(1300만 부, 일, 미, 독, 영, 한, 프, 순임), 연간 독서율 4위 74.4%(1년간 책 1권 이상 읽는 비율), 인터넷 사용 비율/스마트폰 사용/온라인 참여/ 재활용률, 각각 1위, 한국 민주주의 지수 21위(2018년, 일/22위), 메이드 인 코리아 브랜드 21위(삼성전자/6위), 2018년 반도체 1위 삼성/759억/15.9%, 인텔/13.8%, SK하이닉스/7.6% 점유율, 2018년 스마트폰 점유율 1위 삼성/20.4%, 2위 애플/14.4%, 3위 화웨이/14.4%, 2018년 TV시장 점유율 1위 삼성/29%, LG/16.4%, 소니/10.1%, 반도체·조선·컴퓨터 보급률·초고속 통신망·디지털 기지수·학교 정보화 시설·금세공 기술·원전발전 이용률·LCD산업·휴대폰 보급률 등/각각 1위, 범죄 검거율/2위, 외환 보유액/4위, 119 체계/최고수준, 세계시장 점유 중인 1위 품목/270개, 특허권/7위, 고속철 보유국 5번째, 건설 규모/3위, 문맹률/1% 미만, 대중교통 노약자 보호석 5개국 포함, 음악 수준이 가장 빠르게 보급되는 나라, IQ/1위, 세계 유수 대학 수석을 제일 많이 배출하는 나라.

■ 부정적

OECD 회원국 조사 자료에 의하면 의료비 지출 증가율 1위(2015년), 노인 빈곤율 1위 42.7%(2017년), 자살률/1위, 저출산/1위, 노조 파업 일수/최장 1위, 사회갈등 수준 인식 정규직과 비정규직, 경영자와 노동자, 진보와 보수 간의 갈등이 심화한 나라(2014, 2016, 2017년), 정부신뢰도 2013/29위, 2015년/31위, 2017년/32위, 2018년/25위, 국가 청렴도 51위(2017년 180개국, 국제투명기구), 전기 생산 석탄 비중 46.2%(OECD 평균 27.2%), 대기업 월 평균임금 제일 높은 국가- 한국/$6,097, 미국/$4,736, 일본/$4,079, 프랑스/$5,238, 소득 대비 최저임금 수준 OECD 4위, 한국 로봇 밀집도 1위. (이상 '긍정적' & '부정적' 수치는 대부분 장대환 저『우리가 모르는 대한민국』서울, 매일경제, 2019. 에서 발췌한 것임)

■ WSJ & 헤리티지재단 2020 경제자유지수/ 26위

WSJ & 헤리티지재단은 경제자유지수IEF, *Index Economic Freedom*을

매년 연례보고서로 발표한다. 2020년 180개 국가에 대하여 자유*free*/6개국, 대체로 자유*mostly free*/31개국, 중간 자유*moderately free*/63개국, 대체로 부자유*mostly unfree*/61개국, 억압*repressed*/19개국으로 분류하였다. 한국은 '대체로 자유국' 26위이고, 이란/164위, 쿠바/178위, 베네수엘라/179위, 북한/180위 '억압국가'로 분류했다. (한국 2016년/29위, 2017/23위, 2018/27위, 2019/29위)

'자유국' 싱가포르, 호주, 스위스 등 6개국과 '대체로 자유국' 영국, 덴마크, 캐나다, 타이완, 미국, 독일, 한국, 일본 등 31개국은 선진국이고, 의외로 지중해 연안국인 프랑스, 스페인, 이태리, 포르투갈 등이 '중간국'이고, 그리스, 중국, 인도, 브라질, 아르헨티나 등이 '대체로 부자유' 국가다. IEF가 높은 '자유 또는 대체로 자유' 해당국은 선진국이고 자유지수가 낮을수록 중간 또는 후진국으로 나타났다.

■ WEF 2019년 경쟁력지수/ 28위

세계경제포럼WEF은 2019년 경쟁력지수를 발표하였다. 한국은 공공부채 지속 가능성/1위, 전력 접근성/2위, 인터넷/6위, 건강 기대 수명/7위 등은 우수하다. 그러나 노사관계 협력/130위, 정리해고 비용/116위, 고용·해고관계/102위, 근로자 권리/93위, 정부 규제/87위, 임금결정 유연성/84위 등 열악하다.

■ IMF 2020 국가별 GDP/ 10위

IMF는 2020년 국가별 GDP를 발표하였다. 미국, 중국, 일본, 독일, 영국, 인도, 프랑스, 이탈리아, 캐나다, 한국/10위, 러시아/11위이고, 1인당 GDP는 한국/28위, 인구 1,000만 명 이상 국가 순위는 미국, 호주, 독일, 벨기에, 캐나다, 프랑스, 일본, 이탈리아, 한국/10위다.

■ 국가 경쟁력 종합순위 한국/ 9위

2020년 1월 20일 U.S. News & World Report는 국가 경쟁력 종합순위를 발표하였다. 한국 9위다. 정치리더 영향력, 경제적 영향력, 강력한 군사력, 국제연합 영향력 등 종합국력을 2019년 12월 세계 80개 국가

지식인 21,000명에 대한 설문조사로 집계한 것이다. 1위/미국, 2위/러시아, 3위/중국, 4위/독일, 5위/영국, 6위/프랑스, 7위/일본, 8위/이스라엘, 9위/한국, 10위/사우디아라비아 순이다. 다음으로 UAE, 캐나다, 스위스, 인도, 호주, 터키, 이탈리아 순이다.

■ 2018년 세계제조업 생산 능력 (위/제조업 생산능력/부가가치)

IMF는 2018년 세계 제조 산업 생산능력과 부가가치 순위를 발표하였다. 제조업 생산능력은 1위 중국/$5.5조, 2위 미국/$3.5조, 3위 일본/$1.4조, 4위 독일/$1.1조, 5위 인도/$7400억, 6위 한국/$5600억이다. 한국은 영국, 프랑스, 이탈리아, 스페인 앞섰다.

세계 제조 산업 부가가치(Value Added) 증가 순위는 1위 중국/$4조, 2위 미국/$2.1조, 3위 일본/$1조, 4위 독일/$8300억, 5위 한국/$4400억. 한국은 영국, 프랑스, 이탈리아를 앞섰다.

Peter F. Drucker 박사가 1992년 『자본주의 이후 사회*Post-Capitalism*

Society』와 2002년『넥스트 소사이어티*Next Society*』에서 한국의 '한강의 기적'을 극찬하면서 앞으로 20년 내 한국이 선진국 진입한다고 주장하였을 때에 반신반의했었다. 또한, 일본 동해대학 사세휘(謝世輝) 교수가 1986년에『일본이 미국을 추월하고 한국에 지는 이유』에서 앞으로 한국이 일본을 추월할 것이라는 주장에도 더욱 반신반의했었다. 1986년-1990년대 일본 경제는 하늘을 찌를 정도로 국가 경제력이 세계 1등 국가였다. 필자가 1990년대 후반기에 뉴욕 현지에서 마천루 대형빌딩들 소유자들이 일본 기업 소유라는 이야기를 들었다.

그 후 한국에 1997-8년 IMF가 오고 혹독한 시련을 겪으면서 한국경제와 기업은 반 토막이 났었다. 그런데 한국은 이를 단기간에 극복하고 재기한 것이다. 그들은 한국에 IMF 시련을 예측하지 못하였을 것이었는데도 20~35년 만에 예측이 적중했다. 1980-90년대 세계 여행을 다니면 서유럽에서도, 미국에서도 한국인으로서 스스로 열등감에 젖기 마련이었다. 필자는 뉴욕 호텔에서 새벽잠을 설치면서 선진국 미국과 유럽을 여행하면서 조국 대한민국의 현실과 비교하면서 '언제쯤 우리가 이들 선진국을 따라잡을 것인가?'에 대하여 회의적이었다. 뜨거운 눈물을 흘려 노트를 적시면서 에세이 「미국에서 본 나의 조국, 대한민국」을 집필하기도 했다.

그리고 귀국하여 2006년 좌파 정권 밑에서 한국이 힘들지만 이를 극복할 수 있다는 조국의 앞날이 희망적인 『아! 코리아 코리안』을 집필한 바 있다.

2018년 3월 3일 OECD 발표에 의하면, 2018년 기준 구매력평가기준 ppp, *Purchasing Power Parity*[1] 평가로 한국의 1인당 GDP는 $44,136(21위)이고 일본은 $41,502(23위)로서 한국이 일본을 추월하였다.

2020년 10월 17일 IMF 발표에 의하면, 2019년 1인당 ppp GDP 평가는 한국 $45,546(31위)이고 일본이 $44,740(32위), 2020년(예측)은

---

1) 구매력평가기준: PPP 기준 GDP는 서로 다른 물가와 환율 수준을 조정해 각국의 실질 구매력과 생활 수준을 보여준다. 각 나라에서 1달러로 얼마만큼의 상품을 살 수 있는지를 따져보기 위해 국가 간의 상품 가격 차이를 일정한 화폐가치로 변환해 구한다. 실질 생활수준을 알 수 있는 지수다.

한국 $44,920, 일본 $41,627로 한국이 일본을 추월했다. 한국 국민의 삶이 일본인 보다 윤택하다는 것이다. 사세휘(謝世輝) 교수 1986년 예측이 적중한 것이다.

그래서 21세기에 와서는 부지중에 정말 자신도 모르게 어깨가 으쓱해진다. 해외 백화점에 1990년대만 해도 진열된 한국 상품을 찾을 수가 없었다. 힘들게 찾아보면 모퉁이에 먼지에 덮인 채 초라하기 그지없이 한국산 제품이 잠자고 있었다. 그런데 21세기 초부터 해외여행 중 백화점에 들르면 가장 좋은 위치에 한국산Made in Korea 전자제품이 성시를 이룬다. 호텔 숙소에 들어가면 한국 전자제품 TV, 냉장고를 만나게 된다. 공항 길에는 한국 기업과 한국산 상품 광고가, 공항에 들어서는 순간 공항 로비에 한국산 TV가 마중한다. 미국이나, 유럽이나 동남아시아에 가면 현대·기아차 승용차가 기세도 등등하게 도로를 달리며 반긴다. 바다에는 한국산 배(선박)가 절반 이상 바다를 누빈다. 한국산 반도체가 세계시장을 지배한다.

이걸 한국 정치가 잘해서 그럴까? 아니다. 다 기업이 나라의 위상을 높인 것이다. 기업인은 응분의 물심양면으로 마땅히 보상을 받아야 한다. 현 집권층은 무리를 지어 편을 갈라 시도 때도 없이 기업(인)을 만신창이가 되도록 때린다. 왜 때리는지? 왜 구박하는지 도무지 알 수가 없다. 마치 한국전쟁 당시 북한이 잠시 남한을 침략하였을 때 동내 부자, 지식인 등 소위 부르주아 계층을 죽이고 핍박한 것이 연상 되어 쓸쓸하기도 하다. 한국의 좌파 정치인, 민노총, 전교조 교사들, 좌파적 NGO 세력들은 나라에, 기업인들에게, 국민에게 회복할 수 없는 죄를 짓고 있으며 배은망덕해지고 있다. 하루속히 한국인의 정체성을 찾으라고 그들에게 피를 토하는 심정으로 권면한다. "잠깐! 멈춰서 조금이라도, 잠시라도, 나라와 후손들을 생각해 보기를 바란다." 그들에게, 지식인들에게, 지도자들에게, 크리스천들에, 특히 대형 교회 목사들에게 유언하는 심정으로 글을 쓰게 된 것이 집필 동기다.

위에 열거한 통계에서 보듯이 한국은 세계에서 경쟁력 있는 국가가 될 수 있는 놀라울 정도로 인프라와 생태계가 구조적으로 다양하게 점진적으로 잘 구축되어 왔다. 그런데 현재 집권층은 이들을 의도적인지 혹은 무지에서 인지는 알 수 없지만, 이들을 파괴하고 있다. 필자는 집필 과정을 통하여 현 정권의 집권 4년의 행적을 보면서 후자에 무게를 두는 입장이다. 그것도 급속도로 과감하게 알게 모르게 파괴하고 있다. 나라를 지키는 관료사회도 무너지고 있다.

경제자유지수가 높은 나라는 선진국이 되어 국가 경제력이 높은 나라임을 알 수 있다. 독재국가, 사회주의 국가, 포퓰리즘 국가 등은 선진국 대열에 진입할 수 없다. 선진국 대열 진입에 꿈이 있느냐, 그렇다면 작은 정부가 되어 각종 국가 정책에 자유를 불어 넣어라. 현재 선진국일지라도 자유를 억압하고 일자리를 세금에 의하여 창출하겠다는 정책을 구사하면 선진국 포기의 길에 들어서게 된다. 포퓰리즘을 앞세우면 나라는 망가지는 것을 세계가, 그리고 현대 역사가 입증한다.

다음 선거*next election*만을 위한 정치인·정객*politician*이 아닌, 다음 세대*the next generation*를 위한 정치가*statesman*와 정치가 그룹*statesmen group*의 출현과 이들의 집권을 기대한다.

2021년 3월 1일

102주년 3·1절을 맞이하며,

도봉산 기슭에서 정 판 영

Contents

제1부

—

자유민주주의와
시장경제

민주주의는 인류의 최고 업적이다. 민주주의는 생활양식이자 정치 체제로서 현대를 사는 인간이 진정으로 의미 있는 삶을 꾸려나가고자 하는 욕구를 충족시킬 수 있는 수단이다. 이 세상의 그림, 조각, 시, 소설, 과학 및 기술적 발명품을 모두 한 자리에 모은다 해도 민주주의만큼 인류의 창의력과 혁신적 사고가 빛나는 작품은 없을 것이다. 민주주의는 개인적인 삶을 허용하면서도 우리를 하나로 결속시키는 계속적이고 집단적인 노력이다. 민주주의가 살아 있는 한 희망은 있다. 민주주의 없는 세상은 암울하다.

민주주의는 변화를 출발점으로 한다. 정치 지도자들은 싫어하지만, 변화를 이루는 가장 좋은 방법은 바로 투표를 통해 그들을 공직에서 몰아내는 것이다. 정부에 대한 궁극적인 단죄는 이들을 현직에서 쫓아내는 것이며, 민주주의 커다란 장점은 그런 정권 교체가 평화롭게 이뤄지게 해준다는 데 있다. 국민의 동의가 있을 때만 나라를 다스리겠다는 통치자의 합의를 공식 표명하는 것이다. 국민이 동의를 철회한 통치자는 마땅히 떠나야 한다.

민주주의라고 하면 평화적인 정권 이양, 동의에 따른 통치, 자유롭고 공명정대한 선거, 보통선거권 등의 기본 요소들이 떠오르게 한다.

20세기 초엽에는 지구촌 곳곳에서 민주주의가 싹트는 것을 목격했지만, 민주주의는 1930년대에 이르러 전 세계적으로 비극적인 후퇴를 맞기도 한다. 1945년 이후 인도 등 과거 식민 통치를 받던 나라들의 운명은 매우 다양한 양상을 보인다. 1950년대 미국에서 민주주의는 내부적으로 가장 큰 도전을 받았다. 1989년 동유럽에서는 공산주의가 몰락하면서 민주주의가 국제 사회의 일원이 되는 관문으로 자리매김하였다. 그러나 민주주의는 늘 공격당한다.

하지만 여전히 민주주의는 권력을 남용하는 정부뿐 아니라 뿌리 깊은 기득권층과 부유한 기업 및 개인의 권력으로부터 우리를 지켜주는 방어막이다. 민주주의는 우리 문화에 뿌리내린 온갖 믿음과 가정들을 한데 묶는 것이며 그만큼 싸워서 지켜낼 가치가 있다. 민주주의는 비록 불안전하긴 해도 인간의 삶의 커다란 딜레마, 즉 어떻게 해야 공동체의 일원으로서 존재하는 인간이 개인적으로도 번성할 수 있는가 하는 문제를 해결하려는 시도다.[1]

국가를 유지하고 성장 발전하기 위하여 안보 국방이라는 기둥, 물질적으로 경제라는 기둥, 정신적으로 사회문화 발전이라는 세 가지 기둥이 균형 있게 떠받쳐줘야 한다. 그런데 오늘의 한국은 이들 세 가지 기둥 모두가 흔들리고 요동치고 있다. 2021년 한국의 최고지도자는 공자가 말하는 지도자 요건인 족식(足食), 족병(足兵), 민신(民信)이 부족한 세상이 되었다. 안보는 불안하고 위기의식이 팽배하며, 빈부 격차

1　) 로저 오스본(최완규 역) 『민주주의 역사』 서울, 시공사, 2012. pp. 16-22.

는 심화하고, 민심은 정부를 떠났다.

경제정책은 거시적으로 정치와 국가 재정과 밀접하게 연계된다. 국가경영은 정치를 하게 되고, 정치는 재정이 뒷받침해야 하며, 재정의 재원은 부를 창출하는 기업(개인)으로부터 국가 권력이 강제 징수하여 충당한다. 국가는 다시 그 재원으로 국가를 유지·성장·발전시킨다. 정치의 주체는 국가요, 재정의 주체는 정부요, 기업 경영(경제)의 주체는 경영인이다. 정치·재정·경제는 각각이로되 서로 물리고 물려가며 시너지를 내며 선순환 과정에서 국가는 성장·발전하는 것이다.

한편 자유민주주의와 시장경제체제는 한국의 헌법적 최고의 가치이며, 경제력 축적으로 경제 강국이 된다는 것이 부국강병정책의 핵심이다. 여기에 자유민주주의체제는 최고의 상위개념이고 경제력 부의 축적은 중요한 하위개념이다. 자유민주주의는 목적이고, 경제성장은 수단이다. 왜냐하면, 아무리 부를 축적하였다 하더라도 최고가치인 자유민주주의의 체제가 무너지면 나라가 위태로울 뿐 아니라 그 부를 유지할 수도 없으며 국민이 안정적으로 생활할 수 없기 때문이다.

작금 한국은 안보의 근간이 흔들리고, 경제는 어려운데 국내외적으로 명분을 다투며 쫓다가 실리를 돌아볼 겨를이 없는 상황이다. 국민은 더욱 힘들어한다.

경제를 볼 때 숲 전체를 보는 거시경제와 나무 하나하나를 보는 미시경제가 있다. 전자는 국가 경제를 종합적으로 국가 전체의 틀에서 경제를 보는 숲의 시각(GDP, 실업률, 성장률 등)이요, 후자는 개인소비. 개인과 기업의 생산을 전체 속의 부분을, 숲 속의 개별 나무를 보는 시각(수요와 공급, 생산성 등)이다. 이 둘은 깊은 상관관계가 있다.

리쇼링정책reshoring policy은 해외에 진출한 기업을 국내로 들어와 기업을 경영하게 하는 것을 말하고, 오프쇼링정책offshoring policy은 국내에 가동 중인 또는 신규로 기업을 해외 진출시키는 것을 말한다. 우리와 경쟁국인 미국과 일본은 최근 경제성장과 실업을 해소하기 위하여 본격적으로 리쇼링 정책을 추진하고 있다. 특히 미국은 2017년 트럼프 대통령은 취임 직후 첫째 1주일 내에 1,700개의 규제를 혁파하였으며, 규제 1개를 추가 제정할 때 먼저 규제 2개를 폐기(rule of two out in one)하도록 명령을 내렸고, 두 번째 취임 3월 내(2019.4.30.)에 법인세율과 상속세율을 대폭 인하 조치를 했고, 세 번째 연방 공무원 수를 대폭 축소하였다. 해외에 진출하였던 기업이 귀국하여 일자리가 넘치고 실업을 해소하고 경제가 크게 성장하고 있다.

그런데 한국은 특히 현 정부 들어 최저임금 2018년 16.38%, 2019년 10.9% 각각 대폭 인상, 이는 이웃 나라 일본 3.1%임에 비하여 한국은 급속한 대폭 29.1% 인상이다. 주 근로시간 52시간 단축, 주휴수당 제도를 일괄 적용 시행하고 있다. 기업 크기와 업종, 지역과 관계없이 획일적으로 일괄 적용하고 있다. 또한, 각종 규제를 남발하여 기업을 경영하기 힘들게 하고 있다.

정부가 발표하는 경기부양과 일자리 창출하겠다는 의도와는 달리

반기업 정책과 반기업정서의 환경, 안보와 국방의 불안 등으로 현실적으로나 사실상 오프쇼링 정책을 강행하고 있는 상황으로 일자리가 대폭, 그것도 단기간 내에 줄어들게 되어 실업자를 양산하고 있다. 2020년 12월 실업률 5.7%, 실업자 157만 명, 청년실업률(15~29세) 9.5%, 청년층 체감실업률 26%(2021.1.13.통계청)로서 IMF 이후 가장 악화한 상황이다. 또한, 안보가 튼튼해야 경제성장 발전할 수 있다.

제1장
자유민주주의 Liberal Democracy 自由民主主義

대한민국은 자유민주주의 국가다. 헌법상 국민의 자유를 보장하지만, 타인의 **자유를 파괴하는 자유까지는 허락하지 않는다.** 이를 방어적 민주주의라고 하는데, 이는 독일 기본법에 연원한다. 1930년 초 독일에서는 민주주의 헌법(바이마르헌법)으로 선거에 의해 히틀러를 선출하였는데, 그가 자유를 파괴했다. 그리하여 자유민주주의를 파괴하는 행위는 절대 허용하지 않겠다는 취지로 <방어적 민주주의> 제도를 도입한 것이다. 독일은 <헌법 보호청>을 설립하여 정보를 수집하고 법질서 보호 업무를 수행하고 있다. 한국은 자유민주주의 기본질서를 지키는 방어적 민주주의 헌법을 세우고 지키는 국가로서 국법을 해치는 '막가는 자유 남용'은 허용치 않음을 강조한다.

1. 자유민주주의란?

자유민주주의란 자유주의를 기본으로 하는 민주주의다. 자유주의란 인간 개개인이 어떠한 억압이나 통제 없이 자기 자신의 의사를 표현하고 행동할 수 있는 자유를 말한다. 민주주의란 인간 개개인(국민으로 한정하기 보다는 인간)이 자기 자신의 정치의사나 사회관 등을 제약 없이 표현하는 것이다. 자유주의가 민주주의의 상위 개념이다.

자유민주주의(自由民主主義, Liberal Democracy)는 자유주의와 민주주의가 혼합된 정치형태로서, 국가기관으로부터의 간섭을 줄여 개인의 자유를 최대한 보장하고, 주권을 가진 국민의 의사에 따라 국가의 중요한 일을 결정하는 정치원리이다. 자유민주주의에서 국가기관은 국민의 자유와 권리를 최대한 보장하기 위해 존재한다. 그러기 위해 다수의 정당을 통해 국민의 다양한 의사를 정치 과정에 반영하고, 국민의 대표기관인 국회는 법률을 만들고 행정부는 법률에 근거하여 집행한다. 또한, 법원과 헌법재판소는 정부의 잘못된 행정 작용이나 국회가 만든 법률의 위헌 여부를 심판한다. 입법부, 행정부와 법원이 상호견제와 균형(check& balance)을 이룬 제도가 삼권 분립이다.

자유민주주의의 원리는 헌법의 전문, 제1조(국호·정체·국체·주권), 제4조(평화통일정책), 제8조(정당) 등에 잘 명시가 되어있다. 자유민주주의 체제의 헌법은 기본권, 법 앞에서의 평등, 재산권, 사생활 보호권, 적법절차의 원리, 표현의 자유, 결사의 자유, 집회의 자유 등을 보장한다. 민주적인 선거 절차와 의회 제도를 갖춤으로써 다수가 그 정치적 의사를 실현할 수 있도록 조력하는 한편, 핵심적인 권리의 헌법적 보장을 통하여 다수의 횡포에 의해 소수의 권리가 침해되는 것을 제어한다.

이와 같은 민주적 기본질서에 어긋나는 행위를 하여 국민과 국가를 위태롭게 하는 개인과 세력에 대해서는 일정한 제재를 가할 수 있도록 장치를 마련해 놓았다.

우리 헌법이 추구하는 자유민주주의란 자유주의와 민주주의가 결합한 정치원리를 말한다. 자유주의는 개인주의를 바탕으로 개인의 자유 존중을 근본 가치로 삼아 국가 권력의 간섭을 최소화한다는 정치원리이다. 민주주의는 국가 권력의 창출과 통치 과정이 국민적 합의에 근거하여 정당성을 가져야 한다는 정치원리를 말한다. 따라서 자유민주주의가 실현되려면 인간의 존엄성이 존중되면서 여러 가지 기본권이 현실적으로 보장될 수 있어야 한다.

또한, *법치주의, *적법절차의 원리, *사법권의 독립, *복수 정당제를 기반으로 하는 자유로운 정당 활동, *상향식 의사 결정 과정 등이 실질적으로 보장되어야 자유민주주의의 가치를 달성할 수 있게 된다.

법치주의란 넓게는 법에 의한 지배를 의미하며, 좁게는 의회에서 제정한 법률에 따라 행정 행위가 이루어져야 한다는 원칙을 뜻한다. 적법절차의 원리는 시민의 자유와 권리를 국가가 제한할 때 정당한 법의 내용에 근거하여 공정한 절차를 거쳐야 한다. 복수 정당제는 2개 이상의 정당 활동을 보장하는 제도다. 한 나라에 2개의 정당만이 활동하면 양당제, 3개 이상의 정당이 활동하면 다당제라 한다. 자유민주주의는 국민적 정당성을 갖는 국가 권력의 구성을 근간으로 하여, 국민의 자유와 권리가 현실적으로 보장될 때 실현될 수 있다.

■ 자유민주주의 구성요소

자유민주주의의 정의에 대해서는 그 오랜 역사와 더불어 진화, 발전하여 견해가 다양하며 포함하는 내용도 풍부하고 상이하다. 래리 다이아몬드(Larry Diamond) 교수는 자유민주주의를 민주주의와 입헌적 자유주의의 결합으로 보면서 11가지의 요소를 들고 있다.

1) 선거의 결과가 불확실하고 반대표도 상당하며 헌법 원리를 부정하는 정치적 세력은 정당의 설립과 선거의 참여가 부정된다.
2) 군을 비롯하여 민주적인 책임을 지지 않는 기관은 선거에 의해 선출된 기관에 복종한다.
3) 시민은 자유롭게 만들고 참여할 수 있는 다양하고 독자적인 결사와 같이 그들을 표현하고 대표하는 여러 경로를 가질 수 있어야 한다.
4) 개개인에게 실질적인 신념의 자유, 의견의 자유, 토론의 자유, 표현의 자유, 출판의 자유, 결사의 자유, 집회의 자유, 청원의 자유 등이 보장되어야 한다.
5) 시민들이 정치적으로 독립된 언론과 같이 정보를 구득할 수 있는 여러 경로가 있어야 한다.
6) 행정 권력은 독립된 사법부, 의회, 다른 공적 기관 등에 의하여 견제되어야 한다.
7) 시민의 자유는 독립되고 평등한 법 적용을 하는 사법부에 의하여

효과적으로 보장되어야 한다. 사법부의 결정은 존중받고 공권력에 의하여 강제될 수 있어야 한다.

8) 시민은 법 앞에 정치적으로 평등하다.

9) 소수자는 억압받지 아니한다.

10) 법의 지배 원리는 시민들의 인권을 보장해야 한다.

11) 헌법의 최고 규범성이 보장되어야 한다.

2. 자유민주의 기본질서(헌법적 가치 보장)

자유민주적 기본질서는 인간다운 생활을 영위하기 위하여 필요불가결한 기본적인 권리를 말한다. 이는 인간이 인간이기 때문에 당연히 가진다고 생각되는 생래적(生來的)인 권리로서 '기본권' 또는 '본래적 의미의 인권'이라 불리기도 한다. 이러한 기본권 또는 인권의 관념은 주로 계몽주의적 자연법론 자들에 의하여 천부인권론(天賦人權論)이 주장된 18세기에 형성되었다.

권리장전은 영국의 마그나 카르타(大憲章, Magna Carta, 1215), 권리장전(Bill of Rights, 1689) 등 영국 왕권에 대한 의회의 투쟁, 그리고 점차 미국 국민 사이에 확산한 평등의 개념을 바탕으로 1776년 조지·메이슨이 대부분 초안하여 마련한 버지니아 권리선언이 그 주요 선례였다. 기본권을 선언한 최초의 헌법적 문서는 버지니아의 권리장전

(Virginia, 權利章典, 1776)이고, 프랑스의 인권선언(1789)도 기본권을 선언한 고전적 문서로서 인정된다.

우리나라는 장구한 민족사에도 불구하고 입헌주의를 체험한 일이 없었기 때문에 우리 정치사에서 근대적 의미의 인권관념 보급과 기본권 보장제도가 확립된 것은 제2차 세계대전 이후의 일이다. 즉, 1945년 광복과 더불어 시행된 미 군정 하에서 1948년 3월에 군정법령에 따라 도입된 구속적부심사제도(拘束適否審査制度)가 우리에게 알려진 최초의 기본권보장제도 등장이라 할 수 있다. 그 뒤 1948년 7월 17일 <제헌헌법> 제정으로 서구식 기본권 보장제도가 도입되었고, 이에 따른 기본권이론도 다양하게 전개되었다. 특히 우리 정치사에서 최초의 민주 헌법을 의미하는 1948년의 제헌헌법은 그 제2장에서 평등의 원칙과 신체의 자유를 비롯한 고전적 기본권을 보장하는 한편, 법률유보에 의한 자유권적 기본권의 제한이 규정되었다.

그밖에 노동3권[2]과 사기업에서 노동자의 이익분배균점권, 생활무능

---

2)노동3권(단결권, 단체교섭권, 단체행동권); 산업사회에서 개인은 일반적으로 고용관계 속에서 경제생활을 영위한다. 이때 고용관계의 내용이 사적 자치의 원칙에 의해서 지배된다는 것은 결과적으로 근로자의 열악한 근로환경과 직결되어왔다. 왜냐하면, 사용자는 근로자와의 근로조건에 대한 협상을 하면서 항상 강자의 지위에서 계약자유의 원칙에 따라 고용조건을 일방적으로 결정할 수 있었기 때문이다. 이러한 상태가 장기적으로 지속한다는 것은 국가·사용자·근로자 모두에게 위기로 인식되었다. 국가에는 사용자와 피용자로 형성되는 새로운 계급사회가 공동체의 동질성을 파괴하리라는 것이, 사용자에게는 근로자가 극단에 가서는 사회 전체의 구조를 변혁하는 혁명적 방법을 사용하리라는 것이, 그리고 노동자에게는 무엇보다도 열악한 노동환경은 개인의 인간다운 생활을 저해한다는 것이 인식되었다. 이러한 인식은 사용자와 근로자의 협상력을 대등하게 하기 위한 법개혁으로 이어졌다. 노동3권, 즉 단결권·단체교섭권·단체행동권이 그것으로

력자의 보호, 혼인의 순결과 보건에 관한 국가의 보호 등 일련의 사회적 기본권이 규정되었다. 그 뒤 1960년 제2공화국 헌법에서는 기본권의 보장을 보다 강화해 자유권에 관한 법률 유보조항을 삭제하고, 기본권의 법률에 따른 제한도 본질적 내용을 훼손할 수 없게 하였으며, 언론·출판·집회·결사의 자유를 더욱 확대하였다.

1962년 제3공화국 헌법에서는 기본권보장이 제2공화국 헌법에 비하여 다소 후퇴한 느낌을 주었으며, 제헌헌법상의 특징이었던 공무원파면청원권과 이익분배균점권을 삭제하고, 대통령 긴급명령제도를 부활하였다. 1972년 제4공화국 헌법에서는 기본권에 관한 법률 유보조항을 두드러지게 강화함으로써 기본권이 다시 제1공화국 시절로 후퇴하였으며, 개별적인 기본권도 자연권에서 실정법적인 것으로 규정하게 되었다.

■ 헌법상 민주적 기본권

1987년 제5공화국 현행 헌법의 기본권조항은 ① 기본적 인권의 불가침성과 행복추구권, 자유와 권리의 본질적 내용의 침해금지 등으로 기본적 인권의 자연권성 내지 천부적 인권성을 보다 명확하게 규정하고, ② 형사피고인의 무죄 추정, 사생활의 비밀과 자유의 불가침, 환경

현대 헌법에는 일반적으로 기본권으로 인정되어 있다. 대한민국 헌법 제33조 ① 근로자는 근로조건의 향상을 위하여 자주적인 단결권 · 단체교섭권 및 단체행동권을 가진다.② 공무원인 근로자는 법률이 정하는 자에 한하여 단결권 · 단체교섭권 및 단체행동권을 가진다.③ 법률이 정하는 주요방위산업체에 종사하는 근로자의 단체행동권은 법률이 정하는 바에 의하여 이를 제한하거나 인정하지 아니할 수 있다.

권, 근로자의 적정임금 보장 등 여러 가지 현대적 유형의 인권을 새로이 규정하고, ③ 일사부재리의 원칙과 소급입법의 금지 외에 다시 연좌제 폐지에 관한 명문규정을 둠으로써 죄형법정주의를 보다 명확하게 규정하였으며, ④ 기본권보장을 위한 국가적 의무를 크게 강화하고, ⑤ 자유와 권리에 따르는 책임과 의무를 환기하고 언론의 사회적 책임을 강조하는 등 기본권의 내재적 제약성을 명문화하고, ⑥ 행정부에 의한 권력남용의 가능성을 배제함으로써 부당한 기본권침해를 예방하려 하였으며, ⑦ 대통령은 위기나 비상사태에 있어서 국정 전반에 걸쳐서 필요한 비상조치를 할 수 있고, 이 비상조치로 국민의 자유와 권리를 잠정적으로 정지할 수 있지만, 이 비상조치권의 발동요건을 엄격하게 규정하고, 국회에 의한 통제를 규정함으로써 대통령의 긴급권 남용으로 인한 기본권침해를 방지하려 하고 있다.

또한, 기본권보장을 그 사명의 하나로 하는 사법권의 독립을 강화함으로써 행정권에 의한 기본권침해에 대한 사법적 구제도 어느 정도 기대할 수 있게 하였다.

기본적 인권은 ① 인종·성별·사회적 신분 등에 구애되지 않고 모든 인간이 보편적으로 누릴 수 있는 권리이다. 특히, 현대에 와서는 인권의 보장이 국제적인 관심사가 됨으로써 기본적 인권의 보편화 현상이 두드러지게 나타난다(기본권의 보편성). ② 인간이 인간으로서 생존하기 위하여 당연히 누려야 할 고유한 권리로, 국가나 헌법에 따라 창설된 권리가 아니고, 기본적 인권의 천부성·초국가성을 주장하는 이유도 이러한 고유성에 기인하는 것이다(기본권의 고유성). ③ 영구히 박탈당하지 않는 권리이며, 장래의 국민에게도 인정되는 항구적인 권리이다. 그것은 헌법 개정절차로도 폐지될 수 없다(기본권의 항구성). ④ 개인이 가지는 불가침의 권리이므로 모든 국가적 권력은 기본적 인권을 최대한으로 존중하고 보장할 의무를 지며, 기본적 인권의 본질적 내용은 행정권과 사법권은 물론 입법권에 따라서도 침해될 수 없다(기본권의 불가침성). ⑤ 헌법상의 기본권은 개인을 위한 주관적 공권을 의미하지만, 객관적으로는 국가의 기본적 법질서의 내용을 이루는 법질서의 구성요소로서의 성격을 가지고 있다(기본권의 이중적 성격).

기본권과 관련하여 제도적 보장이라는 문제가 대두하는데, 이는 주관적 공권이 아닌 어떠한 법적·사회적·정치적·경제적·문화적 제도와 같은 일정한 제도를 특히 헌법이 보장하는 것을 말한다. 헌법에 따라 일정한 제도가 보장되면 입법부는 그러한 제도를 설정하고 유지할 의무를 지게 되고, 또 그 제도를 헌법규정에 반하여 법률로써 폐지할 수 없다. 우리나라 <헌법>상의 복수정당제의 보장, 직업공무원제도의 보장, 지방자치제도의 보장, 민주적 선거제도의 보장, 가족제도의 보장과 같은 것이 이에 해당하며, 그 밖에도 학문의 자유와 관련하여 대학의 자치가 보장되고, 재산권의 보장과 관련하여 사유재산제도가 보장된다.

기본권의 보장은 원래 국가 권력에 의한 기본권의 침해를 방어·배제하려는 것이었기 때문에 일반적으로 기본권침해의 문제는 국가 대 사인 간의 법률관계에서 발생한다. 그러나 기본권침해는 사인 상호 간에 있어서도 발생할 수 있다. 기본권이 침해된 경우에 그에 대한 <헌법>상의 구제수단으로는 청원권, 행정쟁송의 방법, 손실보상청구권, 손해배상청구권, 위헌법령심사청구권, 형사보상청구권, 헌법소원심판청구권 등이 있다. 그밖에 저항권의 행사를 통한 구제방법도 생각할 수 있다.

3. 자유민주주의는 어떻게 무너지는가?

■ 자유민주주의를 훼방하는 사회주의

자유민주주의는 이를 훼방하는 사회주의 세력과 끊임없는 전쟁 중이라는 사실이다. 자유를 수호하고 발전시키기 위한 싸움은 사람과의 전쟁이 아니라 적대적 세력과의 사상전이다. 빅토르 위고는 "국가는 쳐들어오는 적에게는 저항한다. 그러나 스며드는 사상에는 저항하지 않는다"라고 말하며 보이는 쳐들어오는 적군보다 슬며시 스며드는 보이지 않는 사상(이념)의 위험성을 더욱 경고했다. 사회주의는 오래된 그리고 검증된 실패작이다. 1990년 전후 동유럽 사회주의 국가 전부가 한 국가도 예외 없이 자유민주주의 체제로 레짐체인지하였다.

그런데도 사회주의 사상은 오늘날 자유를 위협하는 주된 적으로 남아 있다. 사회주의 사상은 입법 만능주의, 눈먼 나랏돈의 환상, 책임 전가의 병, 다 아는 척하는 병폐, 질투 강박증 등 다섯 가지로 요약된다.

위 다섯 가지 사회주의 특성 속에는 공통의 맥락이 있다. 이들은 인간의 어두운 면이다. 인간의 본성은 원시적이다. 창의적이 아니며, 나태하고, 의존적이며, 비도덕적이고, 비생산적이고, 파괴적이다. 한 사회의 구성원들이 그런 자멸적인 생각을 실행에 옮긴다면 그 사회는 오래 존속될 수 없다.

반면 자유주의 철학은 희망을 주고, 재생시키고, 동기를 부여하며, 창의적이며, 흥미로운 철학이다. 이는 주체성, 책임감, 개인 주도, 재산권 존중, 자발적인 협동과 같은 인간 본성의 고상한 특질에 호소하고 의존한다.[3]

■ 밀과 토크빌

'다수의 지배'는 민주주의의 핵심 덕목이고 존중받아야 한다. 그러나 여기에 함정이 있다. 정치에 직접 참여하며 민주주의를 깊이 고민했던 민주주의의 어두운 측면, 즉 '민주 독재' 가능성에 대한 문제를 19세기 동시대를 살았던 두 정치 사상가, 영국의 존 스튜어트 밀(1806-1873)과 프랑스의 알렉시 드 토크빌(1805-1859)이 180여 년 전에 제기했다. 『자

---

3) 로렌스 W. 리드(전현주 외 역)『왜 결정은 국가가 하는데 가난은 나의 몫인가?』 서울, 지식발전소, 2019. pp. 106-111.

유론』[4]으로 유명한 밀과 『아메리카 민주주의』[5]를 쓴 토크빌은 민주주의를 누구보다 지지했다. 그러면서도 그 민주주의의 한계를 지적했다.

밀John Stuart Mill은 계급 이익에 휘둘리는 민주주의는 사악하고 무능한 정치 체제로 타락할 수 있다고 우려와 경고를 했다. 또한 "국민의 이름으로 반대편을 겁박하고 법치를 무력화하면 그것은 민주주의가 아니다. 민주주의로 포장한 독재로 전락할 수 있다." 민주주의 효율성 문제에 주목한 밀은 민주주의 틀 안에서 숙련된 전문가가 더욱 큰 역

4　) 존 스튜어트 밀의 대표작 『자유론』; 출간된 지 180년이 지났음에도 여전히 큰 사랑을 받는 책이다. 시민과 국가의 관계, 즉 시민의 자유가 어디까지 보장되고, 국가의 간섭은 어디까지 미칠 수 있는지를 다루고 있다. "개인의 자유는 자신의 사고와 말, 행위가 다른 사람들을 해치지 않는 모든 범위에서 절대적이다. 국가의 법률이나 일반적인 도덕적 판단은 개인의 자유를 제한해서는 안 된다." 시민으로서 개인은 무한한 자유를 갖는다. 단, 다른 사람들에게 해를 끼치지 않는 범위에서 말이다. 국가는 그러한 개인의 자유를 제한하면 안 된다. 다만 개인이 다른 사람에게 해를 끼칠 때는 국가가 개인의 자유에 간섭할 수 있다. 그리고 국가는 개인이나 단체의 활동과 능력을 촉구하는 역할을 해야 한다. 그러나 국가가 그 역할을 제대로 수행하지 않거나 국가가 지신의 목적을 위해 개인을 억압할 때에는 국가의 역할은 축소되고, 개인에 대한 국가의 간섭은 제한되어야 한다.

5　) 알렉시 드 토크빌 『미국의 민주주의』; 다른 나라와 달리 왜 공화제 대의 민주주의가 유독 미국에서 성공했느냐에 관한 분석이다. 토크빌은 고국 프랑스에서 민주주의가 쇠퇴하고 있는 점에 대해 미국 민주주의의 기능적 측면을 적용하고자 한다. 민주주의에 '대한' 위협과 민주주의'의' 위험에 대해 논하면서 미국 민주주의의 미래를 전망한다. 토크빌은 민주주의가 다수의 폭정(tyranny of the Majority)을 일으킬 위험뿐 아니라 '부드러운 전제정치'(soft despotism)로 타락하는 경향이 있다고 본다. 그는 미국에서 종교가 강력한 역할을 수행하는 원인이 모든 파당이 인정하는 정교분리에 있다고 관찰한다. 토크빌은 이 점을 민주주의와 종교 간에 불건전한 대립이 벌어지고 있다고 본 프랑스의 상황과 대립시켜서 교회와 국가 간의 관계를 맺고자 한다.

할을 할 수 있어야 한다고 강조한다. 능력이 뛰어난 사람이 앞장서서 더 큰 목소리를 낼 수 있도록 대중이 한발 물러서는 지혜를 발휘할 때 민주주의에서도 원활하고 효율적인 문제 해결이 가능하다는 것이다. 평범한 사람들이 잘난 사람을 끌어내리는 민주주의의 하향 평준화 위험에 대한 경고다. 제도를 운용하는 것은 결국 사람이다.

19세기 초반 미국 민주주의를 직접 둘러 본 프랑스인 토크빌*Alexsi de Tocqueville*은 미국 민주주의에 대한 찬사를 보내면서 잘못될 가능성에 깊은 우려를 나타냈다. 민주주의는 성실함과 염치를 중하게 여기는 개개인들의 공공성에 바탕을 둔 시민사회에서만 이루어지며, 공동체의 연대의식 속에서만 싹튼다는 사실이었다. 공공성에 근거한 인격적 자기실현이 전제되지 않는 한 아무리 민주주의를 부르짖어도 그것은 전도된 민주주의일 뿐이다. 서로를 존귀한 존재로 받아들이지 않는다면 민주주의는 천민민주주의가 된다. 민주주의에서 대표자는 군림하는 특권적 존재가 아니라 섬기고 봉사하는 사람이었다.

대표자의 덕목은 그 직책을 맡았을 때나 떠났을 때 사람들로부터 변함없는 사랑과 지지를 받는 것이다. 이런 점에서 미국의 민주주의란 "사람과 사람 사이의 아름다운 관계"임을 알 수 있다. 미국의 민주주의는 기독교가 가져다준 공공성의 표현이자 공리주의적 실천이었다.

그러나 다수가 지배하는 민주주의는 지배받는 소수와 반대편을 국민의 이름으로 겁박하고 법치를 무력화해 민주 독재로 변질할 위험을 안고 있다. 평등한 민주주의 사회에서 다수가 힘을 갖는 것은 당연하지만, 그 다수가 생각이 다른 소수를 억압할 수 있다는 게 문제다. 그 다수의 압제 앞에서 개인의 자유와 개별성이 압살 되는 '다수의 독재 *tyranny of the majority*'와 민주주의로 포장한 '부드러운 전제(專制)정치 *soft despotism*'로 전락할 수 있다는 우려를 하였다.

한국의 문재인 대통령이 차점자와 큰 표 차로 당선되었고, 여당이 압도적 절대 다수당인 것은 맞지만, 그것을 마치 대통령이나 집권당이 뜻대로 다 할 수 있는 백지수표를 준 것은 아니다. 입법과정에서 소수당과의 토론과 합의 과정을 거치는 등 숙의 과정이 필요하다는 것과 정부가 정책 개발과 집행과정에서도 법적 절차를 도외시하거나 야당의 존재를 무시하고 일방적으로 전행(專行)을 강행할 수 있다는 것은 아니다. 당장 힘들고, 손해가 나더라도 소신을 지키는 지조, 배고파도 더러운 것은 먹지 않는 기개, 미래와 후손을 생각하는 웅대한 포부, 절제와 관용의 미덕, 이들을 갖추지 못한 사람들이 정치판에 옹기종기 모여 있는 한 그 나라의 민주주의는 요원하다. 토크빌은 민주주의의 중요한 조건으로 고상한 습속(習俗)을 강조한 것도 이런 이유에서이다.

하루하루 먹고살기에 바쁘다는 핑계로 한탄만 하고 있으면 어느 틈에 민주주의가 독재로 변해 우리의 목을 죄어 올지도 모른다. 그런데도 안타까운 현실이지만 민주주의 말고 다른 대안은 없다는데 문제가 상존한다.[6]

---

6) 서병훈, 『민주주의-밀과 토크빌』 서울, 아카넷, 2020. 배명복 칼럼, 중앙일보,

마이클 센델*Michael J. Sandel* 교수는 "오늘날 민주주의의 직접적인 위기는 포퓰리즘에서 비롯되었다"라고 주장한다.

■ 후안 린츠

후안 린츠 예일대 교수는 1) 말과 행동에서 민주주의 규범을 거부하고 2) 경쟁자의 존재를 부인하고 3) 폭력을 용인하거나 조장하고 4) 언론의 자유를 포함하여 반대자의 기본권을 억압하려는 정치인은 잠재적인 독재자로 유심히 지켜봐야 한다고 주장했다.[7]

■ 스티븐 레비츠키 · 대니엘 지블랫

스티븐 레비츠키와 대니엘 지블랫 하버드대 교수들은 『How Democracies Die』 저서에서 민주주의 체제를 전복하려는 독재자는 1) 대중선동 2) 심판 매수 3) 경쟁자 매수나 탄압 4) 운동장 기울이기 5) 국가 위기를 시도한다고 주장했다.[8]

21세기 민주주의는 쿠데타 같은 폭력적인 방법으로만 붕괴되는 것이 아니다. 파시즘·공산주의·군부 통치 같은 노골적인 형태의 독재는 종적을 감추고 있다. 이제 '민주주의는 국민이 선출한 지도자의 손에 죽음을 맞이하고 있다'는데 문제의 심각성이 있다. '선출된 독재자'는

2020.12.1. "한국 민주주의는 아직 멀었다."

7) 스티븐 레비츠키 · 대니엘 지블랫(박세연 역) 『어떻게 민주주의는 무너지는가? How Democracies Die』 서울, 어크로스, 2018.

8) 스티븐 레비츠키 · 대니엘 지블랫, 같은 책

국민의 지지라는 이름으로, 사법부를 효율적으로 개편한다는 명분으로, 또는 부패 척결이라는 기치를 내세우며, 적폐를 청산해야 한다는 명분을 내세워 민주주의를 파괴한다.

잠재적 독재자를 감별할 수 있는 네 가지 신호를 제시한다. a.말과 행동으로 헌법을 위반할 뜻을 드러내거나 선거 불복 등을 언급한 적이 있는가. b.정치 경쟁자를 적으로 몰아세우고 헌법질서의 파괴자라고 비난한 적이 있는가. c.폭력을 용인하거나 다른 나라 정치 폭력을 칭찬 또는 비난하기를 거부한 적이 있는가. d.상대방 정당이나 시민단체·언론에 법적으로 대응하겠다고 협박한 적이 있는가. 이 중 하나라도 해당하면 민주주의를 파괴하는 독재자에 해당한다. 문 대통령은 위 4가지 요건에 모두 다 해당한다. 그런데 그와 정부 여당은 민주주의를 앞세우면서 이들이 그 자유민주주의를 파괴하는 줄을 모르고 있다는 데 문제의 심각성이 있다.

독재성향의 정치인이 출현한다 해도 국민이 민주적 가치를 확고히 지지한다면 민주주의는 살아남지 않을까? "그 생각은 틀렸다"고 저자는 단언한다. 베네수엘라 우고 차베스는 유권자의 과반수의 지지로 대통령에 당선되었다. 히틀러나 무솔리니 같은 독재자도 국민의 지지를 등에 업고 집권했었다. 대중선동 정치인이 포퓰리즘 정책으로 국민의 감성을 건드릴 때 민주주의는 속수무책으로 흔들린다. 잘 설계한 헌법이 민주주의를 지켜주는 것도 아니다.

민주주의를 지키는 건 성문화 되지 않은 규범이다. 그 핵심은 상대를 인정하는 '상호관용mutual tolerance'과 주워진 법적 권한을 신중히 사용하는 '제도적 자제institutional forbearance'다. 경쟁자를 대화 상대로 인정하고, 임명 권한이 있어도 측근을 사법부 수장에 앉히지 않는 권력 사용의 절제를 말한다. 선출된 독재자는 '합법'의 테두리에서 심판을 매수하고, 비판자·경쟁자를 탄압하고, 운동장을 기울인다. 헝가리 빅토르 오르반 총리는 측근을 대거 공직에 임명하고 헌법재판소·대법원·감사원·검찰 같은 중립적 헌법기관에 친여당 인사를 채워 넣었다. 에콰도르 라파엘 코레아 대통령은 자신을 비판하는 일간신문에 $4,000만 소송을 걸어 승소했고, 터키 에르도안 총리(현재는 대통령)와 러시아 푸틴 대통령은 야당에 우호적인 언론 기업 소유주에게 거액의 벌금을 물려 경영권을 빼앗았다.

정당의 '문지기gatekeeper' 기능이 중요하다. 미국의 두 정당은 그동안 대선 후보를 선택할 때 동료 정치인의 평가가 크게 작용했다. 동료만큼 해당 후보의 능력·인격·이념을 잘 아는 이는 없기 때문이다. 동료들의 검증을 통해 민주주의를 파괴할 가능성이 큰 대중 선동가와 극단주의자를 걸러 냈다.

그러나 1970년대 이후 더 민주적 방식을 도입한다는 명목으로 유권자 참여를 확대하면서 정당 기능이 약해졌다. 정당 활동이나 공직 경험이 전혀 없는 트럼프가 대중적 인기에 힘입어 대선 후보자가 될 만큼 정당의 문지기 기능이 사라졌다. 표퓰리스트를 막으려면 이념이 다르더라도 정당의 힘을 합쳐야 한다. 과연 가능할까? 오스트리아는 2016년 선거에서 이민자에 대한 폭력을 용인하는 극우 정치인의 등장을 이념이 다른 좌우 정당이 연합하여 막아 냈다.[9]

■ 최연혁 교수

민주주의 질을 비교할 때 민주주의 척도로 사용되는 스웨덴 브이뎀 V-Dem연구소의 자유민주주의 지수Liberal Democracy Index를 활용한다. 예테보리대학 브이뎀연구소의 지표는 자유·선거·평등·참여·심의 민주주의 정도 등 5가지 항목을 측정해 분석함으로 민주주의의 다양한 기능과 절차의 민주성을 비교할 때 많이 사용된다. 2020년 평가에서 한국은 179개 국가 중 18위로, 자유민주주의 국가로 분류했다. 하지만 2019년의 13위와 비교하면 다섯 단계가 추락 한 점에 주목해야 한다. 선거·참여·평등민주주의 항목에서 하락했다. 전년도 실적을 평가 발표하는데 2020년도 실적 평가가 주목의 대상이 된다.

대의 민주주의를 연구한 한나 피트킨Hanna Pitkin은 민주주의 질을 하락시키는데 집권세력의 대의성Representativity에 대한 잘못된 인식에서 출발한다고 주장한다.

대의성에는 첫째 주권자인 주민의 선출된 대표는 '국민의 대리인 Delegate'에 불과하다. 선출된 대통령령과 국회의원은 국민의 뜻에 항상 귀를 기울이고 소통할 의무가 있다. 둘째 '국민의 신탁자Trustee'다.

---

9) 스티븐 레비츠키 · 대니얼 지블랫(박세연 역) 같은 책.

선출된 대표는 국민의 권력을 위임받아 자신들의 뜻대로 결정할 수 있는 권한을 갖는다. 여기서 중요한 것은 대의성의 두 가지 정의가 모두 균형적으로 존중 될 때 대의 민주주의가 제대로 작동하고 민주주의의 정당성이 완수 된다. 대의성의 두 가지 정의를 충족하기 위해서는 삼권분립, 권력통제와 균형Check & Balance의 조화가 제대로 보장되어야 가능하다. 선출된 대통령과 과반수를 차지한 여당이 무소불위의 권력으로 소수를 무시하고 자기들의 뜻대로 일방적으로 밀고 가는 것은 결국 국민주권에 대한 도전이고, 국민의 분열과 갈등을 방조하거나 부추기는 것은 자유민주주의의 중대한 결함이다.[10]

4. 대한민국 자유민주주의 위기

한국의 민주주의에 예외 없이 학자들은 아래와 같이 진단한다. 민주주의 성장·발전 과정에서 성장통은 있지만, 희망적이라는 주장과 심히 우려되는 바가 크다는 주장이 있다.

■ 김의영 서울대 교수

"한국의 시민들은 지도자 개인보다는 민주주의 체제에 더 신뢰를 보낸다. 여론조사를 해보면 과거 권위주의 시절과 같이 강한 정치적 리

---

10) 최연혁 스웨덴 린네대 교수, 2021.1.9. 중앙일보, 위기에 처한 한국 민주주의, "여당의 사법부 장악 시도, 대의 민주주의에 대한 도전"

더가 필요하다고 답하는 응답자가 있겠지만, 그 누구도 현재 민주주의 체제에서 과거 권위주의 체제로 돌아가기 원한다고 답하지 않는다. 정치학에서는 이를 민주주의 공고화democratic consolidation라 부르는데, 민주주의 유일한 게임규칙only game in town으로 받아들여지는 상황을 의미한다. 한국 시민들의 민주주의 체제에 대한 믿음은 굳건하며, 따라서 다소 급격한 리더십 변화의 와중에서도 민주주의를 유지하고 발전시킬 수 있었다.

여하튼 한국의 민주주의가 위기 상황에 이르지 않도록 다 함께 노력해야 한다. 정권의 각성, 제도권의 정치개혁, 정당정치의 복원, 다 중요하다. 하지만 한국 민주주의 발전을 추동해 온 시민사회의 역할과 잠재력에도 주목하자"[11]라고 주장한다.

■ 진중권 교수

"'친문 586운동권 독재'로 인하여 법치와 자유민주주의 시스템이 무너졌으며, 진보언론과 시민단체와 지식인들은 정권과 이익을 공유하는 어용으로 전락했고, 정권의 맹목적 지지자들인 '문빠'로 인해 현 정권이 비판을 수용하지 않는 독재정권으로 전락했다"라고 비판한다.

■ 최장집 교수는 "다시 한국의 민주주의를 생각한다."

진보 성향의 원로 정치학자 최장집 고려대 명예교수가 문재인 정부

---

11) 김의영, 중앙일보, 2020.11.11.27. "한국 민주주의, 위기인가"

의 등장이 진보와 보수의 극단적인 양극화와 민주주의의 위기를 불러왔다고 진단했다.

"다수결의 지배가 민주주의에서 일반적인 결정 원리라고 할 수 있겠지만, 민주주의 결정 원리가 다수결인 것 아니다. 다수결도 여러 종류가 있다. 합의라든가, 타협이라든가 얼마든지 있다. 그런 것 없이 일방적으로 다수결로 하는 건 내가 이해하는 방식에서 민주주의와 동일시할 수 없다. 다수의 지배가 무차별적으로 결정 원리가 된다면, 그것은 다수의 독재 이상 아무것도 아니다. 21대 국회는 20대 국회보다 더 나쁘다. 권력에 대한 절제가 없다. 1860년대 미 의회에서 노예해방의 의제를 표결하며 작은 표 차이로 다수를 결정했을 때 다수결에 의한 결정이 어떤 결과를 가져오는가를 보여주는 사례다.

최 교수는 "촛불 시위 이후 문재인 정부의 등장은 한국 민주주의가 새로운 단계에 들어가는 전환점으로 기대됐지만, 지금 한국 민주주의는 위기에 처해 있다. 이 위기는 학생 운동권 세대의 엘리트 그룹과 이들과 결합한 이른바 '빠' 세력의 정치적 실패에서 왔다. 문 정부가 집권하면서 당·정·청에 유입된 운동권 386세대와 여권 극렬 지지층인 이른바 '문빠' 세력이 한국 민주주의의 후퇴를 가져왔다. 특정 정치인을 열정적으로 따르는 '빠' 현상은 강고한 결속력과 공격성을 핵심으로 한 정치 운동이며, 가상으로 조직된 다수가 인터넷 소셜 미디어를 통해 여론을 주도하고, 이견(異見)이나 비판을 공격하면서 사실상 언론 자유를 제약하는 결과를 만들어냈다."

문재인 정부의 '적폐 청산'을 내건 각종 개혁 드라이브도 실패했다. 대통령과 집권세력이 각종 개혁 요구를 정치적 다원주의 방법으로 수용하고 통합하기보다는, 독점적이고 일방적으로 대응했다. 이로 인해 촛불 시위가 중도는 물론 합리적 보수를 아우르는 '사회적 대연정' '탄핵 정치 동맹' 성격을 가졌다는 사실이 부정됐다. 21대 총선에 대해 "특정 시민운동 출신들이 선거를 위해 급조된 정당의 후보로 선거 경쟁에 나서고 국회의원으로 선출되는 모습을 보여줬다. 시민운동이 곧 정당이고, 정당이 곧 시민운동인 현상이 현실화됐다. 이들 양자 사이엔 '특혜와 지원을 대가로 정치적 지지를 교환하는 관계'가 자리 잡았다."

특히 공수처법은 '지극히 위험한 법'이다. 대통령이 공수처장 임명권을 갖는 것을 두고 "그렇지 않아도 강력한 대통령에게 또 다른 엄청난 권력을 부여하는 결과를 가져올 가능성이 크다. 대통령이 못 하는 게 없게 되었다. 선출직 국회의원까지 수사 대상이 될 수 있어 현실에선 공수처가 자의적인 권력 행사의 도구가 될 수 있다. 검찰 개혁이 왜 모든 것에 우선해 최우선의 개혁 어젠다가 돼야 하느냐는 문제에 설득력 있는 답을 찾기 어렵다. 적폐 청산을 모토로 하는 과거 청산 방식이 우리 사회 양극화를 불러들이고, 감당하기 어려운 사회 분열을 초래해 개혁 자체가 성과를 낼 수 없는 상황을 만들었다."

공수처법의 위헌법률 소원 제기에 헌법재판소는 합헌이라는 결정을 내렸다. (2021.1.28.)

"미국을 건국한 이들은 철저한 권력분립과 상호견제를 통한 권력 균형 체제를 고안해 냈다. 그것은 개인의 자유와 재산을 보장하고 민주주의 체제를 안정적으로 유지할 수 있게 할 것으로 생각했다. 이들의 구상은 삼권분립, 양원제, 연방제로 제도화 되었고, 그 시스템이 작동되면서 미국은 가장 안정적으로 민주주의 국가로 유지 되어 왔다. 하지만 누가 대통령이 되느냐에 따라 미국에서조차 정치가 달라질 수 있다는 것을 트럼프 대통령이 보여주었다.

제도로서 대통령으로 행동하기보다 개인적 선호와 탐욕에 의한 통치를 했고, 자기 기반 강화를 위해 분열과 적대감을 부추기고, 공공연히 거짓말을 하고 국민을 아군·적군으로 나누고, 반대자를 서슴지 않고 공격하는 모습은 충격적이기까지 했다. 민주주의는 어느 때라도 완성된 채로 존재하는 것이 아니며 제도가 정상적으로 작동하려면 끊임없이 감시하고 그 가치를 지켜내고자 애써야 한다는 것을 새삼 깨닫게 되었다. 방심하면 민주주의는 언제고 후퇴할 수 있다."

■ 데이비드 런시먼 케임브리지대 교수

"현대 서구 민주주의가 '중년 위기'를 맞고 있다. 지구 상에는 정기적으로 선거가 치러지고 민주적 정당성을 갖는 입법부와 독립적인 사법부, 자유로운 언론이 있기는 하지만, 제도나 기관이 본연의 임무를 제대로 이행하지 않는 '속이 빈 민주주의'가 도처에 널려 있다. 현대에서 민주주의를 중단시키는 국가 전복 형태의 군사 쿠데타 가능성은 적어졌다.

그러나 실체가 없는 매우 은밀한 방식으로 쿠데타는 여전히 진행 중이다. 이미 권력을 가진 사람들이 민주주의를 유예하는 '행정부 쿠데타', 선거 과정을 조작하는 '부정투표', 선거를 통해 통치의 정당성을 부여받은 사람들이 민주주의를 장악하는 '공약성 쿠데타', 이미 권력을 가진 사람들이 한 번에 민주주의를 전복하지 않고 체제를 조금씩 약화시키는 '행정권 과용', 선거 과정을 은밀히 조작해서 선거가 자유롭고 공정하게 이루어지는 것처럼 보이게 하는 '전략적 선거 조작' 등이 그것이다. 겉으로는 민주주의가 훼손되지 않은 것처럼 보이는 어떤 종류의 쿠데타는 민주주의 파괴를 은폐한다. 민주주의의 지속 가능 여부를 알아보는 실험은 계속 이루어질 것이다. 확실한 종점은 없겠지만.

오늘날 민주주의를 무너뜨릴 수 있는 것은 거의 없으므로 정치 체제로서 민주주의는 살아남을 것이다. 민주주의를 싫어하고 믿지 않는 사람들이 점점 많아졌지만, 예상 가능한 미지의 선택지와 비교하면 민주주의는 여전히 편안하고 친숙하다. 결국, 우리는 민주주의 안에서 사는 것을 더 선호할 것이다. 그러나 더디지만 확실하게 민주주의는 최후를 맞이할 것이다. 운이 더 좋으면 위기를 겪으며 조금은 더 단련돼 죽음을 조금씩 연기할 수 있을 것이다."[12]

---

12) 데이비드 런시먼(최이현 역) 『쿠데타, 대재앙, 정보권력: 민주주의를 위협하는 새로운 신호들』서울, 금단출판사. 2020.

■ 대한민국 자유민주주의 위기

2020년 4월 21대 국회의원 총선에서 여당이 180석 가까운 의석을 차지했다. 여당은 야당 몫으로 관행상 인정했던 국회 회장단 중 부의장 2명 중 한 명을, 법사위원장을 강탈했고, 상임위원장은 여야당 의석 비율대로 야당에 배분하던 1988년 이후 전통적인 관례를 깨고 여당이 국회 의장단과 17개 상임위원장을 독점했다.

그 여세를 몰아 2020년 정기 국회에서 한 번도 시행하기도 전에 야당의 '공수처장 거부권'을 박탈하여 무력화시킨 *공수처법을, 접경지역에서 대북전단 살포나 대북 확성기 방송에 나서면 3년 이하 징역이나 3,000만 원 이하 벌금을 처하도록 규정한 *대북전단살포금지법(남북관계발전법 개정안)을, 국정원 대공수사권을 폐지하는 *국정원법을, 기업 규제강화 목적으로 *경제 3법(상법, 공정거래법, 금융감독법)을, 해직자나 실직자에게도 조합원 자격을 부여하는 *노동조합 3법을, 국민의 표현 자유에 재갈을 물린 *5·18 역사 왜곡 처벌법을, 8번째 세월호 진상 조사할 수 있는 *세월호 특별법과 *사회적 참사 진상규명법을, 그리고 이어서 2021년 1월 8일에는 중대 안전사고로 노동자가 다치거나 사망하면 대표와 경영 책임자를 처벌하는 *중대재해처벌법 등을 각각 일방적으로 강제 통과시켰다.

위 제정 또는 개정 법률은 자유민주주의와 시장경제를 기본 틀로 하는 민주적 기본질서를 중시하는 헌법에 위배되는 위헌법률 조항이 있다고 본다. 이른바 가히 '입법독재'를 만천하에 과시한 것이다. 일방적으로 처리해 놓고 '역사적인 성과'라고 정부·여당은 즐기며 자축한다. 숙의민주주의란 의사결정 과정에서 여·야당 간에 충분한 숙의(熟議) 혹은 심의*deliberation*를 여유를 가지고 타협과 협상을 충분히 하라는 뜻이다. 단순히 여론조사와 다수결 투표가 아니라 일반 시민의 열린 토론과 사려 깊은 숙의를 통해 공공의 문제를 해결하려는 과정이 민주주의 모델이다. 정부·여당은 권력을 절제할 줄 아는 지혜가 있어야 한다. 일방적으로 밀어붙이는 것만이 능사가 아니다. 내용도 중요하지만, 절차적 과정도 중시해야 한다.

미국 혁명 이후 개인들의 자유와 평등을 구가하던 새로운 민주주의를 직접 보러 갔던 1830년대 토크빌은 자유를 찾은 개인들은 여전히 연약한 존재로 보았다. 전능한 신(神)으로부터 해방, 구체제(ancien regime[13])와 귀족들의 억압에서 탈출했지만 자유로운 개인이 깊은 곤경에 빠지면 결국 의지할 곳은 국가라는 통찰을 생각하게 한다. 그런데 국가는 무채색이 아니라는데 문제가 발생한다. 한국의 민주주의는 어렵게 정말 어렵게 여기까지 왔다.

과연 민주주의의 조종(弔鐘)이 울렸는지를 지식인은 고뇌하고 있다. 거의 1930년대에 독일에서, 그리고, 이탈리아에서 투표로 집권세력의 파시즘화와 1917년 소련에서 일어난 볼셰비즘을 떠오르게 한다.

---

13) 앙시앵 레짐: 1789년의 프랑스 혁명 이전에 프랑스에 존재했던 정치 및 사회 체제를 가리킨다. 「1789년 8월 4일 밤의 선언」과 「인권선언」(1789년 8월 26일)을 채택한 이후 혁명가들이 파괴하고자 하는 모든 체제를 통칭하는 표현으로 자주 사용하였다.

또한, 세계 2차 대전 이후 라틴아메리카 대부분의 나라에서 유행병처럼 확산하며 간헐적으로 등장하여 포퓰리즘 정책에 의하여 나라를 거덜 내고 국민을 고통의 수렁으로 몰아넣는 독재자를 떠올리게 한다. 과연 한국은 '제왕적 독재' '입법독재' '사법독재' '언론독재' 나라로 진입했는가?

■ **어느 목사의 참회와 시(詩)**

'민주주의는 이렇게 시들어 간다.'

"나치가 공산주의를 덮쳤을 때, 나는 침묵했다.

나는 공산주의자가 아니었기 때문이다.

그다음에 그들이 사회민주당원을 가두었을 때, 나는 침묵했다.

나는 사회민주당원이 아니었기 때문이다.

그다음에 그들이 노동조합원을 덮쳤을 때, 나는 아무 말도 하지 않았다.

나는 노동조합원이 아니었기 때문이다.

그다음에 그들이 유태인들에게 왔을 때, 나는 아무 말도 하지 않았다.

나는 유태인이 아니었기 때문이다.

그들이 나에게 닥쳤을 때, 나를 위해 말해 줄 이들이 아무도 남아 있지 않았다."

1960~1970년대 '운동권 삼촌' '운동권 할아버지'들은 이 시를 아끼며 암송했다. 유신 헌법 반대 운동으로 쫓기던 시절 이 시로 위로를 받

앉다는 사람도 있다. 이 시의 지은이는 목사다.

마르틴 니묄러(1892-1984) 목사는 전국적으로 독일 교회 목사들이 히틀러에게 무릎을 꿇었을 때 '히틀러 불복종 운동'을 이끌었다. 그에 대한 보복으로 히틀러 수용소에 감금(1938-1945)된다. 그는 히틀러가 정계에 떠오를 때(1932년) 열렬한 지지자였다. 그는 훗날 자신을 뉘우쳤다. "나라는 혼란스럽고 무신론을 내건 공산주의자들이 득세했다. 그 상황에 갇혀 나는 히틀러의 '말'을 믿었다." 히틀러의 말이 아니라 '행동'을 봐야 했다는 후회다.

"물론 나는 잘 안다./순전히 운이 좋아/그 많은 친구와 달리 내가 살아남았다는 걸--"

1930년대 히틀러 앞에서 법원을 시작으로 모든 권위가 붕괴돼버린 광야의 폐허 속의 독일 풍경을 풍자한 것이다.

민주주의는 요란한 굉음을 내며 무너지는 것이 아니다. 민주주의 영토는 야금야금 잠식되고, 민주주의라는 연약한 나무는 소리 없이 시드는 법이다. 180여 년 전 프랑스 학자 알렉시 드 토크빌이 미국 민주주의를 여행하고 대중민주주의에 대한 우려를 그의 저서『아메리카 민주주의』에 썼다.

■ 라이프리치히 니콜라이 퓨러 목사

현재 2020년대 절대다수의 한국 목회자들은 좌파 정권이 대한민국을 멸망의 수렁으로 끌고 가는 조국의 현실을 목도하고도 침묵한다. 그들은 조국의 미래보다 당장 자기의 안일을 추구하는 자들이다. 특히 대형 교회 목사들은 더더욱 한결같이 침묵한다. 침묵하기보다 반정권운동에 앞장서서 생명을 걸고 저항하는 동료 목회자를 비판하는 목사들도 있다. 현실을 안주하며 아무렇지도 않은 듯 즐긴다. 서울의 사랑제일교회(전광훈 목사 시무)와 부산의 세계로교회(손현보 목사 시무)에 한하여 관계 당국의 핍박이 있을 것이고 '내가 시무하는 교회는 핍박 대상이 아니다, 나는 그들과 달라'라고 안도하며 그대로 침묵할 것인가?

기독교는 국경이 없다. 그러나 기독인은 어느 특정 국가의 국민이다. 기독인은 애국자여야 한다. 특히 목회자는 애국자여야 한다. 히틀러 독재에 저항하며 생명을 던진 본회퍼 목사! 1980년대 거의 10년 동안 동독 공산정권에 저항하며 독일 통일을 가져오는 데 결정적인 영향을 끼친 라이프니치히 니콜라이 교회 퓰러[14] 목사! 이런 목사의 출현을 기대한다는 것은 사치일까?

14　) 정판영B, pp. 118–124. 퓰러 목사

5. 대북전단금지법과 미국 의회청문회

      대북전단살포금지법(이하 "대북전단법"이라 함)에 대하여 국내는 물론 UN, 미국 조야(朝野), 영국, 체코, 외신들의 비판에 귀를 기울일 필요가 있다.

■ 크리스 스미스 미 하원 공화당 의원은 비판한다.

"대북전단법이 통과되면 국무부 연례 인권·종교 자유 보고서에 한국을 비판적으로 재평가할 것을 요구하고 감시 대상*watch list*에 올리고 의회청문회도 소집하겠다. 같은 법은 가장 잔인한 공산정권에서 고통받는 주민에게 민주주의를 증진하고 지원하는 행위를 범죄화하고 있다. 이는 한국 헌법과 시민적·정치적 권리 규약 의무에 대한 명백한 위반이다. 문재인 대통령 아래의 한국의 '궤적*undergo*'에 관해 심각한 우려가 있다. 우리는 한국 정부가 코로나 대응을 구실로 비판 세력의 종교·언론 자유를 축소해 온 것을 보아왔다."[15] 스미스 의원은 미 의회 초당적인 인권기구인 렌토스 인권위원회 공동의장이다.

■ 마이클 맥하워 공화당 하원 간사 의원

"표현의 자유가 민주주의의 핵심 가치다. 미 의회 초당적 다수가 독

---

15) 조선일보,2020.12.15. 사설, "文 아래 한국 궤적 심각한 우려" 美 의원만의 걱정 아니다.VOA Morning News 2020.12.14.

재정권 아래 신음하는 북한에 외부정보 제공 노력을 지지해 왔다. 한반도의 밝은 미래는 북한이 한국처럼 자유민주주의 국가가 되는 것이다. 의회청문회 소집을 하겠다."[16]

■ 시나 그리트스 텍사스대 정치학 교수

"대북전단법은 한국이 어렵게 이룬 최대 자산인 민주주의를 훼손했다. 바이든 행정부가 한국과 가치기반 파트너십 추구에 한국 정부 역량에 손상되었다."

■ Mark Fitzpatrick 전 국무부 비핵확산 담당 부차관보

"북한에 관여하는 궁극적인 목적은 북한을 개방하고 긍정적으로 이끄는 것이다. 한국 정부가 북한 주민의 권리를 부정하고 압제 정권을 지지하는 것이냐?"

■ 벤자민 실버스타인 미국외교정책연구소 연구원

"대북전단법은 한국 정부에 수치스런 법이다."

■ 데이비드 맥스웰 민주주의수호재단 선임연구원

"대북전단법 제정으로 바이든 행정부가 첫 미·한 관계가 위기에 직면했다. 미·한이 공유하는 자유가치와 자유민주주의, 법치주의, 인권

---

16) VOA, Morning News 2020.12.14.

가치에 위배 되어 문 정부에 돌이킬 수 없는 손상을 줄 수 있다."

■ 올리비아 인어스 헤리티지재단 선임연구원

"대북전단법은 문의 대북관계의 유일한 것이 아니며 하나의 패턴일 뿐이다. 한국 정부가 북한 인권법 기금을 삭감하고, 북한 인권단체들을 노골적으로 탄압한다. 대북 확성기 방송도 중단했다."

■ 고든 창 인권변호사

"한국은 더는 민주주의 국가로 불러야 할지 확인할 수 없게 되었다."[17]

고든 창은 2021.4.15.(미국 시간) 미 의회 톰 랜토스 인권위원회 청문회 증인 진술했다.

"대한민국의 자유민주주의는 자국 대통령에 의해 공격을 받고 있다. 대북전단금지법은 인권과 민주주의에 대한 사안이고, 문은 한국의 민주적 제도를 공격하고 있다. 문은 대한민국이 지난 수십 년 동안 이룬 민주주의를 뒤집고 있다. 그가 추구하는 민주주의는 모든 사람이 생각하는 민주주의와 달랐다. 그가 추구하는 것은 북한식 민주주의였다. 그는 자유를 제한하며, 북한·중국과 빠르게 조율하여 그쪽으로 나아가고 있다."

---

17) VOA, Morning News 2020.12.16.

■ 47개국 국제인권단체

국제인권단체들이 문 대통령에게 2020.12.15. 서한을 발송했다.[18] "유엔의 북한인권 결의안에 한국이 기권한 것은 유감이다."[19] 유엔 인권최고대표사무소(OHCHR)[20]는 2020년 1년 동안 한국 정부에 인권 문제와 관련하여 "유엔이 상당한 문제가 있다고 판단해 정부에 답변을 요구하는 서한을 총 여섯 차례 의견 개진 요구하였다. 탈북 선원 강제 북송 문제, 통일부 북한 인권단체 사무 감사, 서해 피살 공무원 유가족의 정보 접근 제한 등이다. 정부는 원론적 답변으로 일관했다.

---

18) VOA, Morning News 2020.12.16.

19) VOA, Morning News 2020.12.17.

20) OHCHR: 인권의 보호와 신장을 목적으로 활동하고 있는 국제연합 사무국의 한 조직. 1993년 12월 UN 결의에 따라 그 전신이 개설되었으며, 이후 1997년 9월에 UN 본부 조직개편에 따라 인권 센터와 함께 통합되어 지금의 인권고등판무관실이 되었다. 전 세계인의 인권 신장과 향유를 위해 노력하며, 이를 실천하기 위한 각종 제도의 개선, 사실의 조사, 인권을 제한하거나 억압하는 사례에 대한 중재 및 조정 등을 주요 임무로 하고 있다. 그밖에 각국의 국제인권조약 제정 및 입법화를 위한 지원 및 여러 인권 프로그램을 운영하고 있다. 미얀마의 인권침해 및 민주화 지연을 비난하는 결의안을 채택한 것이 좋은 사례이다. 한국과 관련한 활동 사례로는 탈북자의 지위에 관련된 인권 문제에 지속적인 관심을 두고 있는 것을 들 수 있다. 최근에는 사상, 양심 그리고 종교의 자유에 대한 합법적인 권리 행사로서 양심적 병역거부권을 인정하고 있는데, 이와 관련해 각국이 시행하고 있는 대체복무 등 모범 사례를 지속해서 수집, 분석하고 있다.

■ 이비드 울튼 경[21] 영국 상원의원

"대북전단법은 한국에 정착한 3만 3,000여 탈북자에게도 지대한 사회적·정치적 불안을 야기할 것이고, 영국은 한반도에서 평화·인권을 증진하기 위하여 오랜 기간 노력해 왔고, 여왕이 6·25 때 수만 명을 파병[22]하며 희생을 감수한 것도 같은 이유였다." '북한에 대한 초당파 의원 모임' 공동의장 자격으로 영국 도미니크 라브 외교부 장관에게 보낸 서한에서 "한국 정부가 이번 법안을 재고할 수 있도록 영국 정부가 노력하길 희망한다. 법은 '재갈 물리기 법gag law'이며 문 대통령이 이 법안에 서명하면 한반도에는 더는 북한의 인권과 존엄성을 알일 수단이 없게 된다. 한국 정부가 북한 인권유린에 대한 침묵을 끝내기를 촉구한다. 앞으로 더 거침없이 발언할 것을 촉구하는 서한에 서명할 것이다."[23]

---

21) 데이비드 울튼 경; 영국 상원의원, '북한에 대한 초당파 의원 모임' 공동의장, 영국 정치권의 대표적인 지한파로 20년 가까이 북한 인권 증진을 위한 활동을 하고 있다. 2019.11월 문재인 정부가 탈북 선원 2명을 북한으로 강제 송환하자 이를 "베를린장벽을 넘어 확실한 죽음certain death으로 보내는 행위"에 비유하며 강도 높게 한국 정부를 비판한 바 있다.

22) 영국 파병; 6 · 25 한국전쟁 당시 UN군 자격으로 미국을 중심으로 세계 16개국에서 전투 병력을 파병하였다. 영국은 한국전쟁에 미국 다음으로 많은 병력을 파병, 한국을 공산 침략으로부터 지켜준 은혜의 나라다. 영국군은 한국전쟁에서 전사자; 1,086명, 부상자; 2,674명, 실종자; 179명, 포로; 977명 합계 4,916명의 피해자가 발생했다.

23) 동아일보, 2020.12.22. "대북전단금지법 '글로벌 역풍'"VOA, 2020.12.14.–17. 계속 보도.

■ 빅터 차 미 전략국제문제연구소CSIS 한국 석좌

"제이크 설리번 국가안보 보좌관 내정자가 이미 언급한 위구르 무슬림 탄압, 홍콩 문제에 대해 한국 정부는 완벽하게 침묵하고 있다. 바이든이 선택을 강요할 경우 한국은 D10(민주주의 국가 협의체) 같은 다자 연합에서 소외될 가능성이 있고, 이는 한국이 손해다. 한국이 다자 안보체제 쿼드Quad나 중국 IT 기업을 배제하는 'clean network'에 입장을 유보하고 있는 점"[24]에 대하여 언급했다.

■ 일본 아사히신문

"북한의 불합리한 요구에 굴복해 시민 권리에 제한을 가하는 조치는 재고되어야 한다. 문재인 정권이 국회에서 여당이 다수의석을 차지한 것을 배경으로 여론이 반대하는 법안 통과를 감행하고 있다. 그 법에는 시민의 자유와 민주주의 원칙을 훼손할 수 있는 내용도 포함돼 있다. 한국에서 최근 우려하지 않을 수 없는 정치적 움직임이 계속되고 있다. 민주정치의 양태는 국가 상황에 따라 다양하지만 보편적 가치를 지니는 현안을 놓고는 국제 사회도 간과할 수 없다. 문재인 정권의 독선적 수법을 고쳐야 한다."[25]

---

24) 빅터 차 CSIS 한국 석좌, 조선일보, 2020.1.21. "대북전단법 비판 확산"
25) 아사히신문, 2020.12.21. 사설, "자유의 원칙을 일관해야 한다."

■ 한국 정부 미 의회청문회

마이클 커비 전 유엔 북한인권조사위원장

"바이든 정부는 북한 인권 문제를 주의할 것이다. 한국의 북한 정보 유입에 처벌하는 것은 표현의 자유 억압하는 것으로 미국 새 정부와 정책이 충돌한다. 새 정부는 매우 강력한 우려를 표명한다. 미국인들은 끊임없이 헌법 수정 제1조[26]에 대하여 말한다."

■ Gerald Connelly 민주당 하원의원

미 의회 지한파 의원 모임, 코리아 코커스 공동의장 제럴드 코넬리는 "한국 국회가 남북 접경지역과 중국 등 제3국을 통해 인쇄물과 보조 저장장치, 돈, 기타 물품을 북한에 보내는 외부정보 유입 행위를 금지하는 법안을 가결한 것을 우려한다. 북한의 표현자유 억압에 우리 스스로 비판해 왔다. 한국의 문 대통령은 서명 전에 중대한 수정이 있기를 강구한다. 의회청문회 사전 브리핑 등 준비에 들어갔다. 청문회에 대북전문가, 인권단체, 탈북민 등이 참여할 것이다."[27]

■ 엘리엇 엥겔 미 하원 외교위원장

"남북 신뢰 구축 노력의 중요성을 인정하지만, 북한 인권 증진이라는 '공동의 목표'를 희생시켜서는 안 된다. 미 의회가 통과시킨 '북한인권

---

26) 미국 수정헌법 제1조 언론·출판 등 표현의 자유를 침해하는 어떠한 입법도 금지한다.

27) VOA, 2020.12.19.

재승인법'에 반하여 법은 구체적으로 USB 드라이브 같은 수단을 통해 북한 주민에게 편견 없는 정보를 제공하도록 승인했다. 법은 미국의 북한 인권법 핵심 조항과 정면으로 충돌한다."

미 의회 초당적 기구인 '톰 랜도스 인권위원회'는 인권청문회를 주로 북한, 중국, 시리아 같은 독재국가들을 대상으로 해 왔다. 그런데 청문회에 대한민국이 서게 되었다. 군사 정권이 끝나고 지난 수십 년 동안 없는 일이었다. 2020년 12월 한국 의회가 야당이 퇴장한 가운데 여당 단독 의결한 대북전단금지법에 대한 2021년 초 청문회를 열 것이라고 스미스 의원이 공동의장으로 있는 랜토스 위원회가 발표했다.

한국 정부는 '접경지역 안전을 위한 조치'라고 했지만 이를 믿는 국민은 많지 않을 것이다. 오히려 '북한 정권의 비위를 맞추기 위하여 우리 국민의 표현자유와 북한 주민의 최소한의 알 권리를 넘겨 준 것이다'[28]라는 말을 더욱 신뢰할 것이다. 미 워싱턴포스트는 '대북전단금지법이 워싱턴 반발을 촉발한다'라는 칼럼을 게재했다. '촛불 혁명으로 집권했다'는 인권변호사 출신 대통령 아래서 대한민국이 세계적인 대표적인 독재국가나 받는 미 의회의 '인권청문회' 자리에 오르게 됐다. '인권' '촛불'은 모두 허울일 뿐이었나?

---

28) 조선일보, 2020.12.19. 사설, "운동권 집권 한국이 미 의회 '인권청문회' 대상국 된다니
"VOA, 2020.12.19.

■ 미 의회 청문회 개최

미 의회 초당적인 기구인 '랜토스 인권위원회'가 2021년 4월 15일 한국 문재인 정권의 대북전단금지법에 관한 청문회를 개최했다. '이 법이 외부 정보 유입 등 북한 인권 증진을 위한 노력을 방해할 수 있다'는 것이다. 인권위 의장인 스미스 하원 의원은 "전단 금지법이 가장 잔인한 공산 정권 아래 고통받는 주민들에게 민주주의를 지원하는 행위를 범죄화한다"면서 청문회 개최하겠다고 2020년 12월 15일 예고했다 (p.61 참조). 미 의회는 주로 북한 같은 독재 국가들을 상대로 인권 청문회를 소집해 왔다. '랜토스 인권위'의 최근 청문 대상국은 중국, 아이티, 나이지리아, 온두라스 등이다. 대한민국이 그런 '인권, 표현의 자유 침해국' 대열에 선 것이다.

청문회에 한국의 이인호 박사, 슈잰 숄티 북한자유연합 대표, 북한, 중국 전문가 고든 창 변호사 등이 증인으로 참석했다. '한반도에서 표현의 자유에 관한 청문회'라고 명명하였다. 북한뿐만 아니라 한국의 문재인 정권의 인권·자유문제까지 다루었다. 세계 경제력 10위권 국가에서 독재 국가라는 오점을 남기게 되었다. 국가적 부끄러운 일이다. 청문회 개최 전에 2020년 12월 중순부터 계속 경고해 왔다.

앞에서 살핀 대로 미국 조야는 물론 일본, 영국, 심지에 체코까지도 한국의 인권에 대하여 우려를 표명했다. 조속한 시일 내에 대북 전단 금지법은 폐기되어야 마땅하다. (2021.4.10. VOA & 2021.4.10. 조선일보 사설과 기사 참조.)

국가의 명예를 회복하고, 북한 주민에게 자유의 물결이 넘치기를 바란다.

한국 정부는 랜토스 인권위의 청문회 예고에 따라 이를 저지하기 위하여 T/F를 구성하여 총력전을 벌여 왔으나 이루지 못하고 청문회를 개최하였다. 대미 외교에 구멍이 뚫렸다. 그러나 구멍이 뚫렸다기보다 이는 본질적으로 남북한 국민들의 인권침해 문제로 이 법률의 폐기가 정답이다.

■ 대북전단살포금지법은 '김정은 체제 유지법?'

북한 주민들과 엘리트들을 의식화해서 북한 사회와 체제의 긍정적인 변화를 촉진하는데 핵심적인 수단이 외부정보를 북한에 유입시키는 것이다. 남북 대화와 협력도 궁극적으로 북한의 긍정적인 변화와 개혁·개방 촉진을 위한 것이지 북한 주민의 알 권리를 박탈하고 폭압 체제 유지를 도와주기 위한 것이 아니다. 전단 살포금지는 외부세계와 정보에 갈급 하는 북한 주민에게 인간으로서 못할 짓이다. 이는 한국 정부가 북한 주민들이 영구히 김정은 폭압 체제 속에서 짐승만도 못한 삶을 살기를 바라는 저주 행위다.

■ 미 국무부

"북한으로의 자유로운 정보 유입flow을 증진하는 것이 미국의 최우선 사안priority이다. 북한 주민들이 북한 정권에 의해 통제된 정보가 아닌, 사실에 근거한 정보에 접근하는 것은 중요하다. 북한과 관련하여 우리는 자유로운 정보를 계속 추구할 것이며, 비영리단체NGO, 다른 국가 등 파트너들과 북한 주민들의 정보 접근권을 증진할 수 있도록 협력을 계속할 것이다"[29]라 하며 대북 정보유입이 북한 인권 증진의 중요 수단이란 점과 관련 NGO 활동을 계속 지원하겠다는 것을 분명히 밝혔다.

■ 캐나다 글로벌부 대변인

"캐나다는 표현의 자유가 번영하는 민주주의의 주춧돌이라고 믿는다."

■ 한국 언론

한국의 중요 일간지 조선일보, 중앙일보, 동아일보 등이 모두 '사설', '칼럼', '기사' 등으로 외신 보도와 유사한 비판적인 보도를 했다.

■ 한변 등 시민단체 헌법 소원

한반도 인권과 통일을 위한 변호사 모임(한변) 등 77개 단체가 대북전단금지법에 대하여 제기한 헌법소원과 효력정지 가처분 신청의 청구서에 "대북전단금지법은 표현의 자유와 행복추구권, 죄형법정주의, 포괄적 위임입법금지 등을 위배·침해했다"고 주장했다.

---

29) 중앙일보, 2020.12.23. 미 국무부는 "미국 '북으로 정보유입 확대가 최우선'
　　대북전단금지법 비판
　　"VOA 모닝뉴스, 2020.12.23.

■ 한국의 대북 지원 전략

한국의 대북관계는 북한 당국자와 북한 주민을 구분하여 북한 당국자에 대하여는 철저한 상호주의를, 북한 주민에 대하여는 일방적으로 지원 대상으로서 모니터링을 조건으로 힘껏 도와야 한다. 통일 전 서독 정부는 동독 정부에 대해서는 철저히 주고받는give & take 상호주의를, 동독 주민에 대해서는 적극적으로 지원하되 철저한 모니터링을 조건으로 했다.[30] 그런데 한국 정부의 대북 정책은 북한 주민은 안중에 거의 없었고 오로지 북한 당국자에 대한 일방적으로 퍼주기 '햇볕정책' 일색이었다. 결과 북한 당국자는 남한에 대하여 기세등등하게 만들었고, 남한은 북한 독재자 김 씨 3대에 대해서 거의 굴종 상황의 계속이었다. 대북 지원에서도 이들 3대 독재자에게 지원했지 북한 주민에 대해서는 제대로 전달됐는지 모니터링 한 번도 시도해 보지 않았다. 다만 민간인 또는 민간단체를 통하여 의료, 의약품, 의류, 농업 등의 지원이 간헐적으로 있었을 뿐이었다.

정부는 "법은 접경지역 주민들을 보호하기 위하여 불가피한 조치"라고 한다. 그런데 지난 15년간 대북전단으로 단 한 명도 다친 사람은 없다. 전단을 날리면 북이 발포하고 전쟁이 일어날 것처럼 말한다. 설사 그런 북이 협박하더라도 감히 실행을 못 하도록 북에 경고하고 철통 같은

---

30) 정판영B, pp. 289-290.

국방태세를 보여주는 것이 정부 몫이다. 2016년 북은 전단 풍선에 총[31] 을 쐈지만, 우리 군이 강력히 응징하자 추가 도발도 대응하지도 못했다. 오히려 굽히고 나왔다. 당시 김관진 안보실장이 '도발 원점 타격'을 공언한 것과 관련이 있을 것이다. 문 정부는 정반대로 북의 도발을 당연한 권리인 것처럼 부추기고 오히려 우리 국민에게 겁을 주고 있다.

■ 대북전단금지법은?

북한 당국자의 동기 부여로 입법한 의구심이 국내외에 알려졌고 이에 따라 국격과 자존감에 큰 상처를 가져왔고, 북한 주민들의 알 권리를 침해하고, 통일을 지연시킬 수 있고,

대한민국 국민의 인권을 침해하는 법이고,

한국 정부가 북한 당국자에 의한 길들이기 단초를 열게 되었고,

UN 및 미국 의회의 청문회 대상이 되어 국제적으로 국격이 크게 손상되었고,

한국 국민의 표현 자유를 억압은 물론 자존감을 상실시켰고

국제적으로 인권침해 국가로 인식되어 북한처럼 외교 외톨이가 될 수 있는 우려가 있는 등의 이유로 하루속히 폐기되어야 한다.

---

31) 2014년 북이 남쪽에서 북으로 날린 고무풍선에 총을 쐈다. 그런데 강경화 외교부 장관이 CNN에 나와 2014년 북이 발사한 것이 '고사포'라고 했다. 외교 차관도 국내 인터뷰에서 그렇게 말했다. 당시 북이 쏜 것은 포가 아니라 구경이 14.5mm '총'이었다. 20mm가 넘어야 포(砲)다. 외교부 장 · 차관 모두가 포와 총을 구분 못 한 사람들이 아니라면 북의 위협을 과장하려고 '대포를 쐈다'고 말한 것인가.

6. 생태계 파괴 중인 대한민국

　　　정책은 현실을 반영한 철저한 기획과 결과에 대한 치밀한 시뮬레이션이 전제되어야 한다. 그래서 정치 관료를 배제하고 프로페셔널한 정책전문가가 정책을 담당해야 한다. 선의만 갖고 덤벼드는 정책운용의 무능함은 차라리 정책계획과 집행을 시작하지 않는 것만 못하다. 이 정부가 정책 혁신이 정치 혁명보다 어렵다는 것을 깨닫고 인정했으면 좋겠다.[32]

정책은 의도 못지않게 결과가 더 중요하다. 외교정책 분야의 석학 조지프 나이(Joseph S. Nye) 하버드대 교수는 "흔히 외교정책은 자국의 이익만을 추구한다고 보지만 도덕이 매우 중요하다. 이러한 도덕도 정책 의도만 아니라 정책수단과 결과까지 도덕적이어야 좋은 정책"[33]이라는 다층적 분석을 제시한다.

생태계는 만물의 생성-성장-노화-혁신-변화-소멸-재생성의 순환체계를 말한다. 이러한 생태계는 생성과 성장, 변화·노화의 혁신구조, 소멸과 재생성 구조로 구성된다. 이러한 혁신과 재생성의 순환과정이 건강하고 원활하게 반복되지 않으면 생태계는 침하하고 결국 폐기·폐사에 이르게 된다. 생태계의 변화와 혁신과정이 자연 생태계만 국한된 것이 아

---

32) 염재호 칼럼 2020.12.2. 중앙일보, "정책의 좋은 의도와 나쁜 결과"

33) Joseph S. Nye, 『Do Morals Matter?』 2020.

니다. 정치·경제·사회 각 분야에 걸쳐 인간의 일탈한 본성과 탐욕, 과잉 집착이 인간과 관련된 생태 환경을 침하·파괴해 왔다는 것을 알게 됐다. 또 생태계의 건강성은 한 나라의 역동성·유연성·다양성·확장성에 직접 영향을 미친다는 것을 알게 되었다. 그런데 정치가, 특히 혁명가·개혁가들은 구체제를 창조적으로 파괴하겠다고 칼을 든다. 그러나 그들은 그들의 무모한 행동이 생태계를 파괴한다는 것을 알지 못한다.

■ 문 정부, 창조적 파괴의 함정

창조적 파괴 용어를 처음 쓴 사람은 마르크스주의자였던 베르너 좀바르트(1863-1941)였다. 그는 전쟁이나 전염병 또는 혁명을 통한 파괴가 창조를 유발한다고 믿었다. 그러나 그가 그 후에 인정했듯이 18세기 중엽 이후 산업혁명 시대의 기술혁신과 제조업 발전 과정을 설명하지 못했다.

창조적 파괴creative destruction는 경제학자 조셉 슘페터J. Schumpeter (1883-1950)가 경제발전을 설명하기 위해 제시한 개념으로, 기술혁신을 통하여 낡은 것을 버리고 새로운 것을 창조하여 변혁을 일으키는 과정을 말한다. 그는 자본주의의 역동성을 가져오는 가장 큰 요인으로서 창조적 파괴를 꼽았는데, 특히 경제발전 과정에서 기업가의 창조적 파괴행위를 중요시했다. 1912년에 발표한 그의 저서 <경제발전론>에 따르면, 이윤은 혁신적인 기업가의 창조적 파괴행위를 성공적으로 이끈 기업가의 정당한 노력의 대가이며, 그것을 다른 기업이 모방하면서 이윤은 소멸하고, 새로운 혁신적 기업가의 출현으로 다시 사회적 이윤이 생성된다고 설명했다. 즉, 창조적 파괴는 기존의 방식을 파괴하고 새롭고 효율적인 제도와 시스템으로 생산 및 경영 과정에서 새로운 방식을 추구함을 뜻한다.

슘페터는 기업가들이 새로운 경영 조직을 만들고, 새로운 시장을 개척하고, 새로운 제품을 개발하는 창조의 과정을 창조적 파괴라고 부르면서, 창조적 파괴가 경제발전의 본질이라고 보았다. 일단 위험을 부담하고 창조적 파괴에 성공한 기업가는 그의 새로운 혁신을 모방하는 기업들이 출현할 때까지 독점적 이윤을 누린다는 것이다. 슘페터에 의하면, 이윤 동기가 기술혁신의 동기를 제공하고 경제발전에 기여하는 셈이다. 이러한 과정의 반복을 통해 소비자들은 우수한 제품을 더욱 저렴한 가격으로 살 수 있고 사회 전체의 후생도 증가하게 된다. 이는 경제학자 슘페터가 기업 경제의 원동력으로서 '기술'의 중요성을 강조하기 위해 제시한 개념이다. 따라서 기업가는 양적 성장에 치중하는 것이 아닌 계속된 기술혁신을 통해서만 급변하는 시장에서 살아남을 수 있는 경쟁력을 갖추게 된다.

이들은 그들이 이른바 '민주화 투쟁 시절'에 지난 60여 년 동안 선배들이 간난과 고통을 이겨내며 피와 땀과 눈물로 이룩한 긍정적 자산과 부정적 부채 모두를 불태우고 있다.

생태계의 한 부분이 파괴되거나 단절되면 그 충격은 다차원의 복잡한 연결망을 거쳐 생태계 전체에 파급된다. 따라서 집권세력이 적폐청산이라는 이유로 하나의 점이나 조직이나 제도를 파괴하면 그 충격은 생태계 순환 전체에 파급된다. 이러한 충격 과정이 반복된 결과 생태계는 회복 불능의 상태로 침하했다. 적폐청산 대상이 광범위하고 무차별적이었을 뿐 아니라 방해·견제·중화 작용 없이 진행되어 그 파급이 생태계 전체에 빠르게 전파되었다. 민감하고 예리한 전달체계를 가진 '시장경제'를 곧바로 공격했기 때문에 파급효과는 더욱 컸다.

생태계의 순환체계는 새것을 탄생시키고 자정 기능을 통하여 옛것을 혁신한다. 국정 전반에 걸친 과잉 이념과 과잉 정치는 생태계의 순환체계를 단절·훼손시켰다. 실로 문 정부의 최대 실책(失策)과 실정(失政)은 경제와 사회 문제를 정치와 이념의 틀 속에 가두려 한데 있다.

더 큰 실정은 사회적으로 한 나라의 구성원들이 간직하고 키워 '온 상식과 윤리 기준을 파괴한' 것이다. 그리고 '상식과 윤리 기준을 파괴한' 것과 그 악순환의 파급효과를 의식하지 못한다는 게 문제의 심각성이 있다.

또한, 심각하게 훼손된 생태 부분은 산업·기술혁신 경제 생태계다. 사실 이 부분은 본질에서 정치 이념과 정부의 간섭 규제를 기피하며 경쟁 지향적이다. 시장경제 체제의 생태계 내에서 생존하는 영역이다. 그러나 이들 시장 세력을 적폐로 몰았고 수없는 규제의 덫을 씌웠다. 반면 노동계는 정치 세력화, 기득권화하였고, 노동시장은 극도로 경직됐다. 반시장적 과잉 이념, 과잉 정치는 가계 생태계를 침하시키고 주택·부동산 생태계를 회복 불능 상태로 만들었다. 급격한 탈원전정책은 에너지 생태계의 재앙이었고, 소득주도정책이라는 미명하에 최저임금의 급속한 인상과 주 52시간 근무제의 획일적 시행으로 기업 생태계가 휘청거리고 있다. 집권 기간 각종 규제를 쏟아붓는 시행은 기업이 신음하고 있다. 그래서 기업은 생존하기 위하여 해외 대량 탈출 사태offshoring[34]가 벌어졌다. 그러면 일자리는 축소되고 실업자는 양산하게 되었다.

이러한 생태계의 침하·파괴 과정에서 한국 경제의 역동성·순환성·유연성은 심각하게 약화 되었다. 정치·경제·사회적으로 생태계의 순환체계를 건강하게 유지하는 나라는 확대 균형적 미래라는 국가 자산을 향유한다. 이들 나라는 위기나 재앙에 대한 면역체계가 건강하게 유지 된다. 반대로 생태계가 병들고 노화 되고 순환체계가 단절된 나라는 축소 불균형적 미래라는 국가 부채를 짊어지게 된다. 현재 대한민국이 후자에 속한다. 생태계의 침하 현상은 국정·민생 전 분야로 번지고 있다. 나라는 극도로 분열 되어 있다. 오히려 정부가 분열을 조장한다. 국정 체제 내부의 견제·균형 관계는 크게 훼손되었고, 법치는 대 혼란에 빠졌고, 판관들과 공직 세계의 행동 규범은 생존형으로 변질 되고 있다.

---

34) 리쇼어링(reshoring)과 오프쇼어링(Offshoring); 리쇼어링(reshoring)'이란, 해외에 나가 있는 자국기업들을 각종 세제 혜택과 규제 완화 등을 통해 자국으로 불러들이는 정책을 말한다. 싼 인건비나 판매시장을 찾아 해외로 생산기지를 옮기는 '오프쇼어링(Offshoring)'의 반대 개념이다.

우리가 할 최우선 과제는 정치·경제·사회 생태계를 과잉 정치와 과잉 이념으로부터 자유롭게 하는 것이다. 생태계의 기본으로 돌아가 혁신 생태계를 건강하게 복원하고 생태계 순환체계를 복구하여 한국 경제·사회의 역동성을 회생시켜야 한다. 역사는 이 모든 과정을 기억하고 기록할 것이다.[35]

7. 정부가 해야 할 일

정부에게 아무것도 하지 말라는 뜻은 아니다. 오히려 그 반대다. 잘 할 수 있는 환경을 조성하는 정책을 수립하고, 경제가 자생적으로 성장할 수 있도록 지원해야 한다.

첫째, 법치주의 확립이다. 경제가 활기차게 돌아가게 하기 위해서는 상업계약을 존중하고 이행하며, 정치인과 정부 관료를 포함하여 약속을 준수해야 한다. 권리를 침해당한 개인과 기업은 정당한 재판을 통하여 권리를 구제받을 수 있어야 한다. 법치는 보장되어야 한다.

둘째, 재산권이 존중받아야 한다. 재산권은 부의 원천이다. 재산권이 취약할수록 경제개발에 방해받는다.

셋째, 통화가 안정되어야 한다.

넷째, 성장 지향적 조세제도가 확립되어야 한다. 경제가 성장하면 국

---

35) 정덕구 칼럼, 중앙일보, 2020.11.2. "창조·혁신 없이 생태 파괴 중인 한국, 일어설 수 있을까"

민의 생활 수준이 높아지고 궁극적으로 세수가 늘어난다.

다섯째, 창업이 쉬워야 한다. 세계은행이 매년 세계 181개 국가 경제를 대상으로 '비즈니스 환경평가'를 시행한다. 합법적인 사업체를 얼마나 쉽게 혹은 어렵게 창업할 수 있는지 조사대상이 주요 평가 항목 중 하나다. 조사결과 일반적으로 선진국일수록 창업과정이 효율적이고 성가신 절차도 없다. 정부가 경제를 부양하는 가장 좋은 방법은 경제활동이 쉽게 일어날 수 있는 조건을 만드는 것이다.[36]

---

36) 스티브 포브스 외 같은 책, pp. 335-342.

제2장
시장경제-자본주의

1. 시장경제체제의 우월성

현대 경제체제는 크게 두 가지로 분류할 수 있다. 한 체제는 토지는 물론 생산수단 등 일체의 사유재산을 허용하지 않고, 모든 재산은 국가가 소유하고 정책 당국이 생산량과 거래가격을 정하는 체제요, 다른 하나는 사유재산이 보장되고 기업이 법질서 테두리 내에서 소비자들에게 필요할 것으로 예상되는 재화를 생산하고 자유롭게 거래하는 체제다. 전자를 사회주의 체제라 하고, 후자를 시장경제 또는 자본주의 체제라 한다. 자본주의는 사유재산 보호와 시장경제가 포함된 개념이다.

그런데 현실적으로는 순수 사회주의나 순수 자본주의가 존재하지 아니한다. 체제 혼합 비율이 어느 정도인지가 관건이다. 구소련이나 구동구권 또는 북한과 같은 사회주의 체제에도 예나 지금이나 지극히 부분적이지만 사유재산이 존재하고 시장통제 속에서도 시장경제 요소가 있다. 또한, 시장경제체제 국가에서도 사유재산 외에 국유재산이 존재하고 국가가 기업을 경영하거나(공기업) 경제에 개입하여 개인의 소득을 세금을 통하여 중산층이나 빈곤층에게 재분배한다.

자본주의가 강화되면 일반적으로 경제는 더 성장하고 인간의 삶의 질이 향상된다. 자본주의는 독재자 또는 지식인들이 고안해 낸 사회주의와 달리 자연스럽게 진화해 온 경제 질서이다. 시장경제를 지향하는 개발도상국의 빈곤율은 2.7%였던 반면, 경제개발 자유가 없는 개발도상국의 빈곤율은 무려 41.5%에 달했다는 연구 결과가 있다. 시장경제가 강화될수록 국가 경제는 번창한다.[37]

지난날 20세기 사회주의 국가에서는 기업을 국가가 직접 경영하는 국영화 했다. 그런데 현대 사회주의는 국영화 같은 직접 통제방식도 있지만, 기업 규제강화, 조세정책, 노동시장정책, 규제, 보조금, 거래 자유원칙 및 금지조치 등 간접적인 통제방식을 취한다. 그러므로 국민의 삶의 질은 경제적 번영뿐만 아니라 정치적 자유가 보장되는지의 여부에 좌우된다. 역사적으로 보면 민주주의와 자본주의가 동시에 진행되는 경우가 많았다. 서유럽과 미국, 캐나다, 오스트레일리아, 뉴질랜드 등 영어권 국가이다. 한국, 홍콩, 대만, 싱가포르 등 네 마리 호랑이라 불리는 국가들은 선 경제부국 후 민주주의로 발전했다. 시장경제의 확산으로 빈곤층이 축소되었다.

18세기 산업혁명이 영국에서 일어난 것도 시장경제의 핵심인 재산권이 잘 보장되고 자유롭고 개방적인 사회에서 일어난 것이다. 그런 환

---

37) 라이너 지텔만(강영옥 역) 『부유한 자본주의 가난한 사회주의』 서울, 봄빛서원, 2019, p.10.

경 속에서 새로운 창조적인 아이디어가 나왔고 혁신의 물결이 일어나면서 열심히 연구하고 기업을 경영하며 삶이 풍요로운 사회가 되었다. 그 과정은 길고 험난했으며 평탄한 것만은 아니었다. 오르락내리락 진보와 퇴보를 거듭하며 성장하여 왔다. 때로는 인간의 잘못으로, 국가지도자의 독재와 오판으로, 때로는 자연재해와 전염병으로, 때로는 전쟁과 폭력으로 생산해 놓았던 재화와 축적된 문명들이 유실되거나 파괴·소멸하였다. 그런 과정에서 인간의 삶의 질을 결정짓는 가장 중요한요소는 '자유'였다. 삶의 질을 개선하는 방법들이 자유롭고, 사유재산을 보호하고, 개방적이고 창의성을 존중하는 사회는 성장·발전하였지만, 그 반대는 궁핍과 독재에 시달리는 사회가 되었다.[38]

자본주의 역사에서 국가와 제도의 역할이 컸다. 자본주의 원칙에 따른 제도나 정치적 구조를 갖춘 국가는 경제가 잘 발달하여 국민의 삶이 풍요했고, 그 반대인 경우는 경제가 쇠퇴하여 국민의 삶이 피폐했다. 도널드 서순은 "자본주의는 (개별국가와는 달리) 거대한 단일체가아니고, 중심이 없으며, 경쟁 관계를 유발하고 경쟁을 바탕으로 번성한다는 바로 그 이유 때문에 지구 전체로 뻗어 나갈 수 있었다. 자본주의는 산업혁명과 대량생산, 거대 소비시장, 교역망의 구축이 있었지만, 국가 사회 각 분야에 훨씬 광범위한 변화가 점진적으로, 때로는 급격히 일어났다. 교통망·전신·우편 같은 기반 시설, 도시로 몰려든 노동자들, 그로 인한 사회 문제 발생, 조세정책과 치안·행정 확립에서 민족 공

---

38) 안재욱, 『흐름으로 읽는 자본주의 역사』 서울, 프라이코노미북스, 2015. pp. 6-9

동체 건설, 식민지 수탈까지도 자본주의 산물이다."[39]

칼 마르크스가 한탄했던 '과로에 시달려 죽음의 문턱에 다다른 서구 노동자들'은 이제 권리를 갖추고 번영을 누리는 시민이자 소비자가 됐다. 여전히 존재하는 빈민들도 이제는 자본주의를 탓하지 않는다. 그러나 현대는 계급투쟁이나 혁명의 열망 대신 기후변화라는 생태적 한계가 가장 큰 장애물로 다가오고 있다. 만성적 불안정은 체제의 결함이나 우연한 부산물이 아니라 자본주의 발전의 토대다. 자본주의야말로 끊임없이 다듬고 발전 시켜야 할 체제이다.

모든 생산수단이 국가 통제 아래 있는 사회주의는 몰락하였거나 퇴보하고 있다. 구소련을 비롯하여 구 동유럽 소련 위성국들은 한 나라도 예외 없이 1990년을 전후하여 공산사회주의 체제의 국가에서 자유민주주의 체제 국가로 레짐체인지(Regime Change) 한 역사가 이를 증명한다.[40]

유럽은 같은 기독교 문명권 국가들로 잘 살아왔는데 세계 제2차 대전이 끝난 1945년 서유럽 국가들은 계속해서 자유민주주의와 시장경제체제를 유지하여 경제가 성장·발전하여 왔으나, 구 동유럽 구소련 위성국가들은 사회주의 체제로 강제 전환함에 따라 국민의 생활은 도탄에 빠졌고 정부는 다시는 존속할 수 없어서 사회주의 국가 종주국인 구소련과 함께 망한 것이다. 이는 통일 전 서독과 동독, 한국과 북

---

39) 도널드 서순(유강은 역), 『불안한 승리』 서울, 뿌리와이파리, 2020.

40) 정판영B, pp. 79-116.

한, 칠레와 베네수엘라, 그리고 자본주의 도입 전 중국과 1978년 자본주의 도입 후 현재의 중국 등의 역사에서 입증된다.

동서냉전과 동유럽 국가들의 레짐체인지 직후인 1994년 서유럽 국가들의 평균 1인당 GDP $23,110은 동유럽 국가들($2,181.8)의 10.6배였다.[41] 레짐체인지 후 30년 지난 2018년 서유럽 평균 1인당 GDP $52,091은 동유럽 국가들의 평균 1인당 GDP는 $11,287은 4반세기 만에 4.6배 수준으로 격차가 좁혀졌다. 그러나 1990년 레짐체인지 이후 한 세대가 경과 하였지만, 아직도 격차를 좁히지 못하는 것에 주목할 대목이다. 이는 시장경제 체제를 도입하더라도 선진국의 여정에 시간이 걸린다는 것과 사회주의 잔재(殘在)가 아직 남아 있음을 의미한다고 볼 수 있다.

세계 2차 대전 직후에는 제3세계의 개발을 위해서는 중앙 집중적 계획과 대외 원조가 필요하다는 것이 표준적인 학설이었다. 그러나 피터 바우어Peter Bauer가 주장한 대로 이러한 공식을 시도했던 곳마다 실패했고, 동아시아의 네 마리 용-홍콩, 싱가포르, 타이완, 한국의 시장 지향적 정책이 성공했기 때문에 전혀 다른 학설이 나오게 되었다. 이제 남미, 아시아, 아프리카의 몇몇 나라조차 시장 지향적 접근방법과 정부의 축소된 역할을 받아들이고 있다. 구소련 위성국들도 같은 입장이다.

41) 통계청, 정판영A, 『아! 코리아, 코리안!』 서울, J&C Books 2007, pp. 111, 115

경제적 자유의 증가가 정치적·시민적 자유의 증가와 함께 이루어졌고, 더 큰 번영으로 이어졌으며, 경쟁적 자본주의와 자유를 분리할 수 없게 되었다. 오늘날 모든 나라에서 시장에 더 큰 역할을 부여하고 정부의 역할을 줄이자는 쪽으로 압력이 가해지고 있다. 1989년 베를린장벽이 무너지고, 1992년 소련이 붕괴하였을 때 사회주의 대 자본주의를 놓고 70여 년에 걸쳐 벌린 실험을 극적인 종지부를 찍었다. 사회주의는 프리드리히 하이에크가 붙인『예종으로 가는 길*The Road to Serfdom*』이라는 점이 당연하다고 받아들여지게 되었다.[42]

2. 동서독과 남북한 비교

1990년 10월 3일 통일 전 동·서독은 같은 언어, 같은 민족, 같은 기독교 문화, 같은 역사였음에도 1989년 서독의 1인당 GNP $21,300는 동독($8,200)의 2.6배가 높았다. 통일 된 지 한 세대가 지난 2020년 현재 구동독 지역 주민들의 평균 소득 수준이 서독의 80% 수준이고, 주택은 서독 주민들 평균 95제곱미터(29평)의 82%(78제곱미터,24평) 수준으로 구동·서독지역에 격차가 좁혀졌다.[43] 동독 주민들의 45년간 사회주의 체제의 소극적이고 게으르고 자립심이 약한 의존적인 삶의 습관적 자세가 한 세대가 지난 현재까지도 잔존한 것으로 분석하고 있다.

---

42) 밀턴 프리드먼(심준보 외 역)『자본주의와 자유』서울, 청어람, 2007, pp. 9-11.

43) 조선일보, 2020.10.4. "여전히— 서독인은 29평, 동독인은 24평 아파트에 산다."

남북한은 같은 민족, 같은 언어, 같은 문자, 같은 역사, 같은 문화 문명권이다. 북한에는 1945년 일본이 남기고 간 기계공장, 비료공장, 전력 등 산업시설과 지하자원 등 각종 부존자원 편중·잔존하였었고 남한에는 섬유공업과 농지가 편중된 상황으로 1인당 GNI가 남한보다 북한이 훨씬 높았으나 1972년부터 남한이 북한을 추월하기 시작하였다. 사회주의 체제 북한은 세계에서 경제적으로 2018년 최빈국(1인당 GDP $1,074)이고 남한은 세계 10위 경제력 국가로 1인당 GDP $33,434는 북한보다 31배 잘살고 있다. 이는 자유민주주의와 시장경제체제의 제도를 채택하였고 역사상 걸출한 건국 이승만과 박정희 대통령의 부국강병정책에 인함이며 단군 이래 한민족 5000년 역사상 가장 풍요로운 삶을 살고 있는 것이다.

1945년 광복 이후 북한은 사회주의 김 씨 3대 독재체제, 한국은 자유민주주의와 시장경제체제에 힘입어 달라진 것이다. 한반도에 대한 한밤 중의 위성사진은 휘황찬란한 남한과 흑암에 잠들어 있는 북한을 선명하게 볼 수 있다. 사회주의 독재체제는 망하는 길이요, 자유민주주의와 시장경제체제는 사는 길이다.

■ 자유민주주의와 시장경제체제 국가가 사회주의 체제로 전환한 국가의 실상

시장경제체제 국가가 사회주의 체제로 전환한 국가는 한결같이 망국의 수렁으로 빠져가고 있다. 직·간접적인 통치 수단으로 자유를 억압하고 경제를 통제한다. 통제와 각종 유혹 수단을 통하여 경제는 잠식하고 남미 대부분의 독재정권은 장기집권을 획책한다. 대표적인 나라가 남미의 베네수엘라, 아르헨티나, 볼리비아이고, 아시아의 터키, 필리핀이다. 그리고 동유럽의 헝가리, 폴란드 등이 있다. 시장경제체제는 지키기도 힘든 제도다.

3. 시장경제체제

정치적으로 자유민주주의 기본질서와 경제적으로 사유재산 보호와 시장경제를 핵심으로 하는 자본주의 체제(이하 "시장경제" 또는 "자본주의" 용어를 혼용함)는 인류가 만든 가장 우수한 제도로 입증되었다. 한국은 1948년 8월 15일 건국 당시 제헌헌법부터 현행 헌법에 이르기까지 일관된 자유민주주의와 자본주의 시장경제체제다.

시장경제의 기본 원리는 첫째, 개개인이 자발적 의식에 따라 자유롭게 교환의 자유가 보장되는 교환자유 원리 둘째, 사유재산의 보장 원리 셋째, 자유기업 원리 넷째, 시장경제를 원활하게 하는 경쟁의 원리 다섯째, 인센티브는 경쟁이 보장되는 시장에서만 작동하는 인센티브의 원리 여섯째, 자기책임의 원리 일곱째, 작은 정부의 원리 여덟째, 합리적인 법의 지배를 받는 법치주의 원리가 보장되어야 한다(공병호).

자본주의가 강화되면 일반적으로 경제는 더 성장하고 인간의 삶의 질도 향상된다. 사회주의와 달리 자본주의는 지식인들이 고안해 낸 체계가 아니라 자연적으로 진화해온 경제 질서다. 시장경제를 지향하는 개발도상국가의 빈곤율은 2.7%인 반면, 경제 자유가 없는 개발도상국가의 빈곤율은 무려 41.5%에 달했다는 연구 결과가 이를 뒷받침한다. 일반적으로 국가가 경제에 개입하면 경제적 부가 감소한다. 자본주의가 강화되면 더 빠른 속도로 다수가 경제적 풍요와 번영을 누릴 수 있다.

1980년대 마거릿 대처 영국 총리와 로널드 레이건 미국 대통령은 국가의 경제 개입을 더욱 축소하고 자본주의를 강화했다. 개혁 후 양국 경제는 과거보다 현저히 향상되었다. 즉 자본주의가 강화될수록 국가 경제는 더 번창한다. 그런데도 인간의 학습능력은 제한된 듯하다. G.W.F.헤겔(Hegel)은 "민족과 국가는 역사를 통해 단 한 번도 배워 본 적이 없는 항상 같은 역사를 반복하며 똑같이 행동해 왔다.

이것이 바로 역사가 주는 교훈이다." 역사는 자본주의를 강화하면 더 많은 부가 따른다는 것을 수도 없이 보아왔고 경험했지만 이를 교훈 삼지 않으려는 지도자가 많은 것이 역사의 비극이다. 한때 변형된 사회주의 실험에 실패했던 경험을 교훈으로 삼지 않는 듯하다. 집권 정부는 시장경제가 경제번영의 기초라는 것을 몰랐거나, 잊어버렸거나, 아니면 지극히 예외적으로 알면서도 포퓰리즘 정책을 통한 독재 또는 유사 전체주의로 장기집권을 위한 획책을 강화한다.[44]

---

44) 라이너 지텔만(강영옥 역) 『부유한 자본주의 가난한 사회주의』 서울. 봄빛서원.

삶의 질은 경제적 번영뿐만 아니라 정치적 자유가 보장되느냐에 좌우된다. 역사에 민주주의와 자본주의는 함께 등장한다. 그러나 경제적으로는 자본주의 체제이지만 정치적으로는 자유가 허용되지 않는 때도 있다. 자본주의가 어느 정도 정착되었을 당시 한국은 자유민주주의가 다소 유보되었다가 1987년 자유헌법 개정으로 민주화가 정착되기 시작하였다.

국가가 시장의 역할을 박탈하지 않을 때 경제성장은 더욱 빠르고 훨씬 좋은 성과를 기대할 수 있다(마거릿 대처). 자유로운 기업 활동이 보장되는 자본주의가 효과적으로 작동하기 위해서는 사유재산이 반드시 보장되고, 사회가 법의 지배*rule of law*(법치주의)를 받아야 하고, 기업 친화적 문화가 있어야 하고, 사람들의 의욕을 꺾지 않을 정도의 조세제도와 최소한의 규제가 있어야 한다(박동운 교수).

■ 자유시장 창달을 위한 조건[45]

a. 사유재산권(자본)의 철저한 보호

b. 시장경제-시장에 의한 생산과 분배

c. 합리적인 사익 추구*self interest* 인정

d. 경제적 자유 보장-자유경제 또는 자유기업 경제

e. 다양성과 경쟁의 촉진

2018. pp. 6-10.

45) 송병락, 같은 책, pp. 405-418

f. 법치 정부와 작은 정부-민간 주도 경제

g. 친기업적 및 친자본(재산·부)적 문화

4. 정치경제학

한국경제가 정치적 영향력에서 벗어나기 위해 경제 현상과 정치 분석에서 정치적 요인을 중시해야 한다. 애덤 스미스가 자본주의 경제학을 만들 때 경제학은 '정치경제학'이었다. 고전파 학자들도 도덕 철학에서 정치경제학으로 발전시켰다.[46] 애덤 스미스의 『국부론』에서 밝힌 자본주의는 재산권 보장과 시장시스템의 두 가지로 요약할 수 있다.[47] 경제 현상은 정치·사회·심리·제도·역사 등에 의해 영향을 받기 때문에 이런 요인을 고려해 현실 경제문제를 분석했다.

알프레드 마셜이 등장하면서 경제학은 정치·사회·제도 요인을 분석에서 제외되는 지금의 경제학으로 바뀌었다. 경제 현상을 오로지 경제적 요인만 분석하게 되었다. 경제에 있어 정치적 요인이 중요해진 지금은 현실 경제에 대한 올바른 해법을 제시하기에는 미흡함으로 관료나 정치인의 행동을 경제 분석에 포함하는 정치 경제학적 방법론을 통해 정치적 영향력의 부작용을 지적했다(제임스 뷰캐넌).[48]

또한 MIT대 애쓰모굴루 교수는 신흥시장국가 경제를 성장시키기

---

46) 로저 백하우스(김현구 역) 『경제학의 역사』 서울, 시아, 2003. p. 198-.

47) 송병락, 『한국경제의 길』 박영사, p. 418.

48) 로저 백하우스(김현구 역) 『경제학의 역사』 서울, 시아, 2003. p. 397.

위해서는 제도 개선과 이익집단의 반발을 극복하는 것이 중요한 과제임을 강조한다. 정치적 영향력을 분석하고 그 해법을 제시하기 위해서는 경제는 물론 정치·제도적 요인까지 고려해 한국경제를 분석해야 하며 사회과학 내의 학제간의 연구와 융합연구를 활성화해야 한다고 본다. 경제정책 수립에 정치적 영향력이 절대적으로 높아졌다. 조세 및 재정정책을 비롯한 대부분 경제정책과 제도가 국회에서 입법과정을 통해 이뤄짐으로 경제가 정치의 영향을 당연히 받게 된다.

경제정책에서 정치적 요인이 중요한 배경은 국민의 포퓰리즘 수요가 늘어나기 때문이다. 민주주의는 선거에서 득표로 집권하기 때문에 국민의 지지 없이 정치인들이 포퓰리즘을 공급하기에는 어렵다. 일자리가 줄어들고 실업자가 늘어날 경우 복지 수요가 늘어나면서 국민은 강한 정부 개입과 선심성 확대 재정정책을 선호하게 된다.[49] 이렇게 경제와 정치, 재정은 상호 밀접하게 정책 생산부터 집행에 이르기까지 연계돼 있다.

■ 시장경제는 번성하는 삶을 보장하는 수단이다.

국민 전체를 잘살게 하는 자본주의 시장경제는 물질적 성장뿐만 아니라 정신적 성장이 뒷받침 되어야 한다. 개인, 가정, 기업, 국가 할 것 없이 정신적 성장이 뒷받침되지 않는 시장경제는 오래가지 못한다.[50] 경

---

49) 김정식, 중앙일보, 2020.12.15. "기업투자 활성화해야 포퓰리즘 끊고 불평등도 줄인다."

50) 송병락, 같은 책, p. 374.

제는 번성하는 삶을 살기 위한 수단을 제공할 수 있다. 혹은 누군가가 번성하는 삶을 살지 못하도록 방해할 수도 있다. 번성하는 삶을 살 수 있는가는 한 사람이 어떤 선택을 하느냐에 따라 상당 부분 결정된다. 그리고 경제는 번성하는 삶을 성취하는데 좋은 조건을 만들 수도 있고, 아니면 존귀한 삶, 행복한 삶을 영위하기 어렵게 만들 수도 있다.

한 사회가 그 사회 구성원 모두의 번성한 삶에 얼마나 기여할 수 있는가는 경제가 어떻게 작동하는가에 달려 있다. 경제가 '효율적'으로 작동하는지, '공정'하게 작동하는지, 그리고 어느 정도 '민주적'으로 작동하는지의 여부에 달려 있다.

■ 효율성

경제체제를 평가하는 하나의 척도는 경제체제가 효율적이어야 한다. 제품생산에 노동과 투입요소가 낭비되지 않고 잘 사용되는 것을 의미하고자 효율성efficiency이라는 개념을 사용한다. 투입요소에는 노동력·시간·지능·창조성·원재료·자연환경·정보·기계류 등이 있다. 이들 투입요소를 잘 사용한다는 것은 사람들이 여유 있는 삶을 영유할 수 있도록 물질적 풍요와 시간적 여유를 제공함으로써 사람들의 후생을 증진시킬 수 있게 한다는 것이다. 자원을 효율적으로 사용하는 경제체제가 더 좋은 경제체제다. 효율성은 유용한 재화와 서비스를 생산하는 것을 전제로 한다.

■ 공정성

한 경제체제를 평가하는 두 번째 기준은 공정성인바, 이는 한 체제 내에서 부담 및 이득이 어떤 식으로 분배되는가와 관련된 기준이다. 이때 '부담'이란 재화나 서비스를 생산하는 데 필요한 노동 등과 같은 희생 되는 측면을 말하고, '이득'은 주로 생산된 것을 사용하는 것과 관련된 측면들에 대한 것이다. 공정한 경제체제는 부담과 이득이 공평하게equitably 배분되는 사회다. 부담과 이득이 공정하게 분배하는 경제체제가 그렇지 못한 체제보다 좀 더 나은 경제체제다. 평등한 기회를 얻어야 하고, 평등한 기회란 사람들이 자신이 원하는 자기의 삶을 기획하는데 방해받지 않고 평등한 기회를 얻어야 한다는 것이다. 동등한 결과와 달리 기회의 평등을 뜻한다.

■ 민주주의

한 경제체제를 평가하는 세 번째 기준은 민주주의다. 경제체제가 정부의 민주적 기능을 어느 정도로 증진(혹은 방해)하는가에 대한 질문이다. 또 다른 측면에서 이 기준은 한 경제 내에서 권력이 행사되었을 때 그 체제가 권력의 책임성accountability을 허용하는지 따져 보는 것이다. 민주주의는 권력의 책임성, 시민권의 존중 및 개인의 선택권 보장, 효과적인 정치적 참여에 대한 평등한 기회 등 세 가지의 특징을 갖는 과정이다.

첫째 의사 결정자(정부 또는 어디든)들은 그 결정으로 영향을 받는 사람들에게 책임을 져야 한다. 이를 위해서는 공직자에 대한 정기적인 평가가 이뤄져야 하며, 선출직인 경우에는 민주적인 선거를 통해 교체할 수 있어야 한다. 경제에서 권력을 행사하는 측에게 (기업주) 이와 유사한 방식으로 책임성을 갖게 한다. 민주적 관리 주체 즉 정부가 규제할 수 있다. 자유시장이 질이 낮은 제품에 대한 수요 저조로 시장에서 배척받을 수 있다. 기업이 이를 계속하면 시장에서 사라지게 된다.

둘째로 민주적 시민권에 대해서 시민의 권리 행사와 개인의 자유가 보장되어야 한다. 언론, 집회 및 표현의 자유는 민주적 의사 결정에 핵심적 요소다.

셋째로 통상적으로 민주국가에서 시민은 민주적 과정에 참여하는 데 필요한 자원을 거의 동등한 수준으로 가져야 한다.[51]

'자유민주주의'는 정치 분야이고, '한국경제 10대 전략'은 경제 부분이지만 이를 융합·교류한 정치 경제학적 입장에서 자연스럽게 분석하며 집필하였다.

51) 새뮤얼 보울스 외2, 『자본주의 이해하기Understanding Capitalism』 서울, 후마니타스, 2009. pp. 106-114.

제3장
사회주의 체제

　　　　　루트비히 폰 미제스(Ludwig von Mises)는 "a.자유
시장경제, 노동 분업, 그리고 민간 자본 투자의 확대만이 인류의 번영
과 호황을 위한 유일한 길이다. b.토지와 자본재의 사적 소유를 허용하
지 않는 사회주의는 모든 종류의 합리적 가격 계산과 비용평가를 불
허한다는 점에서 현대 경제의 재앙이다. 그리고 c.자유 시장경제를 방
해하고 불구로 만드는 정부간섭은 필연적으로 역효과를 낳고 누적되
기 때문에, 모든 종류의 간섭을 폐지하지 않는 이상 사회주의의 도래
를 결코 피할 수 없다"라는 추론에 도달하였다.

　인류역사에 인간 대다수 시민에게 자유롭고 번영된 사회를 이룩할
수 있었던 것은 자유 시장경제제도다. 18세기 영국에서 자유로운 기업
활동과 시장에서의 경쟁, 기업의 이윤 추구 등 산업혁명의 경제적, 사
회적 토양이 형성되었기에 자유시장경제의 기조 아래 자본가가 생산
자를 겸하는 새로운 기업가의 출현이 가능했다. 미래를 위해 당장 위험
을 무릅쓰는 이들의 '기업가 정신'이 산업혁명의 핵심 동력이었다.[52] 근

---

52) 김명자 『산업혁명으로 세계사를 읽다』 서울, 까치, 2019. p. 30.

대사에서 산업혁명에 앞장선 국가가 세계사의 주역이 되었다. 그 과정에서 개방과 혁신이 불가결의 요소가 되었으며, 또한 혁신의 최고가치는 과학기술이고, 과학기술 혁신이 국가 경제와 사회발전의 동력이 되었으며, 산업혁명기에 국가 간이나 개인 간의 빈부 격차가 벌어져서 이를 적절히 조절하지 못한 경우 국제적, 사회적 갈등과 분열이 심화 되었다. 산업혁명은 단순히 기술과 생산 부분의 혁명이 아니라 경제, 사회, 문화 등의 모든 부분에서 파괴적 혁명을 일으키고, 그 충격으로 시대적 가치관까지 바꾸는 무혈혁명을 가리킨다.[53] 기술이 급속도로 발전하고 우리에게 번영을 가져온 것은 경제적 자유의 확대에 기인한 것이다.

한국은 1948년 8월 15일 대한민국 건국 당시 제헌헌법부터 자유민주주의와 시장경제 제도를 도입하고 개혁·개방을 통하여 미·일 등 해양세력에 합류함으로써 세계 10위권 경제 선진국이 되었다. 북한은 반대로 공산주의 독재와 사회주의 계획경제 제도를 도입하여 세계에서 최빈국 독재·병영(兵營)국가가 되었다. 남북한은 같은 한반도 지역, 같은 지정학적 환경, 같은 민족, 같은 역사, 같은 문자, 같은 문화임에도 남한은 경제, 정치, 사회, 문화 선진국으로 세계 10위권 경제 강국으로 발전하였으나, 북한은 최빈국으로 양극단으로 갈라진 것은 제도의 차이에서 기인한다. 그 외에 달리 이유를 찾을 수 없는 것이 현실이다.

그런데 자유가 없었던, 그리고 시장경제 체제가 작동하지 않던 빈곤

---

53) 김명자, 같은 책, pp. 12, 18.

과 참혹한 시절의 고통은 잊히고, 지금 현실 사회 풍조는 나와 다른 사람들 사이에 누가 얼마나 더 누리고 있느냐는 것에 더 민감하게 반응한다. 사회주의자들은 평등을 앞세우고, 상생, 경제민주화, 소득주도성장 등이라는 용어로 민중을 선동한다. 국민에게 무거운 세금을 징수하고 그것도 부족하여 국가 부채를 충당하여 재정부담의 한계를 초과하는 포퓰리즘 예산을 집행한다. 이들을 좌파 사회주의자라 부른다.

1. 한국의 좌파 사회주의 정권

21세기 초에 한국은 사회주의 좌파 세력이 집권하여 여전히 우리를 위협하고 있다. 또한, 다양한 형태의 변종이 나오면서 보편적인 삶의 원리를 교묘하게 뒤틀고 있다. 한국은 정치·경제 현실은 점진적으로 시장경제는 멀어지고 사회주의적 경향이 과속으로 질주하고 있다. 좌파가 집권한 후 헌법적 가치인 자유민주주의와 시장경제 체제에서 점진적으로, 때로는 속도감 있게 포퓰리즘 사회주의 체제로 다가가고 있다. 그러면서도 그들 스스로 사회주의자라고 말하는 것조차 꺼린다. 사회주의적 사고를 하고 사회주의 사회를 꿈꾸면서 자신을 스스로 사회주의자라고 말하지 않는다.

그들은 자본주의를 비판하는 것은 열심이지만, 그렇다고 사회주의가 좋다는 말을 들어내지는 않는다. 그 이유는 사회주의 국가가 1990년 전후에 몰락하였고, 현실에서 늘 실패해 왔고 성공하기 어렵다는 것을 알기 때문이다. 그래서 그들은 사회주의를 적당히 다른 것으로 포장한다.

사회주의 체제는 전체주의국가로서 잔혹하고 악랄하여 살인적인 독재국가를 만든다. 사유재산제도의 폐지는 인센티브가 약화 되고 왜곡되는 결과를 초래한다. 그들은 실제 수요 또는 희소성과는 아무런 관련 없이 소비재와 자원의 가격을 인위적으로 책정한다. 결과적으로 자원 활용이 잘 못되어 구소련을 중심으로 구 동구권 사회주의 국가들의 모든 제조업과 산업은 시장지향의 서구경제와 비교할 수 없을 정도로 생산 단위당 훨씬 더 많은 원자재와 노동시간을 소모해 버렸다.

사회주의 체제 45년(1945-1990) 만에 결국 1990년 전후에 한 나라도 예외 없이 동유럽의 폴란드, 체코슬로바키아, 헝가리 등 사회주의 체제 국가들은 몰락하고 자유민주주의와 시장경제 체제로 레짐체인지하였다.[54] 미제스[55]는 "집단주의 길이 펼쳐진다면 문명사회는 끝이다. 사회주의 체제의 본질 자체가 서구사람들이 지난 100년 동안 당연하게 여겼던 경제와 복지 기준을 위협했다"라고 주장한다. 사회주의 체제 국가는 날이 갈수록 생산 효율성 저조와 시민들의 창의성과 자립심 고갈

---

54) 정판영A. 2020. pp. 79-95

55) 루트비히 폰 미제스(Ludwig von Mises); 경제는 '가치중립적(value-free)'이지만, 미제스는 인류의 영속적 발전을 위해 지속 가능한 유일한 경제정책이 무제한적인 자유방임(laissez-faire), 자유시장, 절대 방해받지 않는 사유재산권(the right of private property)의 행사, 그리고 정부의 역할을 그 영토 내의 시민과 재산의 보호로 엄격하게 제한함에 있다고 결론지었다.

로 체제의 몰락의 수렁에 빠져 헤어나지 못하고 사라졌다. 현재 잔존하며 허덕이는 북한, 쿠바 등 사회주의 국가들은 사라질 것이다. 그리고 포퓰리즘 국가인 그리스, 터키, 베네수엘라, 아르헨티나 등도 몰락했거나, 시장경제 체제로의 전환 없다면 완전 몰락의 길로 갈 것이다.

경제가 성장·발전하면 거의 모든 사람이 가난을 벗어나 소수를 제외하고 대부분의 사람들이 함께 번영을 누리는 상황으로 발전한다. 그러나 아무리 번영하는 사회라도 빈부 격차는 국가에 따라 차이가 있겠지만 가난한 계층은 피할 수 없는 것이 현실이다. 국민의 눈에는 가난한 자의 고통스러운 생활상에 관심을 깊게 한다. 좌파 정권의 특징은 기업인에게 과다한 세금을 부과하고 소비자들에게 복지비라는 명목으로 보조금을 주는데 집중되어 있다. 사회주의자들은 가진 자들로부터 재산을 빼앗아 못 가진 자에게 그것을 분배하는 것 외에는 아무런 계획이 없다.

그들은 다음 선거만을 생각할 뿐 다음 세대까지를 생각하지 못한다. 공산주의 국가에서는 직접 강제적으로 가진 자로부터 재산을 수탈하여 배분하였으나 21세기에는 간접적인 점진적인 방법으로 탈취하여 배분한다. 즉 다른 사람들보다 더 잘사는 사람이 있다면, 이들 재산의 일부 재산을 빼앗아 도움이 필요한 가난한 사람에게 나눠주는 법안을 통과키면 되겠구나 생각하게 된다. 그런데 자유민주주의 국가에서는 입법과정이 쉬운 것이 아니다. 그래서 사회주의 장점을 위장하여 허위 선동하고 이른바 민주화 운동이라는 탈을 쓰고 집단적으로 시민운동을 집요하게 한다.

한 국가의 번영은 생산 효율성을 통하여 이룩되며, 생산 효율성은 자유로운 풍토, 재산권 보장, 자본축적, 혁신적인 산업기술, 좋은 업무습관, 숙련된 관리층과 노동자 등과 같은 것을 필요로 한다. 따라서 번영에 필요한 요소들이 기능을 발휘하지 못하면 시민은 더욱 가난해진다. 생산 효율성을 저해하는 요인으로서 자본공급을 감소시키는 약탈적 징세, 많은 사람을 실업자로 만드는 최저임금법, 시장 임금보다 높은 임금을 요구하고 경직된 임금구조를 도입하여 제도화된 실업을 불러일으키는 독점 노조, 가격통제 및 임금통제, 그리고 인플레이션 등이 있다. 정치적 개입은 그 누구에게도 도움이 되지 않으며, 부자와 기업인에게는 엄청난 폐를 끼친다. 기업인에게 자유를 주고 긴장을 풀어 준다면 모두가 점점 더 번영을 누리게 된다.[56]

2. 현대 사회주의 다섯 가지 얼굴

자유를 수호하고 발전시키기 위한 전쟁은 사람과 사람과의 싸움이 아니라 적대적 사상과의 싸움이다. 빅토르 위고(Victor Hugo)는 "쳐들어오는 적군에게는 저항한다. 그러나 스며드는 사상에는 저항하지 않는다. 군대보다 더 강력한 것이 물오른 사상"이라고 하였다. 사회주의 사상은 세상을 뒤엎는 결과를 가져왔다. 그리고 역사의 흐름을 결정했다. 사회주의는 역사적으로 검증된 실패작이다. 그러므로 사

---

56) 로렌스 W.리드 같은 책, pp. 66-67

회주의 사상은 오늘날 자유를 위협하는 주된 적이다. 사회주의 사상의 핵심은 아래와 같이 다섯 가지[57]로 요약된다.

1) 입법 만능주의

법안 통과가 국가의 오락거리가 된다. '사업이 어렵다면, 국가가 보조금을 지급하거나 자유를 제한하는 규제 법안을 통과시켜라.' '빈곤이 문제라면, 빈곤을 폐지하는 법안을 통과시켜라.' 새로 제정되는 법률은 대체로 a.국가 재정을 충당하기 위한 징세, b.규제강화를 위한 공무원 충원, c.법 위반에 대한 처벌에 관한 것들이다. 즉, 법안이 늘어날수록 통제가 많아지고 강요가 많아진다. 규정된 법률 용어를 보면 대부분 '강요'가 많다. '압박하여 하게 하여라. 받아내라. 지배하에 두라. 징집하라. 갈취하라. 뜯어내라. 타인의 사생활을 캐라. 억지로 시켜라. 강압적으로 설득하라. 협박하여 시켜라. 쥐여 짜라.' 21대 국회에서 절대다수를 차지한 여당의 '입법독재' 발상을 보면 알 수 있다. 법안 입법 또는 개정안 내용 및 취지도 없이 야당과 사전 협의하지 않는 것은 물론 여당도 그저 백지 법안에 서명 상정하는 사례가 번번이 이루어지고 있다.

정부가 자유로운 경제에 개입하면 관료들과 정치가들은 자신이 했던 일들을 되돌리느라 대부분 시간을 보낸다. 입법 만능주의는 정치적 과정에 대한 부적절한 과정에 대한 믿음의 증거이자 권력에 대한 의존성의 증거다. 이는 자유로운 사회에 대한 저주다.

---

57) 로렌스W. 리드, 같은 책 pp. 106-111.

2) '눈먼 나랏돈'의 환상

정부란 원래 국민·기업으로부터 공권력에 의한 세금을 강제 징수하여 운영하는 조직이다. 세금은 기부가 아니다. 복지 국가들이 특혜와 무료 혜택을 남발한다. 사회주의 정부는 '나랏돈'을 공짜인양 여긴다. 특히 국민의 표를 의식하는 정치인 등 무리들은 공짜를 기다리는 자들에 국가 재정을 고려하지 않고 포퓰리즘적 사고로 예산을 집행한다. 수혜자에게 '공짜 의식'에 젖게 한다. 그러므로 국민을 경로의존성에 물들게 한다. 국민을 낚싯밥으로 순치시킨다. '베푸는 우리 편에게 표를 찍어'라고— 하면서. 2020-2021년 사이에 100% 국가채무에 의하여 국가 지원금을 뿌리고 있다. 부채를 마구잡이로 증액시키는데 국가재정은 그들에게 적어도 고려 대상이 아니다. 차기 여당 대권 주자로 예상인사는 경쟁하며 재정을 뿌리자고 주장한다. 표만 얻을 수 있다면.

3) 책임전가 병(病)

자신의 문제를 스스로 해결하고자 않는다면 그는 책임전가 병을 앓고 있는 환자다. 어쩌면 그는 "내 문제는 사실 내 것이 아니야. 사회 문제죠. 만약 국가가 이 문제를 해결해 주지 않는다면 정부가 날 버리는 것이지"라고 불만을 터트릴 수 있다. 사회주의는 국민이 책임감을 느끼지 않을 때 융성해진다. 인간의 독립성, 자주권, 그 자체로서 존재감을 상실할 때 독재자와 폭군의 손아귀에 놀아나게 된다. '전 정권의 잘못이다. 일본 탓이다. 재벌 탓이다. 강남 탓이다.'

4)'다 아는 척' 병폐

다 안다고 생각하면서 다른 사람들에게 간섭한다. '정부가 일자리를 다 만들 수 있고, 부동산 시장을 다 잡겠다. 빈부 격차를 해소하는 평등주의로 가겠다'라고 한다.

5) 질투 강박증

사회주의자들의 입법은 상당수가 타인의 부와 소득을 시기하는 마음에서 비롯한다. 질투는 분배의 엔진을 가동시키는 연료다. 부유층의 돈을 우려내기 위한 수많은 제도가 바로 질투와 탐심에 뿌리를 두고 있다. 사람들이 시기에 사로잡히면 자신의 문제에 대하여 스스로 탓하기보다 더 잘사는 자를 탓한다. 사회는 계층으로 분열되고, 파벌은 파벌을 먹이로 삼는다. 문명은 그 시기심과 그에 따른 재화의 무게에 짓눌려 무너졌다. 그리고 또 무너지고 있다.

위 다섯 가지 사회주의 특성 속에 공통적인 맥락이 있다. 모두 인간의 어두운 면에 호소한다. 인간의 본성은 원시적이고 비생산적이며 창의적이지 않으며 나태하고 의존적이며 비도덕적이고 비생산적이며 파괴적인 면이다. 한 사회의 구성원들이 그런 자멸적인 생각을 실행에 옮긴다면 그 사회는 오래 지속할 수 없고 무너진다. 사회주의는 인센티브가 없고, 가격을 통제하며, 기회의 평등이 아니라 결과적 평등주의이고, 효율과 손익을 배제하고, 사유재산권을 부인하고, 언론을 탄압하고, 사실상 정부조직의 삼권 분립을 부인하고, 나와 네 편 가르기하고, 국민의 신뢰를 잃어 그 정부와 나라는 몰락의 길로 간다.

반면 자유주의 철학은 희망을 주는, 재생시키는, 동기를 부여하는, 창의적이며 흥미로운 철학이다. 이는 주체성, 책임감, 개인 주도, 재산권의 존중, 자발적 협동과 같은 인간의 본성의 고상한 측면에 호소하며 의존한다. 나라는 성장·발전한다.

■ 사회주의는 일곱 가지가 없다

a. 사유재산이 없다.

b. 시장이 없다.

c. 사리(私利, self interest) 추구는 허용되지 않는다.

d. 경제활동(기업과 직업선택의 자유)의 자유가 없다.

e. 다양성과 경쟁이 없다.

f. 정부가 마음대로 한다.

g. 친기업 문화, 친재산(자본) 문화가 없다.[58]

"사회주의 지도자들은 자본주의 뿌리를 철저히 뽑아야 한다고 생각한다. 그래서 시장을 없앤다. 화폐를 없앤다. 토지를 비롯한 모두를 국유화한다. 상품, 가격, 이윤, 임금도 없다. 정부가 강제로 일자리를 배정

---

58) 송병락, 『한국경제의 길』 서울, 박영사, 2006. pp. 394-395.

한다. 거주, 이전, 집회, 결사의 자유도 없다. 물론 직업의 자유도 없다. 임금은 돈이 아니라 현물로 받는다. 생산 목표는 금액이 아니라 수량으로 정해 준다. 이런 것들을 하는 과정에서 혁명 지도층은 막강한 통제력을 발휘한다."(더글러스 노드, 『경제성장의 과정』)

■ **좌파정권 너무 길었다.**

나는 자존심이 상하지 않도록 조심스레 묻곤 했다. 프랑스 기업인, 학자들을 만나면 '왜 프랑스의 1인당 GDP는 독일의 85% 수준에 그치는가'를 질문한다. 같은 맥락으로 '왜 프랑스는 땅 넓이가 절반도 안 되는 영국과 경제규모가 비슷한가'를 물었다. 단연 많이 들은 대답은 "미테랑 집권기간이 너무 길었다"는 것이었다.

1981년 대선에서 집권한 사회당 프랑스아 미테랑은 1995년까지 14년 장기 재임했다. 민간은행 36곳을 국영화, 근로자 경영 참여를 제도화하고 노동단체 권력을 키웠다. 2차 대전 후 영광의 30년이 저물어 신발 끈을 다시 묶어야 할 시기에 사회주의 전환을 시도했다. 미래가 불안한 민간 두뇌들은 해외로 탈출한다. 이어서 부자들도 그 대오에 합류한다. 미테랑은 복지 씀씀이를 '헤리곱다 머니' 한다. 복지비를 예산의 15%에서 28%로 증액한다. 매년 복지비로 1000조 원 이상을 부었다. 그래서 연임에 성공한다.

민주주의가 정착한 선진국에서 좌파 집권기간은 보통 우파보다 짧다. 프랑스는 현 헌법 선포 이후 63년 중 19년, 영국은 2차 대전 이후

76년 중 30년, 독일은 서독 정부수립 이후 72년 중 20년이 좌파정부 집권 기간이었다. 오늘날 독일과 영국이 독일보다 형편이 나은 것은 좌파 총리가 집권하더라도 미테랑 집권기간 프랑스처럼 시장경제 암흑기에 함몰되지 않았기 때문이다.

독일의 게르하르트 슈뢰더 총리는 사회당 출신임에도 노동계와 집권자가 속한 사회당의 적극적인 반대에도 불구하고 '2010아젠다' 개혁을 추진하였다. 영국은 노동당 토니 블레어가 '제3의 길'을 주창하며 온건한 개혁을 추진하였다. 문 대통령은 미테랑과 가깝다는 데 문제의 심각성이 있다.[59]

프랑스는 지금도 사회주의 포퓰리즘에서 벗어나지 못하고 있다. 프랑스의 제조업 생산력(8위)과 제조업 부가가치 증가액(7위)이 한국(6위와 5위)보다 낮은 형편이 되었다.

3. 중국 산업혁명; 시장경제체제

1) 중국 사회주의체제 참상

중국이 경제는 사회주의에서 자본주의체제로 전환하여 성공을 상당히 거두었으나 여전히 정치적 자유가 허용되지 아니하여 자본주의체제를 제대로 유지 발전시킬 수 있는지는 역사는 회의적으로 본다. 토마스 피케티(Thomas Piketty)는 1990년부터 2010년까지 20년 사이에

---

59) 손진석, 2021.2.3. 조선일보, "좌파 집권 너무 길었다."

소득 및 재산과 관련하여 빈부격차가 벌어졌다며 유감을 표시한다.[60] 그러나 전 세계, 특히 중국을 비롯한 인도와 다른 국가의 수억 명의 인구가 자본주의 확산에 힘입어 극심한 빈곤에서 벗어 날 수 있었던 시기도 이 20년간 이었다.

지난 수십 년간 중국에서 백만장자와 억만장자의 수가 급증하였고 수억 명의 빈곤 계층의 생활수준이 현저히 개선되었다. 이러한 현상은 사회주의에서 자본주의, 즉 계획경제에서 시장경제로 전환 되는 과정에서 나타난 결과다. 자본주의의 세계화로 전 세계 빈곤이 완화된 것이다. 자본주의는 인류의 생활수준을 향상시키는데 위대한 기여를 했다.

중국의 인구 통계학자 차오슈지(曹樹基)가 공식 인구통계를 바탕으로 산출한 결과, 1958년~1962년 사이에 중국의 기아 사망자 수는 3,250만여 명에 달했다. 네덜란드 역사학자 프랑크 디쾨터(Frank Dikotter)가 중화인민공화국 국가안전부와 대약진운동 기간에 중국공산당 중앙위원회가 작성한 방대한 대외 비밀문서를 토대로 분석한 결과에 의하면 1958~1962년간 최고 4,500만여 명 무고하게 희생되었다. 대부분 기아로 사망했고 250만 명이 고문, 구타 등으로 사망했다. 배고프다는 말도 못했고, 먹을 것이 있는 장소로 도피하는 행위도 금지되었다. 집에서 굶주리며 그냥 죽음을 기다리는 것이 다반사였다.

기근이 막바지에 이르렀을 때는 그들의 배고픔은 죽음보다 끔찍했다. 나무껍질, 야생 채소, 새똥, 생쥐, 목화, 흙, 짐승의 사체, 인간의 시

---

60) 토마스 피케티(장경덕 외 역)『21세기 자본』서울, 글항아리, 2013.

체 등을 먹다가 굶어 죽어 갔다. 집단농장의 흉작, 곡물 생산이 흉작인 데도 풍작 통계보고로 수출 감행은 절대 식량 부족을 더했다. 그뿐만 아니라 흉작의 원인으로 쥐, 모기, 파리, 참새를 4대 재앙으로 이들을 박멸하자 벌레가 더 왕성하여 소출은 더욱 흉작을 가져 왔다. 생태계 가 파괴되어 농작물이 생존할 수 없었다.

2) 시장경제

■ 덩샤오핑의 개혁; 흑묘백묘론(黑苗白描論)과 선부론(先富論)

마오쩌둥이 사망(1976년)하고 화귀펑-덩샤오핑이 권력을 승계한다. 1978년 중국의 지도층 정치인들과 경제학자들의 해외 탐방에 활기를 띤다. 50여 개 국가에 20여 차례 이상 방문하여 자본주의 시장경제체 제의 배울 점을 찾았다. 1978년 구무(谷牧) 전 총리를 단장으로 20인 의 고위급 정치인과 경제학자로 구성된 경제사절단[61]은 일본, 태국, 말

---

61) 1978년 중국의 구무 경제사절단; 일본 메이지유신 이와쿠라 사절단을 벤치마킹한 것으로 평가된다. 1871년 메이지 유신 후에 일본 과도 정부가 파견한 해외 사절단으로 네덜란드 선교사 귀도 베르텍이 러시아의 표트르 대제가 서유럽으로 보낸 대사절단에 착안하여 제안한 것으로 알려진다. 특명 전권 대사인 이와쿠라 토모미의 이름을 따서 이와쿠라 사절단이라고 부르는데, 이와쿠라 도모미와 그를 돕는 세 명의 부대사가 동행하였다. 부대사는 오쿠보 도시미치, 기도 다카요시, 이토 히로부미로 당시 정권의 장관들이었다. 이와 행정가들과 학자들도 대동하였는데, 그 총수는 48명이었다. 그리고 60명의 유학생들을 함께 데려갔는데, 그들은 미국과 유럽에서 유학한 후 귀국하여 일본의 중요한 지도자들이 되었다.그들은 1871년 12월 23일 요코하마에서 샌프란시스코로 출발하였다. 그 곳에서 워싱턴 D.C.를 거쳐 영국, 프랑스, 벨기에, 네덜란드, 러시아, 프로이센, 덴마크, 스웨덴, 오스트리아, 이탈리아, 스위스를 여행하였고, 돌아오는 길에 이집트, 아덴, 실론, 싱가포르, 사이공, 홍콩, 상하이를 방문하였다. 1873년 10월 13일 귀국하여 거의 2년 동안

레시아, 싱가포르, 미국, 캐나다, 프랑스, 독일, 스위스를 방문했다. 중화인민공화국 건국 이래 최초의 미국과 서유럽 사절단 방문이었다. 덩샤오핑은 사절단에게 "될 수 있는 한 많이 질문하고, 정확하게 관찰하고, 서구의 경제운용 방식을 알아 오라"고 주문한다.

경제사절단은 파리의 현대적 드골공항, 독일의 자동차 공장, 항구의 자동화 컨테이너 하역 시스템, 평범한 노동자들의 생활수준 높은 삶, 미국의 풍요로움과 시민들의 활기 넘치는 삶, 일본의 도요타 공장, 독일과 일본이 2차 대전 패전국으로 쫄딱 몰락한 것으로 생각했으나, 오히려 세계적 선도 선진국으로 성장한 공장 가동현장, 싱가포르 꼬마나라의 발전상 등 이들을 시찰하고 배우며 깜짝 놀라고 또 놀랐다. 덩샤오핑은 직접 미국, 일본, 싱가포르를 방문했다. 검은 고양이를 잡든 흰 고양이를 잡든 백성이 배불리 먹고 잘살면 된다(白描黑苗論). 한꺼번에 모든 인민을 잘살게 할 수는 없으므로 경제발전에 우선순위를 정하고 먼저 일부를 잘살게 하고 그 후광으로 전 인민이 잘살게 하자(先富論)는 정책을 실천했다.

먼저 사유농경지를 허용했다. 집단농장에서 사유농경지로 전환하는 농지개혁이 되자 소출이 당장에 3배로 증가했다. 사유재산제도를

여행하였다. 그들의 첫째 임무는 미국과 영국, 그리고 유럽의 여러 나라들과 맺은 불평등 조약에 대하여 재협상하는 일이었다. 그리고 둘째 임무는 교육, 과학 기술, 문화, 군사, 사회와 경제 구조 등에 대한 정보를 수집하여 일본 근대화를 촉진하는 일이었다. 그들은 첫째 임무는 대단히 수행하기가 어려워서 상대국에 체류하는 기간이 늘어났지만, 둘째 임무는 매우 성공적이었다고 평가받고 있다. 일본보다 2세기 늦게 구미경제사절단을 파송한 것이다.

도입했다. 1983년 집단 농경 체제는 거의 해체 되었다. 국영 기업은 민영 기업처럼 운영 체제를 바꿨다. 생산량이 기하급수적으로 증가했다. 농업혁명과 산업혁명이 성공한 것이다. 2015년 GDP $11조3847억으로 일본을 제치고 세계 2위 국가(G2)로 성장했다. 중국에서 1인당 GDP가 가장 높은 지역이 불평등 지수를 측정했더니 가장 낮은 것으로 조사 되었고, 국영기업이 많은 지역보다 민영 기업이 밀집된 지역이 소득 불평등 지수가 낮은 것으로 조사 되었다. 일반적으로는 국가의 재정 지출과 이전 지출이 높은 지역의 소득격차가 적고 평등 수준이 높을 것이라고 선입견을 품고 있으나 정반대였다. 실제로 공공 지출이 많은 지역이 소득격차가 가장 심한 것으로 확인되었다.[62]

3) 중국 시장경제 성장과 문제

장웨이잉[63]은 증언한다. "중국의 개혁은 정부 주도하에 강력하게 추진하였다. 그리고 꾸준히 개혁 추진 과정에서 정부 개입과 국영 비중이 점진적으로 감소했다. 이것이 중국이 성장할 수 있는 비결이다. 국가 규제가 완화되면서 시장 가격, 개인 기업, 도시와 지방 기업, 외국 기업 그리고 기타 비국영기업 등이 등장했다. 원칙적으로 중국과 서구 국가들의 경제발전 방식은 일치한다.

산업혁명 당시 영국, 19세기 후반과 20세기 초반의 미국, 2차 대전

---

62) 라이너 지텔만 같은 책, pp. 24-48

63) 장웨이잉: 중국 경제계에서 경제에 관한 가장 명석한 분석가로 중국 경제발전에 기여한 경제학자.

후 일본이나 한국과 같은 일부 아시아 국가도 유사한 과정을 거쳤다. 예나 지금이나 시장 메커니즘이 도입되고 사람들이 부를 쫓으며 경제 발전이 자극되면 경제성장이라는 기적이 일어난다." 그는 거듭 강조한다. "중국 경제가 급성장한 것은 단계적으로 시장을 강화하고, 국가 영향력을 축소하고, 국영 기업만 선호하지 않고 민영 기업에서도 일하고 싶은 환경을 마련하여 우수한 인재들에게 동기를 부여했다. 중국 경제가 성장할 수 있었던 결정적인 요인은 국영 기업과 민영 기업 간의 적절한 인재 배분이었다." 우수한 인재들이 공직자가 되길 고집하지 않고 기업인이 되고 싶어 했다. 초창기에는 시골에서 창업하는 것이 유행이었으나 1990년대 중반부터는 전국 국영 기업들이 자신이 운영하였던 기업을 인수하는 방식으로 오너 기업인이 되었다. 그 결과 본국으로 돌아와서 기업인이 된 해외 유학파 중국인들이 수만 명에 달했다.

사유재산권이 합법적으로 인정할 때만 가능한 일이었다. 이 과정은 1980년대 초반부터 단계적으로 진행하였다. 2004년 헌법 개정은 사유재산권이 공식적으로 인정 되면서 정점에 달했다. 이처럼 중국에서는 수많은 중간 단계를 거쳐 사유재산권이 인정되었다.

법적으로는 국가 소유이지만 민간 기업인에게 실질적으로 사용·수익권이 넘어갔고, 기업 소유주가 경영권을 가졌다. 장웨이잉은 중국에는 아직도 개혁과제가 남았다고 주장한다. "중국의 자본주의 개혁과정에 국가가 막대한 자금을 투입하고 과도하게 경제에 개입했다. 이것이 정경유착의 직접 원인이자, 시장원칙을 침해하는 부정부패와 기업

문화의 부패 온상이 되었다. 법치주의 원칙의 도입 적용과 자유와 관련하여 강도 높은 부단한 개혁이 요구된다. 중국이 이 길을 갈 것인지는 미지수다. 중국의 경제는 자본주의를 강화할 때만 긍정적으로 발전했다. 중국이 시장경제 논리에 따라 경제정책이 실천할 때만 중국 경제의 미래가 있다."[64]

---

64) 라이너 지텔만, 같은 책, pp. 49-51

제4장
안보·국방과 외교

　　　　　안보, 국방, 외교가 안전성이 확실히 보장되고 기업이 규제를 덜 받고 강성노조가 판을 치지 않으면 국내에 있는 자국 기업이나 외국 기업이 해외로 이전 또는 탈출하지는 않을 뿐 아니라 해외투자를 유치할 수 있고, 해외에 나간 기업이 국내로 유턴할 수 있다.

　한국의 지정·지경학적 여건으로 보아 한·미동맹을 굳건히 하고 양국 조야 간에 신뢰를 구축하는 친미 외교정책이 절실하다. 미국은 전략적으로 중국을 견제하기 위한 인도-태평양 전략(India-Pacific Strategy, IPS)에 한국의 합류를 요구하고, 동북아에서 한국, 대만, 일본 등의 국가협력이 필요하다. 또한, 2020년 9월에는 미국, 일본, 인도, 호주 등이 참여하는 쿠워드(Quad)에 한국의 합류를 희망하고 있다. 이런 상황 속에서 한국은 한·미동맹을 튼튼히 하고 IPS와 Quad(또는 Penta)에 적극적으로 가입하고 국가 자존감을 갖고 당당하게 친미외교를 하며, 안보, 국방 측면에서 북한 핵과 미사일을 대처하기 위하여 1단계로 미국 전술핵 배치를, 2단계로 미국의 중거리미사일(INF) 배치를, 3단계로 미국과 원자력협정을 개정하여 '조건부 핵개발 선언'을 해야 한다.

전쟁을 원치 않으면 전쟁을 철저히 준비해야 한다. 이렇게 되면 북한에 대하여 그동안 방관적 또는 소극적이었던 중국이 실질적인 영향력을 행사할 수 있는 지렛대 역할을 기대할 수도 있을 것이다. 안보는 미국, 경제는 중국, 즉 안미경중(安美經中)의 전략적 모호성은 이젠 더는 존속할 수 없는 상황에 직면해 있다. '경제는 생활수준'에, '안보는 생존'에 걸린 것으로 생존에 우선순위를 두는 현실적이고 확실한 전략적 전환이 절실히 필요하다.

이럴 때 한국의 안보와 국방이 상대적으로 안정 되고 대북 또는 대중 외교에 탄력이 붙게 된다. 일본과도 이제는 과거에만 매달릴 것이 아니라 미·일과 동맹을 맺고 있는 한·미·일 3각 유사동맹(quasi alliances)으로서[65] 긴밀한 외교로 해양세력에 확실히 참여해야 한다. 북한, 중국과 러시아 등 대륙세력과 와 굴종 외교가 아닌 국가적 자존감을 느끼고 당당한 교린 외교를 해야 한다.

1. 자유민주주의와 시장경제체제 수호 의지

국민은 대통령과 청와대 참모들, 삼부 요인들의 친북·친중 성향의 현 문정권의 정책실현(집행)을 집권 초기부터 일관성 있게, 그것도 속도감 있게 과감하게 강행하는 것을 보고 불안과 국가 안보 위

---

65) 빅터 D.차(김일영 외 역)『적대적 제휴』서울, 문학과 지성사, 2004, pp. 21-69

기를 절감하고 있다. 정부의 현 행태를 중지 내지는 속도를 낮추며 한 미동맹 외교에 집중하기를 국민은 기대한다. 대통령은 취임선서에 서 약한 대로 "헌법을 준수하고 국가를 보위하며 국민의 자유와 복리를 증진시키기 위하여 성실히 수행"하기를 바란다.

먼저 대통령은 헌법적 가치인 자유민주주의 기본질서와 사유재산 보호 그리고 시장경제의 핵심인 자본주의를 토대로 국정 운영을 하겠 다는 약속의 대국민 담화를 발표하고 실천에 옮겨 국민이 마음 놓고 생업에 종사할 수 있도록 하는 국면전환이 절실하다.

공자는 "정부(국가지도자)가 백성의 신망(民信)을 얻지 못하면 정부 는 불립(不立)한다"고 하였다. 맹자는 "지도자가 백성의 신망을 얻지 못하면, 스스로 물러나거나 이를 거부하면 백성이 방벌(放伐)하라"고 했다.

2. 한국의 지정학과 외교

한반도는 지정학적으로 세계 최대 강대국인 미·일·중·러 4대 강국의 중심점에 위치해 있다. 19세기 후반부터 20세기 초에 이들 국 가의 각축전 속에서 조선의 폐쇄정책과 국력의 쇠퇴, 지도자의 자결권 부재, 내부 분열 중에 그들의 먹잇감이 되었다. 청일전쟁(1895년)에서 승전한 일본이 500년간 이어 온 조선의 종주국 중국(청나라)을 조선에서 떼어 내었다. 러시아는 부동항(不凍港) 확보를 역사적, 국가적으로 가장 중요한 외교정책의 하나였다 그런데 조선반도를 노리던 러시아는 노일전쟁(1905년)에서 패전, 조선반도에서 완전히 밀려났다. 미국과는 태프트-가쓰라 밀약(1905년)에 의하여 조선에 대한 미국의 간섭을 배제했다.

당시 조선 정부는 내란(동학란)에 대해 평정을 할 수 없으므로 종주국이자 외세인 청국에 요청함으로써 일본도 동시에 개입하여 청일전쟁 유발에 역할을 했고, 러일전쟁은 담 넘어 불구경하다가 일본이 조선을 독점하는지조차 모르는 사이에 일본이 조선을 독점하게 되었다. 조선에 대한 일본에게 미국이 양보한 밀약을 전혀 알지도 못한 상황속에서 밀약 후 20년 만에 밝혀졌다. 결국 을사늑약(1905년)에 의하여 총 한 발 쏘지 못하고 조선의 외교권이 일본에 박탈당하였고, 역시 총 한 발 쏘지 못하고 한일합방(1910년) 되었다.

■ 청일전쟁(1894-5)

청일전쟁은 조선에 대한 우월권을 노리던 청과 일본이 벌인 전쟁이다. 1882년 신식 군대인 별기군을 우대한 것에 반발한 구식군대가 임오군란을 일으키자, 청은 이를 수습하는 과정에서 조선의 내정에 개입하기 시작했다. 일본 역시 조선에 대한 정치·경제적 이익을 차지하기 위해 한껏 열을 올리고 있었기 때문에 청과의 경쟁은 점차 격화되었다. 동학 농민민란(農民民亂)이 발발하자 조선에서는 이들을 진압하기 위해 청에 파병을 요청하였다. 청의 파병을 주시하던 일본은 갑신정변을 전후하여 청과 체결한 천진조약을 근거하여 자진 출병하였다. 이에 따라 청과 일본의 대결은 불가피해졌다.

조선의 지배권을 앞두고 양국 간의 전운이 감돌자 조선 정부는 동학 농민군과 전주화의(全州和議)를 맺으며 양국의 철병을 요구했다. 하지만 일본은 동학 농민전쟁이 끝나지 않았음과 조선의 내정개혁을 구실로 이를 거부했다. 이후 일본은 흥선대원군을 앞세워 친일정권을 수립한 후 1894년 7월 25일 풍도 앞바다의 청국 군함을 선제공격하였다.

일본군은 성환과 평양에서 청군을 대파하고, 요동반도와 심양, 산동반도 등지를 공격하여 전쟁 9개월 만에 청국을 굴복시켰다. 청의 패배는 조선이 맹신하였던 중화체제를 붕괴시켰다. 이로 인해 조선은 근대적인 발전의 모색이 더욱 넓어졌지만, 전쟁의 피해를 고스란히 입게 되었다.

청일전쟁의 승리로 일본은 청에 대한 침탈을 더욱 강화하였다. 1895년 4월 시모노세키조약을 통하여 청으로부터 배상금과 영토를 할양받은 일본은 조선에 대한 야심을 노골적으로 드러내기 시작했다. 반면 청은 조선에서의 영향력을 완전히 잃고 물러나게 되었다. 동학 농민군은 이러한 일본의 의도에 반외세·반봉건을 표방하며 봉기하였으나 근대화된 일본군을 당할 수 없었다.

청일전쟁을 통해 조선과 청은 일본을 침략자로 규정짓게 되었지만, 일본으로서는 세계 열강대열에 합류하게 되는 결정적 계기가 되었다. 하지만 서구 열강들은 일본의 지나친 성장을 견제하였다. 특히 러시아는 일본이 청으로부터 빼앗은 요동반도를 반환하게 하였으며, 조선을 독점하려던 일본의 계획을 저지하는 데 앞장섰다. 그러자 조선은 급진적인 내정개혁을 강요하던 일본세력을 축출하고자 급부상한 러시아에 접근하였다. 이는 을미사변의 도화선이 되었다.

■ 노일전쟁(Russo-Japanese War, 1904-5년)

20세기에 들어와서 일본과 러시아의 충돌은 거의 불가피한 것이었다. 러시아는 발칸반도로의 남진정책이 어려움을 겪게 되자 자연히 시선을 동쪽으로 돌려 영토를 확장하고 백성들을 이주시켜 정착도록 했다. 결국, 중국을 비롯한 극동지역에 욕심을 보이는 일본과 대치하지 않을 수 없었다. 노일전쟁은 1904년 일본이 아르투르(Arthur)에 정박하고 있는 러시아 함대를 아무런 선전포고도 없이 기습 공격함으로써 시작되었다. 러시아는 발트함대를 급히 동쪽으로 파견하였다.

그러나 발트함대는 쓰시마(Tsushima: 대마도) 해협에서 일본해군에 의해 전멸 당했다. 육지에서는 러시아군이 보급품의 공급에 어려움을 겪었다. 작전명령과 군수물자는 서쪽 끝의 생페터스부르크에서 동쪽 끝의 아르투르 항으로 보내졌다. 유일한 운송수단은 시베리아철도였다. 전장 6천 마일의 철도운송은 수십 일이 걸리기도 했다. 더구나 단선 철도였다. 제대로 전투가 이루어질 수 없었다. 아르투르 항은 9개월이나 저항을 했지만 결국 일본군의 손에 함락되었다. 1905년 중반, 니콜라스는 미국의 중재를 받아들여 포츠머스조약을 체결하였다. 노일

전쟁은 일본의 승리로 돌아갔다.

■ **태프트-가쓰라 밀약 (TaftKatsura secret agreement,1905년)**

러일전쟁 직후 미국의 필리핀에 대한 지배권과 일본 제국의 대한제국에 대한 지배권 상호 승인하는 문제를 놓고 1905년 7월 29일 당시 미국 육군 장관 윌리엄 하워드 태프트와 일본 제국 내각총리대신 가쓰라 다로가 도쿄에서 회담한 내용을 담고 있는 대화 기록이다. 이 기록의 내용은 미·일 양국이 모두 극비에 부쳤기 때문에 1924년까지 세상에 알려지지 않았다. 이 기록에는 서명된 조약이나 협정 같은 것은 없었고, 일본-미국 간 관계를 다룬 대화에 대한 각서(memorandum)만이 있었다.

각서에 따르면 일본 제국은 필리핀에 대한 미국의 식민지 통치를 인정하며, 미국은 일본 제국이 대한제국을 침략하고 한반도를 '보호령'으로 삼아 통치하는 것을 용인하고 있다. 일부 미국 역사가들은 두 사람이 나눴던 대화에서 새로운 정책이 만들어지거나 조약이 체결된 것은 아니므로 이는 미국이 일제의 대한제국 침략에 협력한 근거가 될 수 없다고 주장하고 있다. 이들은 태프트가 자신의 의견이 미국을 대표하는 것은 아니고, 자신만의 의견이라고 말했다는 것을 근거로 들고 있다.

그러나 미국은 러시아와 일본 제국 사이에 포츠머스 강화 조약이 열리기 전에 이미 대한제국의 자치능력을 부정하고 일제가 한반도 지역을 식민지배하는 것이 미국의 이익에 들어맞는다는 입장을 보였으며, 가쓰라-태프트 밀약은 이를 재확인한 것에 불과하다. 이 밀약은 대한제국에 대한 일제의 식민지배와 필리핀에 대한 미국의 식민지배를 상호 양해한 일종의 신사협정이었고, 이 합의로 대한제국에 대한 미국의 개입을 차단한 일제는 같은 해 11월 17일 대한제국에 을사늑약을 강요했으며, 미국은 이를 사실상 묵인했다.

그 미·일·중·러 4대 강국이 1세기 여가 지난 21세기 초 현재도 한반도를 둘러싸고 어른거리고 있다. 지정학은 숙명인가 보다. 미국은 1등 국이요, 중국은 2등 국이요, 일본은 3등 국이요, 러시아는 군사력으로 2~3등 국이다. U.S. News와 펜실베이니아 와튼 스쿨이 2019년 12월 공동조사 발표한 보고서에 의하면 '세계 가장 강력한 국가 순위'는 미국/1위, 러시아/2위, 중국/3위, 일본/7위의 국가들이다.

1945년 제2차 대전에서 연합국(미·영·소)이 승전하고 일본이 포함한 추축국(독·일·이)이 패전함으로 조선(반도)은 일제 침략 35년(1910~1945년) 만에 해방을 맞게 되었다. 1945년 광복 이후 오늘 2021년 76년이 된다.

그동안 대한민국은 남북한 분단, 남북한 각각 정부수립(1948년), 6·25 한국전쟁(1950-1953), 남한에서 이승만 정부에 의한 자유민주주의와 시장경제 기반 조성, 4·19학생 의거(1960년), 5·16 군사혁명(1961년), 박정희 정부에 의한 산업화와 민주화 물결, 1987년 민주화 헌법 개정, 많은 우여곡절이 있었지만, 현재 한국은 세계 GDP 10대 강국이 되었다. 군사력 6대 강국, 제조 산업 인프라 구축 6대 강국, 지식산업 글로벌 경제시대 5대 강국이 되었다. 한국을 EU에 옮겨 놓으면 GDP는 독일, 영국, 프랑스, 이태리, 스페인 다음 6등, 제조 산업 기준으로 보면 독일 다음 2등 국가가 된다. US & World Report 2019년 세계 정치, 경제, 군사력 등 종합국력 종합순위는 미국, 러시아, 중국, 독일, 영국, 프랑스, 일본, 이스라엘 다음 한국은 9위 국가가 되었다.

Freedom House & Freedom in the World가 2020년 12월 발표한 국가종합자유지수 세계 214개 국가 중 정치권력 33점, 시민자유 50점 합계 83점으로 부분자유 국가로 분류되어 62등, 북한은 모두 부자유 국가로 분류되어 사실상 꼴찌나 다름없는 209등이고, 국경 없는 기자회가 발표한 2019년 9월 발표한 언론자유지수는 41위, 북한은 179등 (180개국), 헤리티지 재단 2020년 3월 발표한 경제자유지수는 25위, 북한은 꼴찌 180위이다. 한국은 경제력 10위권 국가로 종합자유지수 62등, 언론자유지수 41위, 경제자유지수 25위인 국제적인 평가는 부끄러운 자화상일 뿐만 아니라 정부가 자유민주주의와 시장경제제도에 의한 국정 운영을 해야 할 필요성이 절실하다. 문재인 정권 집권 후 한국의 정치·경제·외교·국방·사회·문화·교육·사회윤리 기준 등 국가의 모든 분야에 걸쳐 생태계가 급속도로 무너지고 있다.

문 집권 이전에 대한민국은 a.지도자: 결정적으로 건국 이승만 대통령, 산업화 박정희 대통령 지도자의 복이 있었다. b.제도: 또한 건국 이후 자유민주주의와 시장경제 체제의 헌법적 가치를 제도화하여 이를 실천 증진하였다. c.국민성: 근면, 정직, 성실, 사명감(calling), 할 수 있다 정신(can do spirit), 근면·자조·협동 정신의 새마을 정신[66] 실천 등이 있었다. d.외교: 건국 이후 해양세력과 대륙세력의 대척점에 있는 지정학적 환경을 고려하여 미·일 중심 해양세력에 합류하였고, 북·중·러 중심 대륙세력과는 당당한 교린 외교를 하였다. 그래서 한국의 경제력 10위권 국가로 기적과 같이 성장한 것이다.

■ 한·미 동맹 강화가 길이다.

한국은 미국과 상호방위조약을 체결한 유일한 국가다. 미국은 6·25 한국전쟁 당시 나라가 존망지추(存亡之秋)에 있을 때 한국을 지켜주었으며 이후 계속 미군이 주둔하여 한국의 안보를 굳건히 하는데 기여하였고, 지금도 미국 젊은 장병들이 한국을 돕고 있다. 한국의 경제성장에 무역 최혜국 대우를 주어 대미무역을 활발하게 할 수 있었고, 한국 유망한 젊은이들을 유학생으로 받아 장학금을 주며 민·관·군 인사들을 국가지도자로 양성해주었고, 이들이 조국 대한민국으로 돌아와

---

66)새마을운동정신; 지역사회 주민의 자발적이며 자조적인 협동노력 때문에 주민들 스스로가 생활태도와 정신 자세를 혁신하고 경제적 · 사회적 · 문화적 생활환경을 개발 · 발전 · 개선해나가는 지역사회개발운동이며 사회혁신운동. 1970년부터 1979년까지의 제1단계, 1980년부터 1988년까지의 제2단계, 1989년부터의 제3단계로 나눌 수 있다. 20년 동안 진행되어온 운동이기 때문에 여러 정권을 거치면서 부침이 있었지만 대체로 정부의 농촌근대화운동이 진행되었다는 점, 지역균형개발전략의 성격을 가지고 있었다는 점, 의식개혁운동의 하나였다는 점 등에서 긍정적인 평가를 받고 있다.

테크노크라트로서 혹은 대학교수로, 혹은 정부고위층으로, 혹은 군 지휘관으로, 혹은 기업체 임원으로, 그리고 사회 각계각층의 지도자로 봉사·헌신하도록 하였으며 국가 사회를 이끄는 지도자를 양성해주었다. 이루 말할 수 없이 은혜를 베푼 나라이다.

그리고 한반도는 지정학적으로나 경제적으로나 군사적으로 최강국인 미·일·중·러 4개국의 한 중심에 위치하고 있어 영토적 야심이 없는 미국과의 친미외교는 더욱 절실히 필요하다. 중국의 팽창과 북한의 핵과 미사일 위협은 더욱 친미외교가 더욱 절실한 때이다. "미국은 파트너십(partnership)을 추구하지만 지배(domination)하려 하지는 않는 나라다."[67] 미국도 한국이 작은 힘이지만 대중국과의 대결구도에서 한국이 필요한 때이다. 미국과 친미외교에 한국이 절실히 필요할 때를 놓치지 말고 친일 외교와 더불어 외교의 지평을 확고히 해야 한다.

"우리 민족은 수만 년 전 한반도에 정착한 이후 서·북엔 중국, 남·동엔 일본, 그리고 북엔 러시아가 있는 지리적 조건은 삼국시대 이래 변한 것이 없다. 따라서 국가 안보의 기본도 그때나 지금이나 크게 달라지지 않았다. 국력 충실과 군비에 소홀하면 대륙의 변화에 어둡고 일본을 경시할 때마다 큰 화(禍)를 불렀다. 임진왜란 7년간 일본에 포로로 잡혀간 사람이 10만-40만 명으로 추정되고, 병자호란 한 달 만에

---

67) 해리 해리슨: 주한 미국대사, 2018.8.24. 서울 개최 하와이대 동서문화센터(EWC) 주최 학술대회(한국 워커힐 호텔) 발표(조선일보, 2018.8.25.).

맨발로 끌려간 조선인은 50만-60만 명으로 헤아린다.

삼국시대 이래 한반도의 안보 환경의 최대 변화는 1945년 세계에서 가장 강력한 미국이 동북아에 출현한 것이다. 2018년 한국 GDP는 $1조6,000억으로서 세계 10대 경제 대국이 되었다. 이만한 살림이면 유럽·남미·중동 어디에 내놓아도 고개 숙이지 않고 살 수 있는 괜찮은 나라 규모다.

그러나 GDP 중국 $14조9,000억, 일본 $5조2,000억 사이에 놓고 보면 여전히 중-일 사이에 '끼어 있다'는 표현을 완전히 떨치긴 어렵다. 중국에 휘둘리지 않고 일본에 끌려다니지 않으려면 GDP $20조5,000억에 달하는 미국의 무게를 지혜롭게 활용하는 방법밖에 없다. 1945년 한반도의 광복은 우리 힘에 의한 것이 아니고 미국에 의한 것이다."[68] 1945년 일본의 패망 당시 만주를 점거한 일본의 관동군은 70만 명이 주둔하여있었고, 임시정부 소속 광복군은 260명 정도 수준이었으나 그것도 일본과 제대로 전투 한번 못하였고, 선전포고도 못 한 상태에서 훈련 중에 광복을 맞이하였다. 한국의 독립을 기다리던 임시정부 김구 주석은 대일 선전포고 또는 참전도 못 한 상황에서 1945년 일본의 항복소식을 듣고 아연실색한 역사적 사실이 있었다.[69]

한·미동맹은 한국의 안보와 경제를 더욱 자주적으로 만들어 주는 소중한 전략적 자산이다. 경제와 안보는 다 중요하다. 경제는 국민의

68) 강석천 칼럼, 조선일보, 2019.2.2.
69) 정판영B, 같은 책, pp. 253-256

'삶의 수준'에 관한 문제이나 안보는 '국가의 생존'에 관한 문제로서 더욱 깊은 정책적 결단이 요구된다. 한국은 국내 권력 자원만으로는 인접 강대국인 중·일·러 와 균형을 유지할 수 없는 현실을 직시하고 영토에 욕심이 없고 그러면서도 우리를 필요로 하는 패권 국가인 미국과 동맹을 통해서 인접 강대국과 균형을 이룰 수 있었고 자주 국가가 될 수 있었으며 미국의 도움으로 10위권 경제력 강국이 된 것이다.

시카고대 로버트 페이프 교수는 "한국과 같은 강소국은 단시일 내에 자력으로 내적 균형internal balancing을 달성할 수 없으므로 초강대국과의 외적 균형external balancing을 이루어진 점에서 바람직하다"고 했다. 한·미동맹은 우리의 안보와 경제를 더욱 자주적으로 만들어 준 '동맹을 통한 자주'의 근간이 되었다. 냉전 이후 우리는 군사력과 경제력에서의 열세를 한·미동맹이 메워 주었기에 사실상 자주적으로 중·일과의 외교를 해 왔다. 한·미동맹이 해체된다면 중국은 우리를 조공국으로 취급할지도 모르며 동북공정을 강화할 것이다. 일본은 한국이 실효적으로 지배하고 있는 독도 영유권을 군사적으로 관철하려 할 것이다. 북한은 통미봉남(通美封南) 하면서 북핵 문제를 미·북 간 양자 협상을 통하려 할 것이다. '동맹을 통한 자주'는 북핵 위협이 존재하고 미·중 패권경쟁이 심화하고 있는 신냉전 시대에도 기본적인 국가전략으로 지속해야 한다.[70]

---

70) 임혁백, 중앙일보. 2020.12.7. "한 · 미, 핵우산 등 전략자산 의사결정 공유

3. 선진 외교 가로막는 걸림돌

　　2020년대는 국내외적으로 혼돈과 초불확실성의 대전환기다. 1991년 소련 붕괴로 탈냉전 시대는 끝나고 자유민주주의 국제질서의 최종 승리로 보았다.[71] 그 후 국제질서는 초강대국 미국 주도의 단극 구조에서 복수 국가 주요 행위자인 중층적 다극 구조로 바꾸고 있었다. 그러나 불과 20년이 못 되어 2008년 리먼 브러더스[72]의 파산으로 세계적인 금융위기를 몰고 와 세계적인 다양한 정치·경제적인 급속한 변화를 가져왔다. 국제질서의 변동성이 많이 증가하였고, 각국이 국내정치에 중점을 두면서 국제협력보다는 자국 이익 우선으로 움직

제도화해야"

71) 프랜시스 후쿠야마, 『역사의 종말The End of History』 서울, 한마음사, 1992.

72) 2008년 리먼 브러더스 파산; 조사연구, 유통, 교역, 금융 등에서 첨단 서비스를 제공하며 착실히 부와 명성을 쌓았다. 2008년 9월 15일 파산 직전엔 골드만삭스, 모건 스탠리, 메릴린치에 이어 세계 4대 투자은행의 자리를 지키며 세계금융시장을 호령했다. 뉴욕 본사와 런던, 도쿄의 지역본부 외에 전 세계에 40개 사무소를 운영했고, 아이비리그 출신의 수재 등으로 이뤄진 2만5천 명의 전문 트레이더를 거느렸다. 그러나 150년 전통의 철옹성으로 보였던 이 회사도 서브프라임 모기지에 못 견디고 몰락했다. 혼자만 무너진 게 아니라 전 세계의 금융공항을 불러오는 도화선이 됐다. 월스트리트 금융재앙의 근본적인 원인이 1999년에 있었던 '글래스 스티걸법은 상업은행과 투자은행의 합병을 막음으로써 투자은행들이 무제한으로 공급되는 예금자들의 돈을 마음대로 주무르지 못하게 만들었다. 이 법은 60년이 넘는 시간 동안 제자리를 지키고 있었지만, 미국의 대형은행들은 '규제철폐'의 차원에서 그 법이 폐지되기를 원하고 있었다. 마침내 1999년 11월 법률은 폐기에 이르고 그리고 채 10년이 지나지 않아서 이법은 전 세계를 금융위기로 몰고 간 간접적인 원인이 되었다는 것이다. 즉 투자회사와 상업은행들의 무제한적 인수합병이나 자본거래가 이루어져 모럴헤저드가 없어졌다는 것이다.

일 개연성이 높아졌다.

　미·중 대립이 패권경쟁의 양상으로 변모하면서 상호 의존에서 탈동조
화로 분야별 '죽의 장막'이 세워질 위험이 커졌다. 2010년 세계 2위 경제
대국으로 부상한 중국은 5세대 시진핑 국가주석 주도 아래 '중국몽(中
國夢)'을 앞세워 공세적 외교·안보정책을 펼치고 있다. 그동안 국제질서
를 주도해온 선진 7개국(G7) 모두 상대적 쇠퇴의 길을 걷고 있다. 2010
년 중반 이래 세계 무역 증가율은 세계 경제 성장률을 밑돌아 세계 경제
의 반영을 추동하였던 세계화에 제동이 걸렸다. 세계 경제는 '남저북고
(南低北高)'로 개도국과 저개발국 중심으로 빈곤이 크게 줄었지만, 선
진국은 저성장 늪에 빠진 가운데 분배 약화로 양극화가 초래돼 중산층
이 줄어들면서 민주주의 기반이 흔들리고 있다. 4차 산업혁명의 주력인
IT·서비스 산업은 제조업보다 고용·분배 면에서 취약하다.

　여기다가 주요국들이 경제 회복을 위해 시행한 양적 완화로 유동성
이 급격히 늘어난 가운데 기업·정부·개인 등 경제 주체들은 과잉 부채
로 몸살을 앓고 있다. 급속한 정보화는 쌍방향 정보 교류를 통해 사회
변화를 가속하였고, 초연결 사회를 통해 다양한 분야 간의 상호 변화
를 촉진한다. 핵 억지로 열전(hot war)의 가능성은 희박하지만, 남중국
해, 대만, 한반도 등 단층대에서 우발 충돌의 위험이 커졌다. 동시에 미
국의 신고립주의·미국 우선주의와 중국의 국제 공공재 제공 능력의
부재로 '킨들버거의 함정'[73]에 빠질 우려가 있다. 세계 주도국이 없는

---

73) 킨들버거 함정Kindleberger' Trap: '킨들버거 함정'은 신흥 강국이 기존 패권

G0(제로) 상황에서 비롯된 힘의 공백을 차지하려는 강대국 정치와 지정학의 귀환이 나타나고 있다. 전후 평화와 번영을 제공한 자유주의 국제질서가 도전을 받는 것이다.

■ 걸림돌(과잉) 제거

민주주의가 후퇴하고 포퓰리즘·극단주의가 세계 도처에 똬리를 틀고 있다. 전체적으로 매우 유동적이고 예측하기 어려운 혼돈의 국제환경이 당분간 지속함을 의미한다. 그만큼 대외 의존적이고 지정학적으로 불리한 한국 외교의 방향 설정이 더 어려워졌다. 한국 선진 외교의 걸림돌(과잉)을 제거하고 새로운 외교의 지평을 열어야 한다.

1) 민족 과잉이다. 분단국으로서 민족의 시각은 불가피하다. 그러나 민족 과잉이 '닫힌 민족주의'로 흘러 외부 환경에 관한 객관적 인식을 어렵게 해 외교를 그르칠 수 있다. 북한 주민[74]은 연계 대상이

국가가 가졌던 리더십을 제대로 발휘하지 못할 때 재앙이 발생한다는 가설이다. 세계적 경제 사학자이자 제2차 세계대전 이후 유럽 경제부흥 정책인 마셜 플랜의 창시자인 찰스 킨들버거(Charles P. Kindleberger, 1910~2003) MIT 교수가 주장했다. 킨들버거 교수는 『대공황의 세계 1929~1939』에서 기존 패권국 영국의 자리를 차지한 미국이 신흥 리더로서 역할을 제대로 하지 않아 대공황이라는 재앙이 생겼다고 분석했다. 국제정치 석학인 조지프 나이 하버드대 석좌교수는 "미국은 중국이 너무 강한 것과 약한 것 모두를 걱정해야 한다"며 "투키디데스 함정과 킨들버거 함정을 모두 피해야 한다"고 트럼프 대통령에게 조언한 바 있다.

74) 정판영, 『독일 통일과 한국의 통일전략』 서울, 생각나눔, 2020. pp. 288-297.한국의 대북관계: 북한 당국과 북한 주민을 구분하여 북한 당국에는 철저한 상호주의를 주민에게는 철저한 모니터링을 조건으로 긴급하게 힘껏 지원해야 한다.

지만 북한 당국은 가장 큰 군사 위협인 이중적 존재이다.

2) 이념 과잉이다. 한국 사회의 이념·지역·빈부·계층 간 가장 심한 갈등이 이념갈등[75]이다. 북한의 남북 연락사무소 폭파, 북한의 해상 표류 공무원 사살 등 지속적인 도발과 '대북전단살포금지법' 입법, 중국의 한국전쟁에 대한 명백한 역사 왜곡을 외면한 느슨한 자세는 이념 과잉 소산이라고 할 수 있다. 지정학적으로 매우 어려운 우리에게 이념에 따른 경직된 외교를 할 여유가 없다.

3) 과거 과잉이다. 20세기 한국의 불행했던 근대사와 관련하여 과거사 문제는 피해자가 생존해 있고 우리의 정체성과도 연관 된다는 점에서 피할 수 없는 과제다. 그러나 과거 과잉은 피해자의 의식을 통해 현재와 미래를 옥죄어 발전을 막는 역기능이 있다.

4) 정치 과잉이다. 어느 국가나 국내 정치적 고려를 외교에 반영하지만, 정치 과잉의 외교는 대가를 지불하게 된다.

5) 단순화의 과잉이다. 친미-친중, 친중-친일, 친북-반북 등 우리 사회의 흑백 논리는 2분법적 선택의 인식이 강한 외교에 부담이 된다. 인도·태평양 전략*India Pacific Strategy*에 참여 여부가 아니라 어떤 분야에 어떻게 참여할 것인가의 문제이며, 일대일로에 참여하면서 쿼드*Quad* 플러스가 아니라 적극적으로 펜타*Penta*(미·일·인·호·한)에 참여할 수 있다.

6) 감성 과잉이다. "이상적인 외교는 침착함이 중요한 덕목이다." (영국

---

75) 한국행정연구원 '2019 사회통합 실태조사'

외교관 헤럴드 니컬슨)

7) 명분 과잉이다. 우리 사회는 유교 전통의 영향과 약소국 의식으로
실질보다 명분·체면을 중시하는 경향이 있고 외교에서도 종종 투
영된다. 사실상 핵보유국 북한의 도발 위험이 커지고 미·중 대결은
더욱 첨예화될 것이다. 빨리 우리 외교에 낀 과잉 거품을 빼고, 포
괄적이고 창의적이며, 신뢰감 있고 일관되며 조화로운 대외정책의
기본으로 돌아가야 할 때다.[76]

---

76) 신각수, 중앙일보, 2020.12.1. "민족 · 이념 · 과거 과잉, 한국 외교 옥죄고 국가
생존 위협"

제5장
포용적 정치·경제와 착취적 정치·경제 제도

왜, 대한민국은 북한보다 30배나 더 잘 살고, 독일이 통일 전 서독이 동독보다 3배나 더 잘 살았고, 미국은 짐바브웨보다 100배나 더 잘 살고, 담장 사이로 갈라져 있는 미국 애리조나 주 노갈레스 시 주민이 멕시코 소노라주 노갈레스 시 주민보다 3배나 더 잘살고 있는가? 인류는 누구나 풍요와 번영을 갈망하는 존재요 누군가 이 문제를 풀고 싶은 수수께끼다. 무엇이 더불어 잘 사는 길인가를 묻는 것은 글로벌 불평등과 자본주의 위기가 한껏 심화된 21세기 초에 좁게는 각국이 해결해야 할 숙제요, 넓게는 인류가 해결해야 할 숙제다.

1. 학설

학자들은 이 문제에 대하여 여러 주장을 해왔다.

■ 문화적 요인설
독일의 사회학자 막스 베버(Max Weber)는 종교개혁과 이를 통해 고양

된 프로테스탄트적 윤리가 서유럽에서 근대산업사회가 부상하는 데 핵심적 역할을 했다고 주장한다. 금욕적 프로테스탄티즘의 직업윤리가 믿음, 소망, 근면, 검소 그리고 직업에 대한 소명의식(Calling)과 결부되면서 자본주의가 탄생·발전한 것으로 본다. 자본주의는 지속적이고 합리적인 자본주의적 경영에 의한 이윤 추구를 정상적으로 보는 입장이다.[77] 기독교 문화가 자본주의 정신과 부합함으로 경제발전에 창의성과 동기부여를 하는 등 정신적 토대를 제공했다는 것이다. 따라서 프로테스탄티즘이 자본주의를 발전시켰고, 즉 프로테스탄티즘이 경제적 성공에 이로운 일상의 윤리를 만들어 냄으로써 자본주의 융성을 가져 왔다는 것이다.[78]

새뮤얼 헌팅턴(Samuel Huntington)은 "1960년대 한국과 가나는 경제상황이 비슷했다. 1인당 GDP $80 전후 수준, 1차 산품(농산물), 2차 산품(공산품) 3차 산업 서비스 수준이 비슷했고, 농산품의 점유 비율도 비슷했다. 30년 뒤 한국은 세계 경제 14위권 산업 강국으로 유수한 다국적 기업을 거느리고 자동차, 조선, 철강, 전자산업 등 고도로 기술 집약 산업 제품을 수출하는 나라가 되었다. 1990년대 한국은 가나의 1인당 GNP 15배 수준의 국가가 되었다. 차이는 내가 볼 때 문화가 결정적 요인이라 본다. 한국인들은 검약, 투자, 근면, 교육, 조직, 기강, 극기정신 등을 하나의 가치로 생각한다. 가나 국민은 이와는 다른 가치관을 갖고 있다."[79]

---

77) 막스 베버(박성수 역), 『프로테스탄티즘의 윤리와 자본주의 정신』 서울, 문예출판사, 2004.

78) 새뮤얼 헌팅턴 외(이종인 역), 『문화가 중요하다』 서울, 김영사, p. 56.

79) 새뮤얼 헌팅턴 외, 같은 책, pp. 8~9.

■ 지리적 요인설

재레드 다이아몬드(Jared Diamond)는 "세계 전역의 국가들을 비교해 보면 다른 모든 조건이 동일할 때 적도 근처의 열대지역 국가들은 온대지역 국가들보다 가난하고, 대륙국들은 해안을 끼고 있거나 선박이 항행할 수 있는 강을 지닌 국가들보다 가난하다. 고위도의 온대지역 국가들이 저위도 열대지역보다 평균 두 배 정도 풍요롭다는 게 입증된다. 정직한 정부가 약속과 법을 올곧게 시행하는 좋은 제도를 갖춘 국가가, 계약과 법을 무시하는 부패한 정부를 지닌 국가보다 부유한 경향이 있다. 그러나 제도 자체는 지리적 조건과 오랜 역사적 산물이다. 온대지역 국가들에 비하여 열대지역 국가들은 낮은 농업 생산성과 열악한 공중 보건 때문에 경제 수준이 낮게 된다."[80]

■ 무지가설(無知假說, ignorance hypothesis)

그 나라 통치자가 가난을 극복하고 부유해지는 방법을 알지 못하기 때문에 세계 불평등이 존재하고, 그 나라가 경제 수준이 낮다는 것이다. 시장경제란 모든 개인과 기업이 원하는 재화나 서비스를 자유롭게 생산하고 사고팔 수 있으며 사유재산이 보호되는 제도다. 이런 환경이 조성되지 못하면 시장실패*market failure*라 한다. 부유한 나

---

80) Jared Diamond(강주헌 역), 『나와 세계』 서울, 김영사, 2014. pp. 7-33.
　　　　　　　　　『총·균·쇠, Guns, Germs and Steel』 서울, 문학사상사, 1998.
　　　　　　　　　『대변혁, Upheaval』 서울, 김영사, 2019.
　　　　　　　　　『문명의 붕괴, Collapse』 서울, 김영사, 2005.

라가 부유한 이유는 더 나은 정책을 마련하고 이런 시장실패를 성공
적으로 제거해 왔기 때문이다. 그런데 이들이 잘못되는 이유는 대게
무지했거나 문화적 요인 때문이 아니다. 가난한 나라가 가난한 이유
는 권력을 가진 자들이 빈곤을 조장하는 선택을 하였기 때문이다. 그
런데 지도자가 실수와 무지(ignorance) 때문에 정책을 잘못 선택 하
는 게 아니라 의도적(intentional)이라는 뜻이다.[81]

■ 제도설(포용적 정치 · 경제 vs. 착취적 정치 · 경제제도)

대런 애쓰모글루 와 제임스 A. 로빈슨이『국가는 왜 실패하는가*Why
nations fall?*』저서에서 "남한과 북한은 붙어 있지만 선진국과 저개발
국의 극명한 차이를 드러낸다. 남한의 1인당 국민소득은 $32,000로
유럽연합 평균에도 크게 뒤처지지 않는다. 남한은 문호를 개방하는
OECD의 가입국이다. 그만큼 경제성과를 인정받고, 삼성, 현대, LG, SK
등 한국산 유명 브랜드 제품을 세계가 기꺼이 소비한다. 반면 북한은
1인당 소득이 $1,800에 그쳐 아프리카와 남아시아 국가들과 다를 바
없이 가난하다. 북한산 제품을 사려는 사람은 드물다.

남한의 평균수명은 북한보다 10년이 길다. 북한 주민은 늘 기아의 위
협에 시달린다. 제2차 세계대전이 끝나자, 문화, 사회, 정치적으로 오랜
단일 민족의 역사를 자랑하던 한반도는 두 동강이 되고 말았다. 북한

---

81) 대런 애쓰모글루 · 제임스 A. 로빈슨Daron Acemoglu and James a.
Robinson(최완규 역)『국가는 왜 실패하는가?』서울, 시공사, 2012. pp. 104~110.

은 먼저 소련의 입김에 휘둘리더니 이제는 중국의 영향권 안에 놓여, 사유재산과 시장을 철폐하고 사회주의 경제체제를 수립했다. 미국과 연합국의 도움을 받은 남한은 시장경제를 세웠다. 남북한은 이처럼 경제적으로 다른 제도의 길을 걸은 것이 분명하다.

남한에서는 시장 경제적 삶이 지배하고 인센티브를 제공하는 규칙적인 경제제도가 국민의 저축, 투자, 혁신을 보장해 주는 반면, 북한은 그렇지 못했다. 남한은 박정희 정권하에서 수출과 혁신을 장려하고 공공재를 제공했지만, 북한은 탄압과 통제를 위해 권력을 휘둘렀을 뿐이다. 한국은 재능과 혁신, 창의성에 보답하는 경제제도를 수립 실천하였기 때문에 제조업 부문에서 세계를 선도하는 위치에 올랐지만, 북한은 그렇지 못했다. 남한은 경제 기적을 이루었지만, 북한은 '경제 재앙'을 초래했을 뿐이다. 남북한이 경제적 격차가 어마어마하게 벌어진 것은 제도적 차이서 비롯된 것이다."[82]

■ 좋은 제도와 나쁜 제도

좋은 경제 제도와 정치 제도는 재산권, 민주주의 다원주의, 개방적인 시장, 소비자 등을 보호한다. 이와 반대로 나쁜 경제 제도와 정치 제도는 과두정치, 일당독재, 사이비 자본주의, 족벌주의, 사법 농단, 부정부패 등을 보호한다. 일반적으로 나쁜 나라는 나쁜 제도들에 온통 둘러싸여 있는 반면, 번영하는 나라는 좋은(혹은 적어도 훨씬 나은) 제도

---

82) 재레드 다이몬드, 같은 책, pp. 14–15.

들로 가득 차 있다. 일반 통념으로 보면 가난을 몰아내고자 하는 나라라면 당연히 먼저 법치를 확립하고 제도를 정비하고 서구의 여러 시스템을 도입해야 번영을 향해 나아가기 시작할 수 있다.[83]

그런데 제도는 아무리 의도가 좋다 하더라도 어떤 사회에 주입식으로 밀어붙일 대상이 아니다. 제도는 해당사회에 맞게 자연스럽게 바뀌며 진화한다. 어떤 사회의 제도는 보통 그 사회에 속한 사람들이 가지고 있는 문화와 가치관을 반영한 것이다. 어떤 문제가 있을 때 그것을 푸는 방식이라든가 사람들이 함께 일하고 살아가는 방식을 규정하는 것이 가치관이다. 그리고 효과적인 제도는 외부에서 밀어붙여져 이식될 수 없고 해당 내부 사회에서 끌어당겨야 한다.[84] 좋은 제도란 만들어 내는 데나 유지하는데 비용이 많이 든다. 좋은 제도가 제공할 것들을 받아들일 적절한 시장이 존재해야 한다.

2. 포용적 경제제도와 착취적 경제제도

한국과 미국은 더 많은 대중이 경제활동에 참여해 재능과 역량을 충분히 발휘하며 개개인이 원하는 바를 자유롭게 거래하고 선택할 수 있는 포용적 경제제도(inclusive economic institution)를 시행하고 있다. 경제제도가 포용적이라는 뜻은 사유재산이 확고히 보장되고,

83) 클레이튼M.크리스텐슨 · 에포사오조모 · 캐런 딜론(이경식 역) 『번영의 역설』 서울, 부 · 키, 2020. p. 246

84) 클레이튼 외2, 같은 책, p. 249.

법체제가 공평무사하게 시행되며, 누구나 교환과 계약이 가능한 공평한 경쟁 환경을 보장하는 공공서비스를 제공한다는 것을 의미한다. 포용적 경제제도는 또한 새로운 기업이 시장경제에 참여하는데 진입장벽이 없으며 개인에게 직업선택의 자유를 보장한다.

북한이나 식민지 시대 라틴아메리카, 냉전 시 구 동유럽과 구소련의 공산주의 국가들처럼 절대주의적 정치제도 하에서는 사유재산이 부인 되고 권력을 휘두르는 자들이 사회 전체를 희생시켜 가면서 치부(致富)하거나 권력 강화를 위해 경제제도를 제멋대로 구성하고 기업이나 직업의 자유가 없다. 이를 착취적 경제제도(extractive economic institution)라 한다. 착취적이란 말은 한 계층의 소득과 부를 강제로 다른 계층의 배를 불리기 위해 고안 된 제도일 뿐이다.

■ 남북한 청소년에게 주는 인센티브

나라마다 경제적 성패가 갈리는 이유는 제도와 경제운용에 영향을 주는 규칙, 사람들에게 동기를 부여하는 인센티브가 다르기 때문이다. 남북한 청소년이 자신의 삶에서 어떤 기대를 할 것인지를 상상해 보기로 한다.

배고픔도 해결하지 못하고 희망이라고는 전혀 없이 궁핍하게 자라나는 북한 청소년은 숙련직을 꿈꿀 만큼 진취적인 기상이나 창의력도 부족하고 교육도 충분히 못 받는다. 학교에서 받는 교육은 정권의 정통성을 지탱하려는 체제 선전이 대부분이다. 학교를 마치면 10년 동안 군복무를 강요받는다. 북한 청소년은 자기만의 재산을 갖거나, 회사를 차리거나, 생활수준 향상을 꾀할 수도 없다는 것을 모르지 않는다. 합법적으로 자신이 습득한 기술이나 번 돈으로 시장에 접근하거나 물품을 살 수 없다는 것을 알고 있다. 이들에게 어떤 인권이 주어질지도 불확실하다. 북한은 착취적 경제제도 국가다. 핵심 공공서비스나 인센티브를 제공하지 않는다. 공정한 경쟁의 장이나 공평무사한 법체계와는 거리가 멀다. 북한에서 법체계란 독재자의 도구에 지나지 않는다.

반면 한국 청소년들에게는 양질의 교육을 받고, 자신이 선택한 직업에서 온 힘을 다해 두각을 나타낼 만한 인센티브가 주어진다. 한국은 사유재산을 기반으로 하는 시장경제 국가다. 한국의 청소년들은 기업가나 근로자로서 성공한다면 언젠가 자신의 투자와 노력의 결실을 누릴 수 있다는 것을 알고 있다. 이들은 돈만 있으면 생활수준을 높이고 자동차와 집과 가재도구 등 소비재를 살 수 있으며 보건도 걱정하지 않고 인권을 걱정할 이유가 없다. 국가가 경제활동을 지원하고 법질서를 유지해 준다. 한국은 포용적 경제제도 국가다.

포용적 경제제도가 정착하기 위해서는 엘리트계층뿐 아니라 사회계층 전반에 공평하게 재산권과 경제적 기회가 보장되어야 한다. 확고한 사유재산권, 법질서, 공공서비스, 계약 및 교환의 자유 등은 모두 정부에 의존한다. 질서를 집행하고 절도와 사기를 방지하며 당사자 간의 계약 의무 이행을 명령할 수 있는 강압적 권력을 가진 것이 바로 정부라는 제도이기 때문이다. 사회 전체가 제 기능을 하려면 여러 가지 다른 공공서비스(公共財)가 필요하다. 재화를 운송할 수 있는 철도, 도로, 해운, 항공 등 교통망, 경제활동이 번성할 수 있는 공공인프라, 사기와 부정을 막기 위한 기본적인 규제 등이 갖추어져야 한다.

이런 공공서비스는 상당 부분 시장과 민간부분이 제공할 수 있지만, 대규모 조율이 필요한 경우 중앙(정부) 당국에 의존한다. 법질서와 사유재산권, 계약을 강제 집행하고, 때때로 핵심 공공서비스를 제공하는 역할에 정부가 경제제도에 깊숙이 관여할 수밖에 없는 이유다. 포용적 경제제도는 정부가 필요할 뿐만 아니라 정부를 이용한다는 뜻이다. 북한이나 식민지 시절 라틴아메리카 경제제도는 이런 속성이 전반적으로 결여되어 있으며 이들은 착취적 경제제도의 대표적인 국가다.[85]

■ 번영의 원동력

포용적 경제제도는 포용적 시장을 만들어 낸다. 포용적 시장에서는 자신의 재능에 걸맞은 직업과 소명(calling)을 추구할 자유를 누릴 수 있을 뿐만 아니라 공정한 장field을 통하여 그런 기회를 잡을 수 있게 된다. 창의적인 아이디어를 가진 자는 창업할 수 있고, 근로자는 생산성을 높일 수 있는 곳에서 일하기를 바라며, 효율성이 떨어지는 기업은

---

85) 대런 애쓰모글루 & 로빈슨, 같은 책, pp. 117-124.

효율성이 높은 기업에 자리를 내주게 된다. 포용적 경제제도는 기술과 교육이라는 번영의 원동력을 제공한다. 지속적인 경제성장에 기술진보가 따른다.

기술진보는 사람(노동력), 토지, 기존 자본(건물이나 기계 등)의 생산성을 높여 준다. 기술적 진보는 사유재산을 장려하고, 계약을 집행하고, 공정한 경쟁의 장을 만들고, 신기술을 도입할 수 있는 기업의 참여를 허용하는 경제제도가 있어야 혁신과정이 전개될 수 있다. 근로자의 교육과 근로 향상으로 과학적인 지식이 쌓이고 그 토대 위에서 인류의 발전이 가능한 것이다. 경제성장을 위해서는 포용적 시장의 잠재력을 적극적으로 활용하고, 기술혁신을 장려하며, 인재 육성에 투자하며, 수많은 개인이 재능과 업무능력을 동원할 수 있는 경제제도가 반드시 필요하다.[86]

3. 포용적 정치제도 vs. 착취적 정치제도

정치란 사회 구성원이 자신의 사회를 다스릴 규율을 선택하는 과정이다. 모든 경제제도는 사회가 만든다. 정치는 사회제도와 밀접한 관련이 있다. 제도를 둘러싸고 갈등이 벌어지면 정치 게임에서 이기는 사람이나 집단이 그 결과를 결정하기 마련이다. 누가 더 많은 지지와 자원을 확보하며 효과적인 동맹을 맺는가에 성패가 갈린다. 즉 사

---

86) 대런 애쓰모글루 & 로빈슨, 같은 책, pp. 121-124.

회에 정치권력의 분배가 그런 경쟁의 승자를 결정하게 된다. 사회 전반에 걸쳐 권력을 고루 분배하고 견제하는 정치제도는 다원적 사회 *pluralist society*다. 한 개인이나 편협한 집단이 권력을 독점하지 않고, 광범위한 연합이나 복수 집단이 정치권력을 고루 나누어 갖는 형태를 말한다. 다원주의*pluralism*와 포용적 경제제도 간에는 밀접한 관계가 있다. 한국과 미국이 포용적 경제제도를 가질 수 있었던 것은 이들 다원적 정치제도와 안정된 중앙집권체제를 갖추었기 때문이다.

막스 베버는 사회에서 '합법적인 폭력 독점권*monopoly of legitimate violence*을 행사할 수 있는 조직을 정부'라고 규정한다. 합법적인 권력 독점권과 그에 따른 일정 수준의 중앙집권화가 없다면 정부는 공공서비스를 제공할 수 없고, 경제활동을 규제하는 것은 물론 법질서를 강제할 수도 없다. 충분히 중앙집권화되고 다원적 정치제도를 포용적 정치제도*inclusive political institution*라 한다.

포용적 경제제도는 포용적 정치제도가 닦아놓은 토대 위에 형성된다. 포용적 정치제도는 사회 전반에 권력을 고루 분배하고 자의적 권력 행사를 제한하는 구조다. 그런 정치제도 하에서는 다른 세력이 권력을 찬탈해 포용적 제도의 기반을 훼손하기에는 어렵다. 정치권력을 쥐고 있는 자들이 사리사욕을 채우기 위하여 착취적 경제제도를 수립하기도 어렵다. 따라서 포용적 경제제도는 더욱 공정하게 자원을 분배하여 포용적 정치제도가 지속할 수 있도록 여건을 조성해 주는 상호 순환 고리*feedback loop* 역할을 한다.

정부가 중앙집권화와 다원적 정치제도 두 조건 중 하나라도 충족하지 못하면 특정 개인 또는 소수 엘리트층의 손에 권력을 쥐여 주며 권력을 행사하는 체제를 착취적 정치제도extractive political institution라 말한다. 이들은 일상적으로 나머지 사회 구성원의 자원을 착취할 수 있도록 경제제도의 틀을 짠다. 따라서 착취적 경제제도는 자연히 착취적 정치제도를 수반하고 이들은 태생적으로 생존을 위해서라도 착취적 정치제도에 의존하는 것은 자연스러운 현상이다. 포용적 정치제도는 다수의 자원을 몰수하고, 진입장벽을 세우며, 소수가 누리도록 시장의 기능을 억압하는 착취적 경제제도를 뿌리 뽑으려고 하기 때문이다. 여기에도 착취적 경제제도와 착취적 정치제도 간의 시너지 관계는 강력한 순환 고리를 만들어 낸다. 착취적 경제제도 덕분에 착취적 정치권력을 쥔 엘리트층은 제약이나 반대세력이 거의 없는 경제제도를 선택할 수 있다.

4. 왜 번영을 선택하지 않나?

정치 및 경제제도는 결국 그 사회가 선택한다. 포용적이어서 경제성장을 촉진하는 촉매가 될 수 있지만, 착취적이어서 경제성장을 가로막는 태산과 같은 걸림돌이 될 수도 있다. 국가가 실패하는 이유는 경제성장을 저해하거나 심지어 발목을 잡는 착취적 정치제도를 기반으로 착취적 경제제도를 시행하기 때문이다. 제도의 선택, 즉 제도의 정치가 국가의 성패를 이해하는데 핵심적인 열쇠 역할을 한다. 선진 사회의 정치는 경제성장을 촉진하는 포용적 제도로 이어진다. 반면, 역사를 통틀어 심지어 오늘날까지도 대다수 사회주의 정치가 경제성장의 숨통을 조이는 착취적 제도로 이어진다.[87]

■ 기득권 엘리트층 저항과 독재자의 장기집권

일반 시민이든 정치인이든 심지어 착취를 일삼는 독재자든 자기 나라가 더 잘살게 되기를 바라지 않는 사람은 없을 것이라고 이해하는 것은 오해다. 경제발전의 밑거름이 되는 인센티브를 마련해 주는 포용적 경제제도는 동시에 소득과 권력을 고루 분배하게 된다. 반면에 착취를 일삼는 독재자 등 정치권력을 가진 기존 엘리트층은 오히려 형편이 나빠지게 된다. 따라서 독재자나 기득권을 가진 엘리트층은 포용적 경제제도를 방해하게 된다. 제도가 가져다주는 경제성장은 승자와 패자를 낳게 된다.

사회주의 국가와 후진국들은 독재와 장기집권에 걸림돌이 되는 중산층 확산을 두려워하여 겉으로는 일자리 정책을 내세우고 경제성장 정책을 빙자하면서 실제는 반기업 정책을 쓰며 온갖 규제를 동원하여 산업화를 사실상 반대하고 있다. 오히려 포퓰리즘에 의하여 국가채무를 재원으로 방대한 복지비를 풀어서 국민의 환심을 사고 의존성을 길

---

87) 대런 애쓰모글루 · 제임스 A. 로빈슨, 같은 책. pp. 129-131.

러주며 장기 독재집권을 누리려고 획책한다. 사실상 느슨한 전제정치를 하며 착취적 정치·경제제도를 시행한다. 중·남아메리카, 중동, 아프리카에 만연하고 있다. 베네수엘라, 아르헨티나, 브라질, 터키, 그리스, 필리핀 등이 대표적인 나라다. 역사에서 아시아 중동과 아프리카국가들은 착취의 주체가 식민 종주국에서 자기들의 밥그릇 챙기기에 바쁜 토종 또는 동족 독재자로 바뀌었을 뿐이다.

경제적 특혜가 사라질 것을 우려하는 경제적 패자와 정치권력이 침해당할 것을 두려워하는 정치적 패자가 가로막는다면 경제성장은 지속하기 어렵다. 성장을 막으려는 집단이 승자가 되면 실제로 경제성장은 봉쇄될 것이고 경제는 후퇴하거나 답보한다. 권력자가 반드시 경제적 성공을 촉진할 만한 경제제도를 수립하라는 법은 없다. 절대주의 정권이라면 일부 엘리트층이 원하는 대로 경제제도를 수립할 권력을 휘두를 수 있다. 그런 자들이 경제제도를 바꿔 다원적으로 만들 이유가 없기 때문이다. 착취적 경제제도 하에서 신음하는 이들은 절대적 통치자가 자발적으로 정치제도를 바꿔 사회 전반에 권력을 재배분할 것이라 기대할 수 없다.[88] 이런 정치제도를 바꾸는 유일한 방법은 엘리트층이 더 다원적인 제도를 수립하도록 압력을 행사하는 것뿐이다.

---

88) 대런 애쓰모글루· 제임스 A. 로빈슨, 같은 책, p. 134.

■ 박정희 대통령의 산업화

박 대통령은 1961년 쿠데타로 집권했지만, 당시 집권 초기에는 미국의 반대에 직면한다. 그러나 반공을 국시로 한다는 것을 확인한 후 부터는 점진적으로 미국의 전폭적인 지원을 받게 되었고 경제 또한 본질적으로 포용적이었다. 박 정권의 정치는 권위주의적이라고는 해도 경제성장을 추진할 만큼 권력기반에 대한 확신이 있었다. 사실 박 대통령은 대단히 적극적으로 경제성장 정책을 추진하였다. 아마도 그가 정권을 지탱하기 위해 반드시 착취적 경제제도가 필요한 것은 아니었기 때문이었는지도 모른다. 한국은 1980년대 후반부터 착취적 정치 제도가 포용적 정치제도로 변모한다. 한국사회가 비교적 고르게 소득균형을 이루면서 다원주의와 민주주의에 대한 엘리트층의 두려움도 줄어들었다.

한국 사례처럼 착취적 정치제도에 불구하고 경제제도가 포용적 성향을 띤 덕분에 경제성장이 증가한 경우에도, 경제제도가 더 착취적으로 바뀌거나 성장이 멈춰버릴 위험이 상존한다는데 문제가 있다. 정치권력을 장악한 이들이 결국 그 권력을 이용해 경쟁을 제한하고 자신들의 파이를 키우거나, 심지어 다른 이들로부터 훔치고 약탈하는 것이 경제성장을 추구하는 것보다 더 많은 이익을 챙기는 방법이라 여기게 될지도 모른다. 정치제도가 착취적 성향에서 포용적 성향으로 바뀌지 않는 한 권력을 분배하고 행사할 능력은 언제든 경제적 번영의 기반을

훼손할 수 있다.[89]

이런 점에서 볼 때 권위주의정치를 하며 산업화의 틀을 만들고 국력을 쏟으며 지속적으로 추진하여 포용적 경제제도를 통하여 한국 산업화를 구축한 박정희 대통령의 위대함은 우리 한국 역사에서 위대한 업적이다. 아시아의 네 마리 타이거 중 타이완의 장개석 총통, 싱가포르 이콴유 총리도 같은 반열에 오른 지도자다. 착취적 제도를 가진 나라는 민주주의가 후퇴한다. 베네수엘라, 러시아, 터키 등 일부 국가에서는 민주주의가 후퇴하고, 포퓰리즘에 의해 경제는 더욱 몰락한다.

이런 제도를 바꾸기 위해서는 엘리트층이 한 번 더 다원적인 제도를 수립하도록 압력을 행사하는 것뿐이다.[90] 선순환 구조가 만들어지는 이유 중 하나는 포용적 정치제도가 포용적 경제제도를 뒷받침해 주는 경향이 있기 때문이다. 포용적 정치제도 덕분에 포용적 경제제도가 마련되면 소득이 더 공평하게 분배되고 힘을 얻는 사회계층이 한층 더 넓어지며 정치면에서도 더 공평한 경쟁의 장이 펼쳐지게 된다.[91] 포용적 경제제도가 뿌리를 내리려면 단순히 시장만 있으면 되는 것이 아니라 공평한 경제 환경과 대다수 참여자에게 경제적 기회를 보장해 주는 포용적 시장이 필요하다.[92]

---

89) 대런 애쓰모글루·제임스 A. 로빈슨, 같은 책. pp. 141–145.

90) 김명자 같은 책, p. 13.
　　　대런 애쓰모글루·제임스 A. 로빈슨, 같은 책. pp. 132–134.

91) 대런 애쓰모글루·제임스 A. 로빈슨, 같은 책. p.442.

92) 대런 애쓰모글루·제임스 A. 로빈슨, 같은 책. p.461.

오늘날 국가가 실패한 원인은 착취적 경제제도가 국민의 저축이나 투자, 혁신을 하겠다는 인센티브를 마련해 주지 못했기 때문이다. 착취적 정치제도는 착취로 득을 보는 세력의 권력을 강화해주는 식으로 이런 경제제도를 뒷받침해 준다. 착취적 정치·경제제도는 그 구체적인 내용은 국가에 따라 상황에 서로 다를 수 있지만 국가가 실패하는 근본 원인일 수밖에 없다. 착취적제도가 법질서뿐 아니라 가장 기본적인 경제적 인센티브마저 파괴해버려 철저한 정부 실패로 이어지기도 한다. 그 결과 경제는 발이 묶이고 내전과 대규모 난민 발생, 기근, 전염병 창궐 등의 시련을 겪게 된다. 1960년대 보다 더 가난한 아프리카 대부분의 국가들의 현상이다.[93]

5. 실패한 국가들의 공통점은 착취적이다.

역사적으로 경제학자들은 제도에 주목했다. 아담 스미스 *Adam Smith*는 『국부론*The wealth of Nations*』에 "제도가 시장에서 개인들 간의 자유로운 상호작용을 보호하는 역할을 한다"고 썼다. 국가가 해야 할 가장 중요한 역할은 사유재산 보호, 상비군과 경찰 병력으로 국방·치안을 유지하고, 독립된 사법부로 법과 질서를 유지시키고, 도로·수로·다리 등 기반시설을 제공하고, 독점이 경쟁을 억압하지 않게 보장하는 것이다.

---

93) 대런 애쓰모글루·제임스 A. 로빈슨, 같은 책, p. 528.

실제로 20세기에 들어서면서부터 60년간은 제도가 효율적이고 최적으로 설계 되었다고 상정했다. 국가나 기업이 저조한 실적을 보이는 원인을 제도가 아니라 시장의 실패, 다양한 참여자들 사이의 협조 부족 등에서 찾았다.[94]

■ 노스Douglass C. North의 제도론

1960년대 후반 1970년대 초 워싱턴대학교 더글러스 노스 교수가 제도의 역할을 경제사에 접근하는 이론을 전개하였다. 그는 제도가 비효율적인 때가 많을뿐더러 비효율적인 제도를 그대로 고수하려는 정치세력이 있다는 것을 인정했다. 그리고 제도를 '사회 내에 존재하는 게임의 법칙, 즉 인간의 상호작용을 규율하는 인위적 제약'이라고 정의했다. 제도는 특정 공동체 안에서 인간의 행동과 경제 관계를 지배하는 유인 구조를 제공한다. 이런 규칙과 규제가 혁신과 자본축적, 기술개선을 장려하면 생산성과 경제성장이 높아질 것이다. 반대로 현상 유지를 선호하고 규제를 이용하여 이득을 얻을 수 있는 지대추구행위를 부추기면 기업 활동과 생산성은 떨어지고 성장은 둔화할 것이다.

노스가 제시한 '거래비용'이란 개념이 있다. 거래비용이란 개인과 기업이 경제적 거래에 참여하기 위하여 지불해야 하는 비용이다. 거래비용에는 정직한 파트너를 찾고, 공급자가 정직한지 여부를 확인하고, 근로자들을 감시하고, 탐욕한 자로부터 사유재산을 보호하고, 채권을

94) 세바스티안 에드워즈(2012), 같은 책, p. 128.

회수하고, 부패한 정부 관리들과 관계를 맺는 비용 등이 포함된다. 거래비용을 줄이는 제도를 갖춘 국가는 그렇지 못한 국가보다 더 높은 실적을 올린다. 그 이유는 거래비용이 낮을수록 기업은 더 많은 시간과 노력을 혁신과 생산성 향상에 쏟을 수 있기 때문이다.[95]

제임스 로빈슨은 장기 경제 실적에서 제도가 차지하는 역할을 다음과 같이 요약한다. "어떤 사회는 법치를 유지하도록 조직되어 있다. 기계, 자본, 인적 자본, 더 좋은 기술에 대한 투자를 장려한다. 시민이 광범위한 경제생활과 정치생활에 참여할 수 있게 하고, 시장거래를 후원한다. 다른 사회는 그렇지 못하다. 전자는 번성하고 후자는 침체되기 마련이다."

▒ 착취적 제도

국가가 경제적으로 실패하는 이유는 착취적 제도 때문이다. 이런 제도 때문에 가난한 나라는 빈곤을 벗어 날 수 없고 경제성장의 길로 들어서지 못한다. 착취적 제도의 이면에는 자신들의 배를 채우고 나머지 대다수를 희생시켜 가며 권력을 영구히 유지하려는 엘리트층이 도사리고 있다. 나라마다 역사와 사회구조가 다름으로 엘리트층의 성격과 착취적 제도의 구체적인 내용이 다를 수 있다. 그러나 그런 제도를 만들어 낸 엘리트층이 권력을 다지고 재생산하기 위해 착취적 제도가 이

---

95) 세바스티안 에드워즈(2012), 같은 책, p. 129.

용된다는 사실은 거의 달라지지 않는다. 북한에서 착취적 도구가 공산주의의 도구에서 유래한다. 사유재산권의 철폐, 국영 농장 및 산업 등이 그런 예다. 콜롬비아에서 오랜 세월이 지나도록 중앙정부의 권위가 미치지 못하는 지역이 많은 것은 중앙정부가 은근히 그런 상황이 지속하기를 바라기 때문이다.[96]

　라틴아메리카 국가들의 경제적 부진한 상황의 연속은 재산권 보호가 제대로 이뤄지지 않고, 요식 체계가 복잡하며, 의사결정이 중앙에 집중 되어 있고, 법치를 중시치 않고, 사법부는 독립성이 보장 되지도 않고 비효율적이고 심하게 부패하는 등 잘못된 정책과 부실한 제도의 조합이었기 때문이다.[97]

---

96) 애쓰모글루 · 로빈슨, 같은 책, pp. 562-565.

97) 세바스티안 에드워즈(2012) 같은 책, p. 52.
　프랜시스 후쿠야마(이상훈 역) 『역사의 종말The End History』 서울, 한마음사, 1992. pp.158-173.

자유민주주의와 시장경제 153

제2부

경제 성장·발전
10대 전략

제1 전략,
친 기업정책

1. 기업이란?

　　　정부가 정책 방향(제도)을 어떻게 결정하느냐에 따라 한 나라 경제가 성장하기도 하고 거덜 나기도 한다. 잘 나가던 나라가 지옥으로 떨어지기는 것도 순식간이다. 문 정부는 자유민주주의와 시장경제 체제의 틀(제도)을 바꿀 정책을 쏟아내고 있다. 법인세율 인상, 순환출자 금지, 금산분리 강화 등 반재벌 개혁정책을 강화했다. 아르헨티나 후안 페론과 베네수엘라의 차베스가 기업을 적으로 규정한 것처럼 적폐청산이라는 구호아래 반기업정책을 강행하고 있다.

　먼저 기업인을 존중하고 기업인이 사랑받는 사회기풍을 진작시키고, 이를 위하여 기업인, 국가지도자와 국민이 협력하여야 한다. '기업이 기업경영을 통하여 근로자와 가족의 생계를 책임지고, 거래처를 먹여 살리고, 국가에 세금을 납부하여 정부를 유지하며 국방, 외교, 교육, 사회, 문화발전에 필요한 재정을 감당한다'는 기업의 역할에 대한 교육이 필요하다. 선진국은 학교 커리큘럼에 기업교육을 하고 있다. 기업인은 calling 의식을 가지고 기업경영을 통하여 국민(소비자)으로부터 신뢰를 받아야 한다. 정부는 기업이 신바람 나게 비즈니스 하도록 hard & soft 간접자본(SOC)을 구축해야 한다. 기업이 자유롭게 영리를 추구할 수 있도록 재산권을 보호하고 규제를 철폐해야 한다. 기업에 고통분담을 요구하는 사회적 책임을 강요하지 말아야 한다. 기업의 사회적 책임은 강제성이 아닌 자발성에 깊은 함의가 있다. 기업은 기업 활동을 통하여 고용을 늘리는 것이 사회에 기여하는 것이다. 고용을 창출하고, 세금을 부담하여 국가를 운영할 수 있는 재정을 책임지고 있다. 정부는 기업이 신바람 나게 사업할 수 있도록 규제를 풀고, 이들을 우대해야 한다. 효율적인 경제운용을 하려면 공직자는 물론 국민이 올바른 경제의식을 가져야 한다. 학교와 시민교육을 통해서 시장경제, 사유재산권 보호, 정부의 역할과 한계 등 경제교육을 강화할 필요가 있다.

경제사는 정부가 정의를 앞세우는 것이 얼마나 위험 것인지 이미 입증된 사실(史實)이다.

그런데 현 정부는 적폐청산 운운하며 기업인을 죄인 취급하고 시도 때도 없이 수사, 조사, 영장청구, 재판하며, 1차 영장청구가 기각되면 2차, 3차 재발부 요청하고, 어느 기업그룹에 대해서는 정부 기관이 시차적으로 총동원하여 공격하고 언론 플레이하고 망신시키는 등 온갖 고통을 안겨 주기도 하였다. 한국의 기업그룹부터 중견 기업인들은 가뜩이나 기업을 경영하기 어려운데 활기를 잃고 있다. 기업인의 기를 살려야 한다. 기업이 신바람 나게 기업을 경영할 수 있도록 기업환경을 조성하여야 한다. 경제위기의 해법은 나와 있다.

KDI와 한국은행은 보고서를 통해 "성장잠재력을 확충하려면 경제 전반의 구조개혁을 통해 생산성을 제고하라." "각종 규제 완화와 진입 장벽을 완화하고, 노동개혁과 선제적인 구조조정으로 자원을 효율적으로 배분하라"고 주문한다. 한국경제학회는 "반시장·반기업 정책부터 획기적으로 전환하고 시장과 자유경쟁을 신뢰하라"고 지적한다. 기업인은 사회적 책임을 다해야 한다.

선진국은 기업의 수가 많고 규모가 크다. 후진국은 정반대다. 인구가 730만 명인 스위스는 세계적인 대기업을 12개나 갖고 있으나, 스위스 인구의 11배가 많은 베트남은 한 개도 없다. 후진국들이 소득수준이 낮은 것은 기업이 적기 때문이다. 소득수준을 높이려면 기업을 많이 만들어야 한다. 국부를 직접 만드는 것은 정치가나 민주 인사가 아니고 기업경영인이다. 아무리 민주화를 잘해도 기업경영인이 의욕을 잃으면 기업이 경쟁력을 잃고 이에 따라 나라 경쟁력은 잃게 된다.

오늘날 글로벌 경쟁력global competitiveness; GC 시대다. 경제전쟁시대에 정치의 핵심이나 정부 정책의 방향은 기업의 GC이다. 그런데 정부가 GC우위기업을 만들려면 정부의 GC부터 향상해야 한다. 하버드대 마이클 포터 교수는 국민소득 증가에는 필요조건과 충분조건이 있는데, 그 공헌도는 전자가 19%, 후자가 81%라고 한다. 피터 드러커 교수는 국부를 창출하는 것은 기업이요 기업이 사회의 기둥이라 하였다.

필요조건 = 민주화된 제도+거시경제정책+법체계 등(공헌도 19%)
충분조건 = 기업의 운영 · 전략 · 관련 산업 · 수급조건 등
(공헌도 81%)

기업을 살리는 나라는 선진국이고, 죽이는 나라는 후진국이다.

■ 왜 기업을 살려야 하는가?

경제성장을 위한 최선의 그리고 유일한 길은 기업이다(하버드대 토마스 매크로 교수). 박정희 대통령은 이병철 삼성그룹 창설자에게 "기업의 소임은 무어라 생각하느냐"는 질문에 "기업하는 사람의 본분은, 많은 사업을 일으켜 많은 사람에게 일자리를 제공하여 그 생계를 보장해 주는 한편, 세금을 납부하여 그 예산으로 국토방위는 물론 정부운영, 국민교육, 도로·항만시설 등 국가운영을 뒷받침하는 데 있다고 생각합니다"라고 답변했다(이병철, 호암자전).

■ 한진해운 파산, 국적사 선복량 반토막…"너무 쉽게 구조조정" 지적

산업은행은 한진해운 파산을 결정했다. 2017년 2월 파산한 한진해운이 재조명 받기 시작했다. 정부가 한진해운 지원에 앞장섰더라면 지금과 같은 상황이 오진 않았을 거란 지적이 업계 안팎에서 나오고 있다. 당시 한진해운은 컨테이너선 101척, 벌크선 44척 등 총 145척의 선대를 갖춘 국내 1위이자 세계 7위 규모 선사였다. 하지만 법원의 파산 결정으로 40년에 걸쳐 개척한 70여개의 노선 네트워크와 운항 노하우

가 하루아침에 사라졌다.

국적 선사의 컨테이너 선복량은 106만TEU에서 51만TEU로 반토막 났다. 국내 해운업계에 어려움이 본격화되기 시작한 건 2009년 글로벌 금융위기 이후다. 유럽 대형 선사들이 인수합병(M&A)과 초대형 선박 발주로 덩치를 키우며 공급 과잉 상태가 됐지만 이 같은 환경 변화에 적절히 대응하지 못한 탓이다. 결국 한진해운은 고가의 용선료 역풍 등을 맞아 기업회생절차 개시 6개월 만에 파산이 결정됐다. 서울중앙지방법원 제6파산부는 2017년 2월17일 전자결재로 한진해운의 파산을 최종 승인했다. 청산가치가 존속가치보다 높다는 이유였다. 한진해운 파산은 역사상 최대 규모의 해운사 파산이었다. 득을 본건 해외 선사들이었다. 이들은 한진해운이 보유했던 선박과 해외 터미널을 싼값으로 집어 삼켰다. 그리고 한진해운의 물량을 분점하여 한국과의 격차를 크게 벌렸다. 한국 기업의 수출에 애로가 왔다.

산업은행 등 채권단이 7,000억 원 규모의 자구안 제출을 요구하자 한진해운은 어렵게 마련한 5,600억 원 규모의 자구안을 제시하며 3,000억 원만 지원해 달라고 요청했다. 한진해운 경영권 포기각서도 제출했다. 해운업계 관계자는 "조 회장은 국내 기업의 수출길이 사라지는 일만큼은 막아야 한다는 절박한 심정으로 일했다"고 회고한다. 한진해운이 존속했다면 해운 물류 대란도 HMM(구 현대상선)에만 의존해야 하는 답답한 상황도 없었을 것이다. 한진해운은 조중훈 한진그룹 창업주가 해운왕을 꿈꾸며 1977년 설립한 회사다. 고속 성장하던 한진해운이 고가의 용선료를 부담하고 2008년 금융위기 발발로 불황이 닥친 것이다.

현재 국내 산업계는 수출 마비 직전까지 와있다. 선박보유량이 절대 부족하기 때문이다. 산은이 3,000억 원을 아끼는 바람에 한진해운이 40년간 개설한 정기항로가 공중분해 됐고, 각국 화주들은 해외 선사들에게 모두 옮겨 갔다. 한국의 해운운송 비중은 2010년 세계 5위에서 2020년 11위로 추락했다. 한국의 수출은 99.7%를 선박에 의존한다.[98]

2. 기업의 역할

기업의 역할을 아래와 같이 생각할 수 있다.

1) 기업은 국민이 필요로 하는 제품과 소득을 생산한다. 국민을 먹여 살리는 것이 농경사회에서는 농토라면, 글로벌 시대에는 기업이다. 기업이 곧 국부(國富)*national wealth*를 창출한다. 정부는 국민의 세금으로 운영하며, 국민은 기업이 창출한 소득을 받아 유지한다. 물론 자기 소득에 대한 세금도 납부한다. 국민소득을 창출하는 것은 정부가 아니라 기업이다. 글로벌 시대에는 기업이 많은 나라가 부자나라다.

---

98) 김강한, 조선일보, 2021.1.12. "3,000억과 바꾼 해운의 미래"

2) 기업은 인간의 능력을 뭉치고, 키우고, 발휘하게 하는 조직이다. 기업이 인적, 물적 자원을 조직하고 뭉쳐서 소득을 창출하고 증대한다.

3) 기업은 일자리를 창출한다. 일자리 창출하는 기업은 최고의 구빈(救貧) 조직이다. 2018년 취업자 2,900만 명 중 공무원은 100만 명 정도이다. 공무원도 기업이 납부하는 세금으로 급여를 지급한다. 따라서 모든 취업자의 소득은 기업이 창출한 소득을 그 재원으로 한다. 기업이 없으면 국가는 존속할 수 없다.

4) 기업은 정부수입(세입)의 원천이다. 정부수입의 원천은 기업과 세외수입이다. 조세수입은 기업이나 개인이 납부하는 세금이다. 개인이 납부하는 세금은 대부분이 기업에서 일하고 받는 수입이며, 세외수입은 국민이 부담하는 수수료, 부담금, 입장료, 벌과금 등인데 이들 원천 역시 기업이다.

5) 기업은 인재양성 조직이다. 한국의 기업그룹들은 세계수준의 인재개발원을 운영하며 세계수준의 인재를 육성하고 있다. 한국에서 글로벌 경쟁력 있는 인재를 가장 많이 육성하는 곳이 기업이다. 정부 간부급 고위직 공무원들이 삼성인력개발원에서 특별연수를 받기도 한다.

6) 기업은 사람과 자원의 가치를 높인다. 기업은 국민의 소득을 높이는 과정에서 가치도 높인다. 한국의 글로벌 기업들은 손이나 삽 또는 쟁기로 농사짓던 농부들을 첨단 반도체나 통신 장비를 생산하게 함으로 그들의 능력과 가치를 올린다.

7) 기업은 기술혁신의 첨병 역할을 한다. 한국의 국제특허 등록 건수 90% 이상은 기업이 출원한다. 정부나 대학의 등록 건수는 미약하다. 한국의 반도체, 조선, 자동차, 철강 산업 등과 관련된 기술혁신은 주로 기업이 이룩한다. 노벨 경제학 수상자 더글러스 노드 교수는 제품 관련 기술보다 더 중요한 것은 조직 관련 기술이라고 했다.

8) 기업은 국민의 자긍심을 고양시킨다. 세계 시민들은 한국제품, 즉 세계 시장은 한국산 각종 전자제품, 자동차, 조선, 반도체, K-Pop 등을 선호한다. 세계가 한국의 선진국임을 부러워하고 있다. 기업의 힘이다. 대한민국 국민이 해외에서 기를 펴는 것은 한국에 세계 경쟁력 있는 글로벌 기업이 있어서이다. 삼성, 현대, LG, SK 등을 일본 기업으로 알고 있었던 외국인이 많았으나 이제는 한국 기업으로 알고 있다. 유학 중이나 외국 관광을 하다 보면 지구촌 어디에서든 대한민국 기업이 생산한 제품들이 국제 경쟁력 있음을 알게 되어 자긍심을 갖게 한다. 이런 자랑스러운 기업을 뒷받침해 줘야 한다.

9) 기업은 경제전쟁(경쟁)의 첨병이다. 경제전쟁에서 이기는 기업이 많은 나라는 안정과 번영을 누리지만 그렇지 못한 나라는 침체한다. 우리 기업은 해외에서 시장쟁탈전을 하고 국내에서는 한국 시장을 지키는 전쟁을 한다.

10) 기업은 세계화의 주역이다. 삼성전자, 현대·기아차, LG, SK 등의 해외 주재원 또는 현지 공장 경영 임직원 등 장기 파견자나 단기 파견자를 합하면 해외에 파견한 외교관 수보다 훨씬 많다. 이들이 비즈

니스를 하며 민간인 신분으로 국위를 선양하는 것이다. 이들은 전
세계 주요 도시 등에 진출하여 정보 수집과 이들이 만드는 세계 무
역망은 한국 기업과 한국인의 세계 진출에 많은 도움이 되고 있다.
일본의 8대 종합상사가 거느리는 7천3백 개의 자회사는 전 세계
의 무역망과 정보 수집망의 역할을 수행한다. 경제정보 수집에 있
어 미국 CIA를 능가하는 것으로 평가한다.

11) 기업은 사회 질병예방 역할을 한다. 경제가 고도성장할 때에는 일
자리가 넘침으로 국민이 생계 걱정에서 해방된다. 국민의 마음이
평온해 지고 생산에 관심을 갖게 된다. 그러나 기업이 없는 나라는
실업자, 환자, 불평분자, 범죄자들이 상대적으로 많이 발생한다. 가
난한 나라는 비생산적인 일에 마음을 쓰는 일이 많게 되어 사회 문
제가 발생할 가능성이 크다. 병든 사회를 예방하거나 고치는 가장
좋은 방법은 기업 활동을 통한 일자리 창출이다.[99]

■ 리쇼링정책 실적

정부는 2013년 12월 '해외 진출기업의 국내복귀지원에 관한 법률'(유
턴기업 지원법)을 제정 시행하고 있다. 유턴 기업은 법인세·소득세 7년
간 최대 100% 감면과 종업원 1인당 720만 원 한도로 100명까지 고
용지원금을 받는다. 2014년~2018년까지 국내로 유턴한 기업은 2014
년-22개, 2015년-4개, 2016년-12개, 2017년-4개, 2018년-10개로 연평

---

99) 송병락, 『한국경제의 길』 서울, 박영사, 2006. pp. 143-148

균 10개이다.

미국은 1,600개(2010-2016), EU는 160개(2016-2018), 일본은 724개(2015)가 유턴한 것과 대비 된다. 한국의 U턴 기업 60곳 중 58곳이 중소기업이고, 그중 55곳은 중국에서 온 기업이다. 국내 기업환경 개선에 의한 U턴이 아니고 중국과 사드분쟁에 의한 중국의 반한기업 압박정책 때문에 견딜 수 없어서 귀국한 것으로 분석된다. 반면 국내기업이 해외에 새롭게 세운 기업은 최근 5년간 1만6578개[100]에 달한다.

급격한 최저임금 대폭 인상, 주 52시간 근무제, 높은 법인세율, 정부의 반기업 정책, 상호 불법을 일삼는 친 귀족 노동 정책과 법치주의 몰락, 쌓여 만 가는 규제 천국, 탈원전 정책, 안보불안, 노블리즈 오브리제 정신의 해이(moral hazard) 등이 리쇼링정책이 아니라 오프쇼링정책을 정부가 조장하여 일자리의 급속한 축소정책에 의하여 실업자를 양산하였고 경제는 기울고 있다. 현대·기아차는 최근 21년 이내에 해외에는 10여 개 공장을 동서양 각국(미·중·인도·체코 등)에 세워 가동 중이지만 국내에는 한 곳도 세우지 못했다. 강성노조가 국내공장 신증설을 현실적으로 반대한 결과이다. 삼성도 종업원 수를 기준으로 국내보다 해외에 공장을 더 많이 세웠다. 정책 당국자는 무엇을 보고 정책을 입안하는지 알 수 없다. 정부는 기업은 해외로 내쫓고 그 대신 복지비 등 포퓰리즘 정책을 급속도로 확대 집행하여 민심을 얻고자 한다. 그것도 천문학적인 국가채무를 확대하여 선심성 예산을 뿌리고 있다.

---

100) 중앙일보 2019.9.2. 〈6년간 불렀는데 한국 돌아온 기업 60개뿐 왜〉

3. 현대자동차 앨라배마 공장 &삼성전자 베트남 공장

■ 현대자동차에 제공한 미국 정부 인센티브

현대자동차가 2000년대 초 미국 앨라배마 주에 자동차공장을 세울 때 그곳 주지사는 현대자동차 공장 설립을 위한 모든 편의를 제공했다. 주 정부 직원이 직접 공장에 나와서 필요한 서비스를 '원스톱 서비스'로 해 주었다. 주 정부가 요구한 조건은 종업원 2천 명의 고용이다. 현재 앨라배마 공장은 그 이상을 고용하고 있다. 인센티브 제공 내용은 다음과 같다.

a. 공장부지: 210만평을 $1만 받고 현대차에 소유권 이전. 지번(地番)을 현대차 울산공장과 같이 '700번'으로 변경해 주었음

b. 인프라: 고속도로와 공장 간의 도로 4차선으로 확장, '현대대로'로 작명(作名), 철도 인입선을 공장 안까지 연결, 전기, 가스, 수도 및 전화시설 건설. 소방서와 경찰서 인근에 신설.

c. 세금: 법인세와 지방세 20년간 면제. 각종 인허가 수수료 면제. 공장 전체를 보세 지역으로 지정.

d. 연수시설: 주 정부가 연수시설 건설해줌, 20년간 무상사용. 현대차 요구대로 종업원 후보를 선발 교육해줌.

e. 기타: 2년간 신문 및 TV에 현대차 광고 주 정부 부담으로 해 줌. 주재원 가족의 현지 적응 지원해줌.[101]

---

101) 박정인, 현대모비스 부회장, "자동차 산업의 중요성" 2005.7.

■ 삼성전자 베트남 공장

베트남 정부는 삼성전자의 투자를 유입하기 위하여 2008년 시행부터 법인세율을 28%에서 4년간은 0%, 9년간은 5%, 그 이후는 10%로 세법을 개정 시행하고 있다. 공장 운영을 위한 제반 조건들을 거의 삼성이 원하는 대로 수용하였고, 범정부 차원에서 삼성은 외국기업이 아니고 자국 기업이라는 인식을 대국민 홍보함으로 전 국민의 사랑받는 기업이 되었다.

2018년 74조 원 매출, 6조7000억 원 순이익을 기록하였으며, 직접고용인원 17만 명(협력업체와 간접고용을 포함하면 50만 명 고용 효과), 베트남 GDP $2,600억 중 삼성 $650억(25%)이다.[102] 왜 정부는 리쇼링 정책을 백안시 하는가를 묻지 아니할 수 없다.

정부가 '경제력 축적' 제안을 받아 주면 굳이 이국 만리 낯선 지역에 가서 사업을 할 이유가 없다. 위 정책들은 정부가 직접 예산이 투입되는 일이 아니고 반기업 정책을 친기업정책으로 전환하고 신바람 나게 기업을 운영할 수 있도록 법적, 제도적 인프라 SOC을 구축하고 지원하면 된다. 현 정부의 사회주의정책과 반기업 정책은 기업을 해외로 쫓아내고 있다.

2017-18년 최저임금제 급속한 인상과 주 52시간제를 획일적, 전면적 실시 등 각종 정책으로 50대 이하 젊은 계층의 일자리는 대폭 축

---

102) 자료: Hochiminh info box(2019.2.21.) YouTube

소로 실업자를 양산하였고, 소상공인들을 폐업하게 만들었다. 정부 통계는 정부예산 54조 원(2017-8년)을 투입하여 60대 이상 알바 일자리만 늘렸다(87%). 그러나 30~40대 일자리는 23개월 연속감소하였다. 소득 분배를 나타내는 지니계수도 2016년 2기분 0.298에서 2017년 0.304, 2018년 0.326으로 계속 나빠졌다. "우리 경제가 올바른 방향으로 가고 있다"라던가 혹은 "고용과 소득이 양과 질 모두에서 뚜렷하게 개선되고 있다"라던가[103]를 서슴없이 발언하는 최고지도자를 누가 신뢰하겠는가? 과연 정부는 일자리 창출 의지가 있는지 합리적 의심이 가능하다. 깊은 성찰이 있기를 바란다.

---

103) 중앙일보, 2019.9.19. 〈'통계장난' 언제까지 할 건가?〉 이정재 시시각각.

제2 전략,
재정의 건전성 운용(재정준칙)

1. 재정준칙(Fiscal Rules)

재정 준칙(fiscal rules)이란, 재정수입, 재정지출, 국가채무 등 총량적인 재정지표에 대한 구체적으로 수치화한 목표를 포함하는 재정운용의 목표설정과 더불어 이의 달성을 위한 방안 등을 법제화함으로써 재정정책 당국의 재량적 재정운용에 제재를 가하는 재정운용체계를 말한다.

IMF는 재정준칙의 세 가지 구성요소로서 첫째 헌법, 법률, 가이드라인, 국제협약 등 법적 토대, 둘째 재정수지, 국가채무, 지출총액 등의 총량적 재정목표, 셋째 재정준칙을 준수하지 못했을 경우 가해지는 사법적, 금전적, 신용적 제재 등의 제재조치를 제시한다

■ OECD 재정준칙 5대 원칙

첫째 준칙과 재량의 적절한 조화의 원칙.

준칙은 국민과 정치인이 이해할 수 있도록 단순해야 한다. 재정운용에 복잡한 조건과 예외를 규정할 때 예측 가능한 사건과 예측 불가능한 사건을 재량성에 명백한 제한과 회복되었을 때 복구계획을 동시에 세워야 한다.

둘째 세대 간 공평성 보장원칙.

모든 세대는 이전 세대를 부양하고 다음 세대로부터 부양을 받는다. 예상 수명 증가와 출산율 감소가 초래할 새로운 인구구조는 이제 '뉴노멀'로 자리매김하고 진행 중이다. 연착륙을 위해 '자기 세대 자기 부담'의 원칙을 지켜서 중간에 낀 세대의 부담을 가볍게 해야 한다.

셋째 이익집단의 포획(capture) 방지원칙.

정부 기능의 분야·부분 등 수평적 체계뿐만 아니라 중앙정부와 지방자치단체, 공공기관과 공기업 등 위계적 체계로 준칙이 마련돼야 한다. 이렇게 해야 외부의 간섭을 배제한 자율적 거버넌스(운용 구조)가 작동할 수 있다.

넷째 정치적 재정기구가 재정준칙의 미비점 보완원칙.

독립성이 보장된 재정기구가 재정준칙을 감시하고 점검해야 한다.

다섯째 정권별로 5년 임기 전체 기간의 재정수지 균형원칙.

재정준칙은 집권기간 동안 균형을 유지하도록 재정성과를 점검해야 한다.

민주주의 국가에서는 표를 의식하는 정치인 때문에 국가 지출이 증가하는 경향이 있다. 그러나 유권자들은 증세를 싫어하기 때문에 재정 적자가 발생하고 국가채무는 늘어난다. 이런 경향을 노벨경제학상을 수상한 뷰캐넌은 '적자 속 민주주의(democracy in deficit)'라 했다. 민주국가에서는 미래의 인플레이션을 무릅쓰고라도 당장 유권자들의 인기를 끌 수 있다면 돈을 기꺼이 푸는 경향이 있다. 미국, 일본, 독일 등 주요 국가들이 만성적인 재정적자에 시달리는 이유도 민주정치 제도의 문제점 때문이라고 뷰캐넌은 설명한다.

애덤 스미스와 더불어 고전 경제학을 대표하는 리카르도는 "오늘의 국가채무는 다음 세대의 세금이다"라고 경고했다. 독일의 납세자연맹이 정치인들에게 보내는 경고로 자주 쓰이는 문구다. 현세대의 복지 지출을 충당하기 위한 국가의 채무는 다음 세대의 세금 부담이 된다. 엄격하고 실효성 있는 채무제동장치(debt break)를 시급하게 도입하여 방만한 국가 재정운용에 빗장을 걸지 않으면 '포용국가'를 표방한 문재인 정부가 미래세대에 부담을 넘기는 '착취국가'[104]의 문을 여는 결과를 초래할 수 있다. 재정준칙 제2원칙 세대 간의 공평성 원칙 위반 가능성이 크다. 베네수엘라, 아르헨티나, 그리스, 터키 등의 경제 파탄이 남의 나라 일로 보이지 않는다.[105]

---

104) Daron Acemoglu & James A, Robinson(최완규 역) 『WHY NATIONS FAIL, 국가는 왜 실패하는가? 서울, 시공사 p. 124

105) 이기우, 인하대 법학전문대학원 교수, 「중앙일보」 2019.12.30. "고삐 풀린 국가의 빚, 스위스식 제동장치(균형예산, 지출 상한액 제한 등) 시급하다."

정부의 나랏돈 씀씀이를 통제하기 위한 규범을 '재정준칙'이라 한다. 주로 GDP(국내총생산) 대비 국가채무비율이나 재정적자 비율의 상한선을 법으로 규정한다. 나랏빚이 과도하게 늘지 않도록 정부를 구속하는 일종의 브레이크 역할을 할 수 있는 제도적 장치다. OECD(경제협력개발기구) 37개 회원국 중 재정준칙이 없는 나라는 아시아 국가인 한국과 터키를 제외하고는 모두 다 헌법 또는 법률에 규정하고 있다. 2020년 현재 세계 159개국이 이미 재정준칙을 운용하고 있으며 이 중 헌법에 규정한 14개 국가, 법률에 규정한 103개 국가에 이르며 강한 법률적 구속력 장치를 마련한 것이다.

■ 한국의 재정준칙

기획재정부가 발표한 2025년부터 시행하는 재정준칙을 2020.10.5. 재정준칙(안)을 발표했다. 1) 국가채무 비율을 GDP의 60%, 2) 통합수지 적자비율 GDP의 3%, 전쟁이나 글로벌 경제 위기, 대규모 재해 발생 후 경제위기 같은 상황에는 통합재정수지 적자 4%까지 허용하는 등 예외규정을 폭넓게 규정했다. 의무적 재정지출 법안을 만들 때 재원조달 방안을 함께 명시하는 것으로 반드시 법제화가 필요한 페이고(Pay-Go) 원칙도 없다. 기재부 설계는 국가채무비율 60%, 통합재정수지 3% 수칙을 동시에 지키지 않아도 된다. 국가부채비율이 60% 이내이면 통합재정수지 3%보다 높아도 준칙에 위배 되지 않는다. 반대로 재정적자 비율이 3%보다 낮다면 국가 부채비율이 60% 초과해도 된다.

"외국의 예는 채무준칙과 수지준칙을 각각 개별적으로 적용 되는데 한국은 하나의 지표가 기준치를 초과하더라도 다른 지표가 기준치를 하회하면 기준에 충족하도록 상호보완적으로 설계했다"고 안일환 기재부 2차관은 설명한다.

예외규정을 지나치게 둠으로써 준칙을 강행규정보다는 정책당국에 지나치게 재량성을 부여했고(재정준칙 제1원칙 위배), 도입 시기를 다음 정권으로 지연시킴으로(재정준칙 제2원칙 위배) 재정준칙의 본래 목적인 방만한 재정운용으로 포퓰리즘에 빠지지 않도록 구속성에 무게를 두어야 하는 목적임에도 현 정부는 오히려 스스로 면죄부를 부여하여 재정준칙을 유연성에 무게를 두었다는 비판을 면할 수 없게 되었다.

현 정부 집권기간이 끝나는 2022년까지는 "아무런 제한 없이 재정을 펑펑 쓴 뒤 다음 정부에 2025년부터 재정준칙을 시행하겠다는 것은 재정의 건전성을 중시한다는 하나의 인상을 주기 위한 생색내기"(홍기용 인천대 교수)이요. "책임성 없는 재정준칙은 의미가 없다"(조준모 성균대 교수). 또한 "임기 끝까지 빚내 돈 뿌리겠다고 선언한 재정준칙"(조선일보 2020.10.6. 사설)이요. "구멍 숭숭, 재정준칙으로 나라 곳간 지켜낼 수 있나"(중앙일보 2020.10.6. 사설)라는 의구심을 갖기에 충분하다.

정부가 발표한 재정준칙은 현 정부는 대상이 아니므로 '자신들은 제한 없이 재량껏 써도 된다. 갚는 것은 다음 세대 몫'이라고 못 박았다. "엄격한 재정준칙이 필요하다"라고 주장하는 이주열 한은총재에게 여당은 "너나 잘해라"고 빈정댄다.

2. 정부 부채와 GDP 비율

집권 말기연도	대통령	부채	GDP 대비 % / 채무증가	
1997년	김영삼	60조3000억	11.4%	
2002	김대중	133조8000억	17	/73.5조 원 증가
2007	노무현	299조2000억	27.5	/165.4조 원 증가
2012	이명박	443조1000억	32.2	/143.9조 원 증가
2016	박근혜	660조2000억	38.2	/217.3조 원 증가
2018	문재인	680조4000억	38.2	
2020	문재인	839조4000억	43.5	
2022	문재인	1070조3000억	50.9	/410.1조 원 증가

* 1997년–2018년 통계청과 기재부 통계, 2020–22년은 기재부 발표 '중기재정전망
* 문재인 대통령 집권기간(2017–2022) 5년간 부채증가 410조1000억 원(=1,070.3 조–660.2조) 1998년 이후 24년간 총부채증가액 1,010조 원(=1070.3조–60.3조)의 40.6%임

    1997년부터 문 대통령 2022년 집권 말기까지 24년간 증가한 합계 국가채무 1,010조 원 중 문 대통령 집권 5년 동안에 410조1000억 원 증가한 것으로 40.6%를 차지하고 있다. 부채증가 폭이 넓은 것도 큰 문제지만 속도가 급속한 곡선을 그리고 있어서 천문학적 부채증가와 급속한 부채증가 등 양면적으로 우려하는 바 더욱 크다. 2020년에는 4차 추가경정예산을 기준으로 보면 1년 동안 국가부채 증가액 159조 원(예산)은 GDP 대비 6% 수준을 크게 초과했다. 브레이크 없이 방만한 예산집행이 행해지는 가히 포퓰리즘의 극치를 달려가고 있다(제9

전략, 포퓰리즘 참조).

역대 정부는 재정의 건전한 운영을 위하여 관행적으로 국가채무 마지노선으로 GDP 대비 국가 부채비율 40%를 유지했다. 나랏빚 급증을 막아 재정 건전성과 국가 경쟁력을 지키기 위한 제동 장치다. 2014년 11월 12일 야당 대표 문재인 주최 소득주도성장 토론회 기조연설에서 그는 "재정 건전성을 지키는 마지노선인 40% 선을 깨지면 나라 곳간이 바닥이 난다. 부채주도 성장은 결국 다음 정부에 폭탄을 넘기는 무모한 정책이다"라고 비판했다.

그러나 2016년 세수와 경제성장이 예상보다 호조 되어 실제로는 국가 부채비율이 40%를 넘지 아니하였다. 그런 그가 집권 2년 만에 관행적으로 지켜온 40%가 "40% 근거는 있나요?"란 대통령의 질문 한 마디로 관행적으로 지켜오던 마지노선을 토론 한 번 없이 쉽게 추월했다. 방만한 예산집행에 대하여 재정·경제·금융전문가들의 줄기찬 비판의 대응 조치로 실질적으로 구속력이 없는 재정준칙을 제정하기에 이른 것으로 보인다. 그러나 정부의 의지에 따라 곳간을 푼다면 얼마든지 풀 수 있는 재량성이 너무 넓어서 실익이 없게 되었다. 오히려 재정 방만한 운영에 면죄부를 주었다.

■ 재정 건전성 논쟁

국가채무비율은 재정 건전성을 보여 주는 지표 가운데 하나로서 중앙·지방정부가 갚아야 할 국가채무를 GDP로 나눈 값이다. 2020년 3차 추가경정 예산은 정부 재정 역사상 처음으로 그동안 관행적으로 지켜왔던 국가채무비율 40% 선을 초과한 43.5%였다. 재정 역사상 초유의 40% 초과가 발생한 것이다. 2019년 6월 16일 국가재정전략회의에서 대통령의 기재부장관에게 질책성 질문 이후 재정 확대 대하여 반대하는 경제 전문가와 찬성하는 정책 담당자들 사이에 첨예한 논쟁이 일어났다. 반대론자들은 "통일 재원은 물론 저출산·고령화 등을 고려할 때 향후 재정 수요가 폭발적으로 늘어날 가능성에 대비하여 국가채무비율을 낮게 유지해야 한다"고 주장한다.

찬성론자들은 "기준 금리 인하 등 통화정책이 탄력성을 잃었고, 공공투자를 늘려 성장 엔진을 깨워야 한다. OECD 평균 국가부채비율 110.9%에 비하면 한국 재정은 여유가 있다"라고 주장하며 과감하게 문 정권 집권 직후 추가경정예산 편성 등 가속 페달을 밟으며 재정 확대를 추진하였다. OECD 평균은 일본 225%, 이탈리아 156% 같은 빚더미 나라들이 끌어 올린 것이다. 나머지 중엔 30~40%인 나라가 대부분이다. NZ, 호주, 스위스 등이 그렇다. 대표적인 복지국가인 덴마크, 노르웨이, 스웨덴 등도 채무비율이 40%대이다.

정부 부채만 계산한 것이다. 한 나라의 재정 건전성은 여기에 가계 부채, 민간기업 부채, 공기업부채를 전부 합산해서 분석해야 한다. 실제 글로벌 평가사들이 국가의 신용등급을 산정할 때 '은행의 신용 위험'이란 항목을 통해서 가계와 민간기업 부채 그리고 공기업부채도 체크한다. 실제로 은행이 흔들리면 정부가 현실적으로 뒷감당하게 되니, 나랏빚과 가계, 민간기업, 공기업부채까지도 고려하며 신용평가사의 평가 기준이 된다. 이런 기준으로 계산하면 2019년 총부채 4,916조 원으로 GDP 대비 260%다.

1) 대외 의존도 높은 한국

한국은 대외 의존도가 경쟁국 중 가장 높은 국가이다. 대외 의존도란 수출금액과 수입금액을 경상 GDP로 나눈 비율을 뜻하는 것으로 2017년 대외 의존도 한국 68.7%, 중국 33.8%, 일본 27.9%, 미국 19.9%이다.[106] 세계 3대 신용평가사 중 하나인 피치는 "한국의 국가채무증가 속도를 주시하고 있다. 한국 정부가 재정 건전성을 지킨다는 약속을 못 지키면 신용등급 하락 위험으로 작용할 것이다.

한국의 국가채무비율이 오는 2023년 46%까지 높아지면 국가 신용등급에 하방 압력으로 작용할 수 있다. 코로나 위기로 정부 재정지출이 전례 없는 대폭 확대될 것을 우려하고, 한국 정부는 이미 상당한 규모의 확장적 재정정책을 써왔으며 우리는 정부의 지출 확대가 재정 여력의 악화로 이어질 가능성을 계속 주시할 것이다. 한국 정부는 재정 건전성을 잘 지켜왔고 앞으로도 그럴 것이라는 의지를 표현해 왔다.

그러나 그 약속이 지켜지지 않을 때 신용등급에 하방 위험으로 작용할 것이다. 국가 신용 등급 관점에서 채무비율이 낮으면 낮을수록 높은 평가를 받는다. 국가가 단기적으로 경기를 부양하고 중장기적으로

---

106) 2017년 무역협회, 한국은행, 대외 의존도=수출금액+수입금액/GDP

성장률을 높이는 데 재정을 어떻게 효율적으로 쓰느냐에 따라 신용등급에 영향을 미친다."[107]라고 발표했다.

국가채무는 국채를 발행하고 이를 소화하지 못하면 통화팽창을 가져온다. 국제무역이나 금융거래에 있어서 미국, EU, 일본, 영국과 같은 기축통화(基軸通貨, key currency)[108] 국가는 통화를 증발해도 바로 인플레로 직접 연결되지 않지만, 한국과 같이 기축통화 국가가 아닌 경우는 직접 인플레 유발 가능성이 크다. 통화 증발은 인플레로, 인플레는 원화가치 하락으로, 원화가치 하락은 국제 신용등급 하락으로 연결되어 외화가 해외로 빠져나가 국가 경제가 흔들리게 된다. 그게 1997년 12월 발생했던 한국의 IMF이었다. 그리고 국가채무는 다음 세대에게 부담을 안기는 것이다. 신용등급이 하락하면 국채이자가 급증하게 되어 재정악화가 증대된다. 해외자금 조달은 더욱 어려워지게 된다.

■ 구조적 재정수지(structural budget deficit) 악화

나라 살림을 보여 주는 주요 지표 중 하나인 '구조적 재정수지'[109]의 악

---

107) 피치 신용평가사, 제러미 쥬크 피치 아시아태평양 국가 신용 담당 애널리스트, 조선일보 2020.6.9.

108) 기축통화란 국제무역이나 금융거래에서 통용되는 중심 통화를 의미하며 오늘날의 기축통화는 달러USD, 유로화EUR, 파운드화GSP, 엔화JPY 등이 있다.

109)'구조적 재정수지'란 일반정부 재정수지에서 경기 변동에 따른 정부수입·지출 변화를 제거한 지표를 뜻한다. OECD에 따르면 2020년 한국의 구조적 재정수지는 잠재 국내총생산(GDP) 대비 0.86% 흑자로 추정한다. "외국보다 한국의 재정 건전성이 양호한 것은 사실이나 지표가 급속도로 나빠지고 있어 건전성 관리를 강화가 요구된다"는 보고서를 발표했다.

화 속도가 OECD가 집계한 33개 국가 중 그리스에 이어 두 번째 빠른 것으로 나타났다. '구조적 재정수지'는 긴급 재난지원금과 같이 일시적인 수입이나 지출을 뺀 경기 상황과 관계없이 구조적인 관점에서 나라 살림을 가늠할 수 있는 지표다. 2020년 6월 8일 OECD에 의하면 한국의 '구조적 재정수지'는 GDP 대비 0.86% 흑자로 추정된다. 이 지표가 플러스(+)라는 것은 일회성 수입이나 지출을 빼고 세입·세출 구조만 놓고 봤을 때 정부가 흑자를 내는 수준으로 재정 운영을 하고 있다는 뜻이다.

한국의 구조적 재정수지는 미국 적자 6.54%, 일본 적자 3.44%, 독일 흑자 0.36%에 비하여 양호한 편이다. 그러나 한국의 구조적 재정수지에 영향을 미치는 국가채무의 방만한 확대가 급속도로 악화하고 있다는 점이다. 지난 2009년 리먼 브러더스 금융위기 사건[110]과 1997년 IMF 금융위기를 비교적 빠른 기간에 안정적으로 극복할 수 있었던 것도 국가 채무비율이 낮았고, 구조적 재정수지가 양호했기 때문이었다.

그런데 한국의 구조적 재정수지가 2018년 3,37%였으나, 2019년 2,14%로 전년 대비 2.3% 포인트가, 2020년 0,86%로 전년 대비 1.28% 포인트가 계속 흑자 폭이 줄었다. 집계된 33개 국가 중 한국보다 구조적 재정수지가 빠르게 악화한 국가는 그리스뿐이다. 2000년 그리스의

---

110) 리먼 브러더스 금융위기 사건; 2008년 세계적 투자은행인 리먼 브러더스의 파산으로 시작된 금융위기 사태 2008년 리먼 브러더스(Lehman Brothers)의 파산으로 시작된 금융위기를 일컫는다. 리먼 브러더스는 1850년 설립된 세계적인 글로벌 투자은행(IB, Investment Bank)으로 미국 내에서 골드만삭스, 모건 스탠리, 메릴린치사 다음으로 큰 규모를 가지고 있었다. 리먼 브러더스는 2008년 9월 15일 미국 연방법원에 파산을 신청했다. 당시 부채는 6,000억 달러 이상으로 미국 역사상 가장 큰 파산이었다.

GDP 대비 구조적 재정수지는 전년 대비 2.21% 포인트 줄었다. 그리스는 계속 방만한 재정 운영으로 2009년 구조적 재정수지는 적자 17.4%에 달했다. 그리고 찾아오는 국가 디폴트[111] 직전까지 갔었다. 그리스는 EU 가입국으로 EU 도움으로 가까스로 디폴트(default)는 면했으나 지금도 회복하지 못하고 EU 국가 중 가장 높은 실업자(실업율 20.6%)를 양산하였고 경제는 아직 회복을 못하고 있다. 실업률 순위 스페인(16.1%), 이태리(11%)가 뒤를 이어지고 있다.

구분	신용등급 GDP 대비 국가 채무 증가 비율	/GDP대비/부채비율	/연도 신용등급 S&P 기준	비고
스페인	AAA/35.% /2007	AA/ 69.5%/2011	A/ 97.1%/2018	
이탈리아	AA+/53.5%/1980	AA/102.2%/1992	BBB /135.5%/2019	
그리스	/22.5%/1980	/100.3%/1993	/184.9%/2019	

정치권이 재정운영에 깊이 관여하면 국가 채무가 증가하게 되고, 국가 채무가 GDP 대비 높은 나라는 정부 포퓰리즘으로 연결 되고, 장기 집권으로, 그리고 독재로 이어지면서 국가 경제는 급속도로 기울어지는 것이 일반적긴 경향이다. 포퓰리즘은 국민과 국가는 안중에 없고 오로지 유일한 목적이 그들의 장기 독재집권에 있다. "국가채무증가-포퓰리즘-장기독재" 이 3자는 일란성 3쌍둥이다. 남미에서는 베네수엘

---

111) 그리스의 채무불이행(디폴트): 2015.5.위기가 고조되면서 국내 산업계도 긴장하고 있다.그리스와의 직접 교역 규모는 작지만 그리스 사태가 유럽 전역으로 확산된다면 수출 타격이 불가피하다. 특히 조선업계는 리먼 브라더스 파산 이후 불거진 글로벌 금융위기 상황이 재연되는 것 아니냐고 우려하고 있었으나 그리스는 EU 가입국으로 EU의 지원으로 가까스로 디볼트는 면했다.

라, 아르헨티나가 포퓰리즘 국가의 대표적인 나라다. 2020년 현재 집권 중인 한국정부의 급속한 채무증가, 포퓰리즘, 삼권 분립이 사실상 무너진 제왕적 대통령, 언론·집회·결사 통제, 큰 정부 등 유사 전체주의는 국가발전을 위하여 우려하는 바 크다(제9 전략, 포퓰리즘 참조).

■ 급속한 세율인상

부동산 세제는 보유세보다 거래세 부담이 컸으나 거래세보다 보유세율을 대폭 인상하였다. 주택 등 부동산 공시가격을 시가의 70%보다 하향 공시하였으나 단계적으로 90%까지 인상할 계획이다.

종합부동산 다주택자의 세율은 2%/2019년-3.25%/2020년-6%/2021년, 그리고 1주택자의 같은 기간 2.0%-2.7%~3% 인상했다.

소득세의 최고세율을 38%/2016년-40%/2017년-42%/2018년-45%/2021년 인상했다. 국세의 10%인 지방소비세를 합산하면 49.5%로 선진국(OECD) 국가 중 최고세율 국가다. 양도소득세의 최고세율은 42%이고 2주택 자에게 10%를, 3주택 자에게 20% 추가로 세율을 가산한다.

2019년에는 세금·4대 공적연금은 국민 한 사람당 평균 1,014만 1000원 부담으로 사상 처음으로 1000만 원을 돌파했다.

2) 한국의 재정 상황

국가부채(D1)는 중앙정부 채무와 지방정부 채무 합계, 일반정부 부채(D2)는 D1과 비영리 공공기관 부채 합계, 공공 부분 부채(D3)는 D2

와 비금융공기업부채 합계다.

국가부채D1 = 중앙정부 채무 + 지방정부의 채무
일반정부 부채D2 = 국가부채D1 + 비영리 공공 부채
공공부분 부채D3 = 일반정부 부채D2 + 비금융공기업 부채

첫째, 국가채무 증가 속도가 너무 빠르다.

정부 발표 '중기재정전망'에 의하면 2017년 GDP 대비 36%에서 2022년 50.9%로 거의 15% 포인트 올라간다. 순채무 증가액이 410조 1000억 원이다. 정부 예산상 어느 정부도 이처럼 가파르게 그리고 크게 증가한 사례가 없다. 2008년 글로벌 금융위기를 극복할 때에도 국가 채무비율은 2007년 27.5%, 2010년 29.7%, 2013년 32.6%로 비교적 완만히 증가하였다. 경제의 안정적 운영과 대외신용도의 버팀목인 재정건전성에 빨간 불이 켜졌다는 비판이 나오는 이유다.

둘째, 절대적인 국가 부채비율이 낮다고 볼 수 없다.

나랏빚은 계산할 때 몇 가지 기준이 있는데 우리 정부는 국가채무(D1)를 활용한다. 이를 근거로 정부는 국가채무 비율이 OECD(경제협력개발기구) 평균인 110%대보다 훨씬 낮아 문제가 될 것이 없다고 강조한다. OECD는 D1에 비영리 공공기관 부채를 합한 일반정부 부채(D2)를 주요 기준으로 계산한다. 여기에 비금융공기업의 부채(D3)까지 감안하면 한국은 더욱 위태롭다. '중기재정전망'에 따라 추계하면 한국의 D3은 2024년 1,885조원 GDP 대비 81.5%로 증가한다. 보수적으로 계산한 것이다. 불과 4년 후의 현실화를 추정한 것이다. OECD 회원국은 민영화

확대로 한국만큼 공기업이 많지 않다. 2018년 기준 한국의 비금융공기업 부채의 GDP 대비 20.5%는 OECD 회원국(일본 16.4%, 평균 9.7%, 호주 8.3%, 멕시코 9.5%, 영국 1.3%) 중 가장 높다. 이런 특수성을 감안하면 한국의 국가부채를 D3 기준으로 국제 비교하는 것이 타당하다.

여기에 미래에 재정에서 부담해야 할 공적 연금(국민, 공무원, 사학, 군인)의 충당부채까지 포함하면 GDP 대비 국가부채 비율은 2024년 130%를 넘을 것(총 2,961조 원)으로 분석된다. 한국의 GDP 대비 연금충당부채비율은 2018년 기준 49.6%로 OECD 회원국 (호주 24.5%, 캐나다 15.1%, 스웨덴 9.0%, 미국 31.2%) 중 최고 높은 수준이다. 결국, 미국 일본처럼 기축통화를 보유했거나 사회적 자본이 탄탄한 OECD 선진국과 단순 비교하여 재정 여력이 튼튼하다고 판단하는 것은 근시안적 사고이며 심히 우려되는 바 크다. 재정은 보수적으로 판단해야 안정적이다.

셋째, 적자재정의 경제성장에 대한 기여가 제한적이다.

최근 국가 과잉채무(Public Debt Overhang) 이론이 학계의 조명을 받고 있다. 국가채무비율이 90%를 초과하면 재정의 악화로 저금리·저성장으로 이어진다는 내용이다. 그리스, 이탈리아, 일본이 전형적인 국가이다. 한국은 4~5년 후면 90%(D3 기준)에 가까이 접근한다. 여기에 한국은 세계 최저 출산율과 최고 수준의 고령화 속도까지 감안하면 재정안전 정책이 더욱 절실한 나라이다. 한국은 2018년 고령화 사회로 진입했다. 유럽 선진국이 고령화 사회로 진입할 때 국가 부채비율이 한국보다 훨씬 낮았다. 앞으로 적자재정의 기여도가 빠르게 위축될 수밖에 없다.

넷째, 이전(移轉)지출의 확대의 효과는 제한적이다.

2020년 1차 긴급재난지원금은 줄어든 가계소득을 보전해 주는 효과가 있는 것으로 분석했다. 그러나 소비증대로 이어지지 않아 경제 활성화는 기대에 못 미쳤다. 이는 미래에 대한 불확실성 때문에 저축한 것인데, 이런 상황 속에서 2차 재난지원금의 추가 지급이 정부가 원하는 효과를 거두지 못한 것이다.

다섯째 2021년 예산 중 복지 지출 약 200조 원은 전년 대비 10.7% 증가한 것으로 총예산의 35.9%에 해당한다. 복지 지출의 효과를 거두기 위해서는 어떻게 나눠주고 어떻게 쓰느냐가 중요하다. 기존의 중첩된 복지제도 복잡한 전달체계는 그대로 놔두고 그 위에 또 제도를 만들고 지출을 늘리기 경쟁체제(?)는 비합리적일 뿐만 아니라 수혜자에게 의존성을 길러주고(의존경로) 예산집행의 성과는 저조하게 된다. 2020년 추가경정예산을 4차나 편성한 재원은 거의 국가채무에 의존한 것으로 막대한 예산 증액할 때마다 국가부채는 비례적으로 증가하였다. 지금과 같은 부채를 수반한 재정 확대와 국가부채의 누적적인 증가는 과거 어느 때보다 기회비용과 희생을 치러야 한다. 정책당국이 이에 대한 배려와 인식이 부족하다고 판단된다.

기재부 장관은 대통령의 부채비율 40%를 깨라고 질책성 질문을 할 때 각종 데이터와 OECD 등 선진국의 사례를 들어 설명하고 설득했어야 했다. 대통령에게 재정 안전성에 대한 진지한 건의 설명이 없었다.

권태신 한국경제연구원장은 증언한다. "민간인이 할 일을 정부가 하면 돈만 들고 효율은 떨어진다. 차라리 감세하라. 재정적자 때문에 1984년 예산을 동결했다. 사상 최초로 국방 예산도 삭감했다. 육군 장성들이 권총을 찬 채로 경제기획원에 들이닥쳤다. 문희갑 당시 예산실장은 그래도 버텼다. 그렇게 지켜온 재정이다. 이런 각오가 없으면 '빚을 떠넘긴 정부'라는 오명이 남을 것이다."[112] 1984년 전두환 5공 집권 기간은 그 어느 때 보다 군인들의 권세가 당당하고 강력한 시절이었다. 그런데도 그 압력을 이겨내 재정의 건전성을 지켰다는 것은 한국 재정 역사에 큰 의미가 있다. 만성적인 적자에도 공공부문 일자리 창출에만 열을 올렸던 그리스, '잃어버린 10년' 탈출을 위해 빚을 증대시켜 공공투자에만 집중했던 일본의 사례가 오버랩된다. 우리 경제가 '그리스+일본'식 복합형 불황에 허덕이다가 나라 곳간이 거덜 날까 우려된다.[113]

3. 재정준칙 정책 제안

1) 재정준칙 외국 사례

■ 독일

독일은 2009년부터 헌법에 부채 브레이크를 도입하여 재정적자 규

---

112) 권태신, 한국경제연구원장, 「중앙일보」 2020.10.5 "나랏빚 급증, 코로나 세대 영원한 패배자 될 수도"
113) 구정모, 대만 CTBC 비즈니스 스쿨 석좌교수, 「중앙일보」 2020.9.10. "공기업부채까지 더하면 2024년 국가부채비율 82%"

모를 GDP의 0.35%로 관리하고 있다. 2011년부터 채무제동장치가 적용되어 원칙적으로 균형예산을 요구한다. 자연재해나 경제위기에는 예외를 인정하지만 확실한 상환계획을 제시해야 한다. 2012년 새로운 협약에 따라 17개의 유로 국가들은 채무제동장치를 헌법적 수준으로 규정할 의무를 부담하고 있다.

■ 독일 국가 채무관리(debt break) 성공 비결

독일의 재정학자 자유 베를린대 교수 크리스티안 카스트로프[114]는 "복지 확대에 필요한 모든 재원을 빚으로 조달할 수 없으며, 재정 건전성 회복을 위해 세금을 더 걷거나 기존 예산을 감축하려는 노력이 필요하므로 '부채 브레이크'가 필요하다"라고 강조한다. 독일은 2011년 국가부채 GDP 82.3%에 달했던 채무비율을 2019년 59.8%까지 낮추며 선진국 중 거의 유일하게 부채 줄이기에 성공한 나라다. 반면 그리스, 이탈리아, 스페인, 일본 같은 나라들은 한때 재정상태가 양호했으나 한번 늘어나기 시작한 국가채무를 감당하지 못해 결국 빚더미에서 헤어나지 못하고 있는 실정이다.

카스트로프 교수는 "2009년 독일 헌법에 도입된 '부채 브레이크' 조항이 지금까지 독일이 재정 건전성을 유지하는데 결정적인 역할을 했다"고 설명한다. 정부의 재정적자를 2010년부터 줄여나가기 시작하여

---

114) 크리스티안 카스트로프: 자유 베를린대 명예교수, OECD 정책연구국장, 독일 재무부 관료 역임.

GDP의 0.35% 이내로 유지하는 원칙이다. '부채 브레이크' 설계자로 불리는 그는 "독일은 코로나 위기에 대응하기 위하여 당장은 예외 규정을 발동해 재정 지출을 크게 늘리고 있지만, 위기가 끝나면 '부채 브레이크'에 따라 즉시 채무감축에 나서게 된다"고 설명한다. 독일 통일은 예상했던 것 보다 정말 많은 비용이 소요 되었다. 통일이라는 국가적 과제를 안고 있는 나라는 재정 건전성 유지는 절실히 요구된다. 독일은 1991년(1990년10월3일 통일)도에 GDP 39%의 국가 채무를 유지할 만큼 재정이 튼튼했으나 통일 비용으로 20년간 2조 유로(약2700조원 추산)를 쏟아붓다시피 지출하였고, 통일 후 장기 불황, 저 성장이 이어지면서 2010년에는 채무비율이 82.3%까지 높아졌다.[115]

한국은 통일 비용이 독일보다 더 크리라는 것이 전문가들의 분석이다. 독일은 통일 직전 동독의 GDP가 서독의 16%였지만, 북한의 2018년 GDP $197.5억[116]은 한국 $1조7254억[117]의 1.14%에 불과하기 때문이다. 한국개발연구원(KDI)은 1991년 통일 비용을 $3조(3,600조 원)로 추산하였다. 독일은 헌법상 '부채 브레이크'를 지키기 위하여 실업자에 대한 복지비, 양육비, 주거비 지원 축소, 공무원 신규채용 및 보수 감축 등 강력한 긴축정책을 펼쳤다.

---

115) 조선일보, 2020.6.10. "독일, 헌법에 '부채 브레이크' 못 박아 채무비율 20% 낮췄다."

116) 2018년 북한 GDP $197.5억 계산. 북한은 통계를 발표하지 아니하며 혹여 발표하더라도 신뢰할 수 없다. 인공위성으로 야간 촬영하여 추산한 결과 1인당 GDP $790 곱하기 2500만 명=$197.5억 자유아시아방송(RFA)

117) 통계청

■ 미국

의무지출 증가나 세입 감소를 내용으로 하는 새로운 입법을 할 때 반드시 다른 지출을 감소하거나 세입 증가 등 재원조달 방안이 동시에 입법화 등으로 법률에 따라 채무 한도를 통제한다.

■ 프랑스

법률로 규정하고, 구조적 재정적자(경기 순환과 관계없이 유지되는 적자)를 GDP 0.5%를 유지하고 있다.

■ 영국

GDP 대비 공공부문 순채무 비율을 전년도 보다 감축한다.

■ 스위스

2003년 강력하고 실효성 있는 채무제동장치(Schuld bremse)[118]를 연방헌법에 도입 시행하고 있다. 첫째, 균형예산의 원칙 둘째, 지출 상한액의 원칙 셋째, 예외 인정의 원칙 즉, 특별 재정 수요가 발생한 경우 의회 정족수로 의결하여야 한다. 넷째, 제재 메커니즘의 원칙 즉, 수입 초과액을 지출한 경우 후속 연도에 상환한다. 다섯째, 입법 의무 원칙 즉, 구체적인 것은 법률로 정한다. 채무제동장치는 2006년에 균형예산을 편성하였고 재정위기와 경제위기를 극복하는 데 기여했을 뿐 아니라

118) 이기우, 중앙일보, 2019. 12. 30. 같은 글.

국가 경쟁력을 높이는데 크게 기여한 것으로 평가받는다.

2) 재정준칙 정책 대안

첫째, 국가부채의 상한선을 GDP 대비 46%와 연간 통합재정수지 적자비율 0.5%로 하며 부채비율과 재정수지 비율을 통합 운영함으로 양자 중 하나라도 초과할 수 없도록 해야 한다. 둘째, 예외 기준은 가장 보수적으로 정하되 Rule of Pay-Go[119]을 지키며 의회 승인 조건으로 한다. 셋째, 실행 시기는 2021년부터 실시한다. "신용평가 할 때 피치(Fitch)[120]는 채무비율이 46% 넘으면 신용등급 하락 압력이 된다. 신용등급이 하락하면 '외화 자금 이탈-금리 인상-기업 자금난-연쇄부도'로 이어진다. 제2의 외환 위기가 올 수 있다. 해외자금이 10~20%만 빠져나가도 위기가 온다. 외환위기 때 채무비율(10%)이 높았다면 위기에 빠져나오지 못했을 것이다"(권태신 원장).

세계은행 보고서에 의하면 2014년 아르헨티나 국가채무비율이 40%일 때 실업률이 7.35%였는데, 국가채무비율이 90%인 최근에는 9.8%로 증가했다. 유럽 재정위기 국가들의 위기 전후에 실업률이 폭증했다. 2008년에서 2013년 사이에 그리스는 7.8%에서 27.5%로, 스페

---

119) rule of pay go'페이고법'은 국회에서 입법 발의 시 재원대책도 의무화하는 법안으로, 이 법안이 시행되면 이전까지 국회의원들이 법안 발의 실적을 위해 최소한의 예산도 고려하지 않고 무조건 발의부터 했던 관행이 크게 개선될 것이다. 또한, 그동안 선거 때마다 후보 간에 남발되었던 선심성 공약도 쉽게 할 수 없으므로 국민의 행복한 삶의 향상을 위한 복지정책들이 마련될 것이다.

120) 3대 국제신용평가회사; Moodys/미국, S&P/미국, Fitch/영국

인은 11.3%에서 26.1%로, 아일랜드는 6.8%에서 13.8%로 각각 치솟았다. 한국도 청년 실업률 2016년 22%보다 국가부채가 급속도로 상승한 2020년 26% 상승했다(통계청).

문제를 해결하는 방법은 지속적인 건전한 재정관리가 첩경이다. GDP 대비 국가채무비율의 급증을 막거나 완만하게 하려면 분자에 해당하는 국가채무의 총량을 관리하거나 분모에 해당하는 GDP를 증대시켜야 한다. 이러한 관점에서 재정준칙을 통하여 국가채무의 총량 자체가 커지는 속도를 관리하는 것으로부터 출발해야 한다. 같은 재원을 활용하더라도 경제를 성장시키는 효과가 있는 곳에 지출해야 한다. 따라서 현 정부 들어와서 예비타당성 조사가 면제되는 사례의 확대는 즉흥적 결정에 따라 예산 방만 운용으로 낭비가 우려된다. 이 부분에 대한 기재부 장관의 책임이 크다. 부채 총량 관리와 함께 경제성장에 긍정적인 영향을 미칠 수 있는 사업인지 정부 사업의 경제성 평가를 엄격하게 강화할 필요가 절실하다.

2010년 금융위기 이후 한국 경제의 조세 고통지수(예산증가율/경제성장률)를 보면 2010년 0.43, 2012년 2.21, 2017년 1.16, 2018년 2.63, 2019년 4.52로 분석된다[121](제9 전략, 포퓰리즘 참조).

---

121) 중앙일보, 2020.9.3. "문 정부가 늘린 나랏빚, 미래세대 1인당(0-29세) 세부담(소득세, 소비세) 2002만원"

제3 전략,
규제혁파(Regulations Revolution)

1. 규제혁파는 기업의 족쇄를 푸는 길이다.

행정규제란 국가, 지방자치단체 또는 행정청으로부터 일정 범위를 위탁받은 개인, 단체, 법인 등이 특정행정 목적을 달성하기 위하여 개인 또는 법인(국내법 적용을 받는 외국인 또는 외국법인 포함)의 권리를 제한하거나 의무를 부과하는 내용을 법령, 조례 규칙에 규정된 사항을 뜻한다.

국가에 따라 기업에 대한 규제를 '법령으로 정한 범위는 허용되고 그 이외에는 규제를 받는 제도'를 포지티브 규제(positive regulation)라 하고, 반대로 '법령으로 정한 범위만 규제를 받고 그 이외에는 허용되는 제도'를 네거티브 규제(negative regulation)라 한다. 전자는 규제가 포괄적으로 범위가 넓고 관료의 간섭이 많은 후진국형이며, 후자는 규제가 비교적 적은 것으로 선진국형이다. 한국은 일반적으로 전자를 채택하고 지극히 예외적인 경우 후자를 적용하고 있다. 그리고 규제를 축소하고자 정부는 규제개혁위원회를 운영하고 있다. 그러나 아직도 미흡

할 뿐 아니라 공무원을 증원하고 있다(업무량에 비하여 공무원이 많으면 공직기강 해이 해지거나, 규제가 강화되는 속성이 있다). 하루속히 네거티브 시스템으로 전환해야 한다. 창의성에 기초한 4차 산업 시대에 자유롭게 창업하고 경쟁력 있는 기업환경을 만들어 지원해야 한다.

기업에 대한 규제의 유형은 하나는 기업이 원하는 것을 못하게 하는 것이고, 다른 하나는 기업이 원하지 않는 것을 강제하는 것이다.

정부규제로 한국 산업발전에 얼마나 발목을 잡는지?

(2018년 9월 12일 조선일보 기사)

현대자동차:
차량 공유업체 미국 '미고', 인도 '러브'에 투자, 동남아 '그랩' 268억 투자.

네이버:
일본 핀테크 사업에 1조 원 투자, '그랩'에 $1억5000만 투자.

카카오:
블록체인 개발회사 일본에 설립, 카카오T 수익모델 찾기 위해 일본 진출.

SK(주):
'그랩'에 810억 투자, 미국 차량 공유업체 '투로'에 투자.

마크로젠:
희소질환 유전자 분석 서비스 미국 등 출시, 중증질환 유전자 서비스출현계획.

건물 하나 짓는데 심의 40개 통과해야. 최소 425~480일 소요

"건축 허가를 신청하면 40개 심의를 거쳐 허가가 나기까지 대규모

건축물의 경우 최소 425~480일이 걸리는 것으로 조사 됐다"고 승효상 국가건축정책위원장(대통령 직속기구)은 주장한다.[122]

4차 산업 시대에 현행 positive 규제에서 일자리를 정부가 직접 창출하겠다는 발상은 시장경제에 무지함의 발로이다. 이는 사회주의 경제체제로서 성과 없는 부작용만 발생한다. 사회주의 기획경제체제는 1990년 전후에 소련을 비롯하여 동구권 모든 국가가 실패한 검증된 제도이다. 동구권 모든 나라가 예외 없이 망하고 자유민주주의 체제로 레짐체인지(Regime Change) 것은 예외 없는 사회주의 체제가 가져온 결과였다. 경제가 무너지면 체제가 무너지고, 나라가 무너진다. 정치와 경제는 악순환하게 된다. 기업인이 신나게 사업할 수 있도록 지원하고, 산업에 필요한 인프라(SOC)를 구축하고 정부가 개입하지 아니하면 기업은 필요에 따라 일자리를 창출하게 된다. 하루속히 규제 천국에서 해방되어야 한다.

2. 한국의 규제상황

2019년 초 대통령은 30대 재벌 총수와 대화 시간을 갖게 된다. 이때 총수들은 한결같이 대통령에게 최우선적으로 '규제혁파' 요구였다. 정부는 가시적으로 어떤 규제를 개선했는지 알려진 바 없다. 문정권 집권 후 3년 동안 규제 8,600개를 강화했거나 신설했다. 하루 평

---

122) 중앙일보, "건물 하나에 심의 40개" 2019.9.19. B52.

균 8개의 규제를 양산하고 있으며,[123] 현행 258개 경제법령상 기업 또는 CEO에게 2,600여 개 형사 처벌조항이 있고, 이중 CEO 처벌조항은 2,205개가 있으며, CEO가 몰랐거나 통제 불가능한 경우에도 사업주가 현행 산업안전보건법 등을 위반하면 5년 이하의 징역, 5,000만 원 이하 벌금에 처하는 규정이 583개에 달한다.[124] 한국의 CEO는 교도소 담장 위를 걷는 현실 상황 속에서 기업경영에 몰두하기에는 힘든 기업환경이다. 범법자를 각오하지 않고는 CEO 취임할 수 없는 현실이다. 정부와 지자체는 경쟁이라도 하듯 행정법령을 양산하여 규제를 확대 강화하고 있다. 행정법령에 따른 처벌규정은 법률에 위임된 '위임명령'에 한하도록 헌법에 규정하고 있다. 2020년 6월 민주당 절대 다수당이 된 여권에서는 그야말로 경쟁하듯 규제법률 제정·개정안을 봇물 터지듯 제안하고 있는 실정으로 어디까지 갈 것인지 우려하고 있다.

사유재산권 보장이 필요하다. 그러면 아무도 국민의 재산을 임의로 가져갈 수 없다. 그러면 사람들은 이익을 위해 재산을 자유롭게 사고 판다. 시장경제가 보장되면 사람들은 새로운 방식으로 자원을 결합시켜 부를 창출하며 그 과정에서 일자리가 만들어진다. 정부가 값비싼 일자리에 세금을 낭비함으로써 더 나은 그리고 지속 가능한 일자리를 몰아 없애 버리고 있다. 정부의 개입으로 심각한 손상을 받지 않는다면, 때가 되면 경제는 스스로 회복된다. 규제로 예측이 불가능하거

123) 2020.11.7. 한국경제연구원 조경엽 박사 증언, 공병호tv.
124) 조선일보, 2019.11.14. "직원 실수도, 왕따 사건도---CEO 형사 처벌조항 2,205개" 2018.12.29. 사실 "이래서 한국에서 사업하겠다는 사람 나오겠나?"

나 이해할 수 없을 때 사업가는 고용을 주저한다. 미로처럼 복잡한 노동법규 때문에 해고를 마음대로 할 수 없다면, 새로 뽑은 근로자는 위협적인 존재가 될 것이고, 이때 사업가는 고용을 주저하게 된다. 정부가 단기적 알바 일자리 만들기는 어렵지 않다. 그러나 부를 창출하는 일자리를 만드는 것이 어렵다.[125] 정부가 일자리를 만들기를 원한다면 전반에 걸쳐 각종 규제를 줄이고 세금을 삭감하면 된다. 특별대우를 해주며 특정 기업을 지목하는 일은 필요 없다.[126]

기업들이 해외로 눈 돌리는 배경은 중층적이다. 단순히 값싼 인건비뿐 아니라 '기업하는 환경'이 더욱 중요한 영향을 끼친다. 세계경제포럼(WEF)이 2016년 평가한 한국의 규제환경은 138개 국가 중 105위를 차지할 정도로 열악하다. 미국-29위, 일본-54위, 독일-18위에 비해 너무 차이가 난다. 2017년 OECD 발표 경제자유도 조사에서 세계 159개 국가 중 75위, OECD회원 37국가 중 23위였다. 여기에 경직된 노동환경과 강성노조는 일자리 감소요인에 결정적 역할을 했다. 중앙일보와 전경련이 공동조사에 의하면 주요 7대 기업 2010년~2016년 국내 고용인원은 연평균 1.4% 증가한 반면, 해외에서는 연평균 9.3% 증가하였다. 기업은 해외로 줄을 이어 탈출하는 것이다. 일자리가 계속 줄어드는 것이다. 정부는 일자리 창출한다고 야단법석이다.

---

125) 존 스토텔(조정진 외 역), 『왜 정부는 하는 일마다 실패하는가』 서울, 글로세움, 2012. pp. 36-42.

126) 존 스토텔(조성진 외 역), 같은 책, p. 55.

그러나 일자리는 기업이 하는 것이지 정부 몫은 아니다. 정부는 일자리 창출할 수 있도록 멍석을 깔아 주는 것이다. 그게 SOC를 깔고 각종 규제를 풀고, 법치주의를 앞장서서 준수하고, 노조의 한없는 횡포를 법대로 치리하고 유연한 노동시장을 확대하고, 공무원 수를 축소하는 것이다. 그런데 정부는 이와 반대되는 정책을 아무런 생각 없이 규제를 폭주한다. 기업을 국내로 끌어드리는 리쇼어링은 해야 하는데 하는 일마다 오히려 기업을 해외로 쫓아내는 오프쇼어링만 하고 있다. 미숙해서 그런지, 무지해서 그런지, 사업을 못 하도록 심술부리는지 알 수 없는 일이다. 아마도 3자가 모두 해당될 것이다.

■ 트럼프의 규제혁파

미 트럼프 대통령은 2017년 1월 20일 취임 1주일 만에 규제 1,700개를 폐기하고, 법인세율 인하하는 대통령 행정명령을 선포하여 시행하였다. 특히 1개 규제를 추가할 때 2개의 규제를 폐기(Two for One)하도록 제한했다.

한국 기업이 해외로 탈출하는 가장 큰 이유는 정부규제와 강성귀족 노조와 이를 방관하거나 사실상 옹호하고 범법행위를 눈감아주는 정부와 노조의 법치주의 위반 때문이다. 현 정부 집권 후에 반기업 정책의 원인이 크다. 해외에 진출한 기업체 일자리 수를 337만 개로 집계한다. 그중 30%만 들어와도 100만 개 일자리 창출이 무난하다. 정부는 제대로 Reshoring 정책을 시행해야 함에도 오히려 기업을 해외로 몰아내는 사실상 결과적으로 *Offshoring* 정책을 쓰고 있다.

*밀폐용기 제조업체 락앤락 김준일 회장은 39년간 일군 회사를 홍콩계 사모펀드 어피니티에 6,293억 원에 양도하고 베트남에 빌딩을 짓고 임대사업을 한다. *토종 화장품 AHC의 창업주 이상록 회장은 40대 중반의 한창나이에 1조 원에 미국계 사모펀드 베인캐피탈에 양도하고 강남의 고가 부동산을 매집했다. *보톡스 벤처회사 휴젤은 역시 베인캐피탈에 1조 원에 양도하였다. 이들 회사의 공통점은 첫째, 매출 2,000억-5,000억 원에 당기순익 1,000억을 내는 알짜 중견기업이고, 둘째, 해외에서 절반 이상의 매출을 올려 '글로벌 기업'이며, 셋째, 뛰어난 경쟁력을 지니고도 자력 성장을 중단한 채 외국계 사모펀드에 팔렸다는 점이다.

우리는 항상 독일의 '글로벌 강소기업'을 선망하고 있다. 역대 정부가 그토록 공들여 키우고 싶어 했던 것도 이런 업체들이었다. 이런 성공신화를 팔아넘기고 그 돈을 빌딩에 묻어두는 게 새로운 투자공식으로 굳어졌다는 것과 더 큰 문제는 이런 변신에 다른 기업인들의 부러움을 사고 있다는 것이다. 요즈음 '기업할 맛이 안 난다'는 것이다. 최근 기업인 사이에 하루빨리 기업을 접고 대신 부동산에 돈을 묻어 둔 채 세계여행이나 다니며 편하게 사는 게 다급한 꿈이라고 한다.

■ 기업이 몸 사리는 이유

이렇게 몸 사리는 이유는 너무나 많이 있다. 이 정부 들어서 심화 되었다. 정부는 일자리 창출을 기업이 하는 것이 아니고 정부가 하는 것으로 알고 있다는 데 그 문제의 심각성이 있다.

첫째, 기업하기에 너무 위험하다. 한국의 대기업 오너라는 직업은 가장 위험한 직군으로 분류되었다. 5대 그룹 중 4명의 오너가 감방을 경험했고, 10대 그룹으로 넓혀도 60%가 전과자다. 여기에다 기업 망신주기와 압수수색이 번번이 반복되면서 멀쩡한 대기업이 거의 없을 정도다. 삼성은 공정위, 금융위, 고용노동부, 검찰에 돌아가며 두들겨 맞고 법원에 항시 재판 중이다. 그리고 그룹 총수가 옥중경영을 하고 있다. 한진그룹은 이 정부 들어선 후 경영자 책임도 있지만, 기업 관련 정부 각 부처 9곳에서 동시 다발적으로 끝도 없이 두들겨 맞다가 병약한 총수는 사망하고 주류기업인 KAL은 동종업체인 아시아나와 합병 절차를 밟고 있는데, 수년 내에 3대 후계 경영권 유지기가 어려울 것으로 예단이 쉬워졌다.

2022년 또는 2024(50인 이하 사업장)부터 시행하는 중대재해기업처벌법(중대재해법)은 사망 사고 발생 시 대표이사 또는 안전사고담당 이사는 1년 이상 징역 또는 10억 이하 벌금(법인은 50억 이하의 벌금) 처벌한다. 이는 주요국 안전·보건 조치 위반 시 가장 높은 체벌과 벌금액이다. 사망뿐만 아니라 부상 및 질병에 대해서도 처벌한다. 동일 사고로 근로자 2명 이상 중상일 때는 경영자는 실형을 받는다. 한국은 이미 산업안전보건법에 따른 안전사고에 대한 처벌법이 있음에도 중복해서 처벌을 강화했다.

둘째, 정책은 업종, 크기, 지역, 관계없이 비탄력적인 최저임금 급속한 과잉 인상과 주 52시간 근무제, 법인세율 인상 등이다. 경제학에서 부자와 기업가는 구분한다. 기업가는 새로운 가치를 위해 위험을 감수하고 과감하게 투자하는 자요, 부자와 건물주는 지대추구(地代追求, rent seeking)[127]한다. 노벨경제학상을 받은 윌리엄 보몰(W. Baumol)은 "토지세나 임대료 같은 지대추구(rent seeking)가 만연하면 그 사회는 쇠퇴한다"고 주장한다. 그래서 전 세계는 기업가정신을 살리기 위하여 법인세와 상속세를 인하거나 상속세의 경우 폐지한 나라가 늘어나고 있다(제4 전략, 세율인하 참조). 경제성장의 동력은 소득이 아니라 생산성이라는 것이 과학적으로 입증된 경제이론이다.

폴 크루그먼은 "생산성이 단기적으로는 전부는 아니지만, 장기적으로 보면 거의 전부"라고 주장한다. 30대 그룹에 거의 900조 원 전후 사내 유보금이 있다. 이를 빌딩 대신 연구개발(R&D), 설비투자 등 신·증설로 유도하여 기업의 활성화를 유도해야 한다. 주한 유럽상공회의소(ECCK) 회원사 350여 개, 직원 5만여 명, 매출 71조 원에 이른다. 매년 규제백서(White Paper)를 발표한다. 그 백서를 보면 규제 내용과 건의안을 정부에 제시한다. 한국 정부는 이에 대한 책임 있는 코멘트와 결과를 홍보할 필요가 있다. "한국은 세계에서 유례가 없는 독특한

---

127) 지대추구: 정부와 민간(개인이나 기업)의 관계에서, 민간은 정부로부터 어떤 활동을 독점적으로 허가받을 경우 경쟁 상태보다 더 높은 이윤(초과이윤)을 얻을 수 있다. 이와 같은 부(富)의 이전을 꾀하는 로비 활동을 지대추구행위라고 한다. 문제는 지대추구행위(로비활동)에도 비용이 발생하는데, 이는 비생산적 비용으로서 사회적 낭비에 해당한다.

(unique) 규제들이 많은 갈라파고스(Galapagos)[128] 규제 국가입니다"라고 주장한다.

문 대통령은 2019년 3월 28일 외국인투자기업(외투기업) 경영인들과 간담회를 가졌다. 여기서도 주제는 '규제혁파 요구'였고 대통령은 "규제 샌드 박스 제도를 적극 활용하고, 내거티브 제도로 전환, 노동 유연성을 높일 수 있게 돕겠다"[129]고 약속 했다. 과연 약속을 얼마나 지켰는지 알려진 바 없다. 대통령이 약속했으면 관계 부처는 약속이행 여부를 홍보해야 하고 미진했으면 합리적인 설명이 따라야 한다. 그래야 외투기업이 정부를 신뢰할 것이다.

3. 기업규제 3법 개정과 지배구조 문제

정부 여당은 이른바 기업규제 3법(즉, 상법·공정거래법·금융그룹감독법) 개정안을 2020년 12월 정기국회에서 통과시켰다. 이에 대하여 찬성론자는 '공정거래 3법'이라 부르고, 반대론자들은 '기업규제 3법'이라 칭한다. '기업 3법' 개정이 공정한 경제 질서를 확립할 것이라

---

128) 갈라파고스: '세상 흐름과 단절된 섬' 국제 표준이나 세계 시장의 변화를 고려하지 않고 자신들의 양식이나 기술만 고수하다가 세계 시장에서 고립되는 현상. 뛰어난 기술을 가진 일본의 아이티(IT) 업계는 내수 시장에 특화된 기술과 서비스만 발전시키다가 국제 시장에서 영향력이 줄고 내수 시장 확보마저 위태로워졌는데, 이러한 현상이 외부 종의 유입으로 고유종이 멸망한 갈라파고스 제도와 비슷하다고 하여 생겨난 말이다.

129) 중앙일보, 2019.4.23. 암참(주한 미상공회의소) 회장 제프리 존스 "문 대통령 세 가지 약속과 혁신성장"

는 주장과 기업 활동에 심한 규제로 기업을 힘들게 할 것이라는 주장이 충돌하고 있다. 이런 논란에서 기업과 기업주를 구분할 필요가 있다. 우리나라 대기업은 기업주 일가가 지배하는 족벌경영의 체제를 갖고 있다. 이를 재벌이라 부른다.

소유와 경영이 분리되지 않은 재벌에 의한 가족경영이 한국 기업의 근본 뿌리다. 경영학에서 오너 경영과 전문가 경영은 각각 장단점이 있다. 기업이 처한 국가 사회의 문화와 가족승계 경영일지라도 전문경영인의 자질과 능력을 갖추었다면 오너 경영을 반대할 이유가 없다. 무능한 오너 경영체제는 1998년 IMF 때 재벌이 해체됐거나 사실상 소멸되었다. 혹독한 시련을 통하여 능력 있는 오너 체제를 유지하기 위하여 뼈를 깎는 연단을 쌓았다고 본다.

2020.12 개정 기업 3법

구 분	개정내용	재계입장	비고
상법	감사위원 분리선임	투기자본 경영권침해	
상법	다중대표소송제도 도입	소송 남용 우려	
공정거래법	지주회사, 손자회사 지분율 강화	30조 원 자금 부담, 투자, 고용 저해	
금융감독법	비지주금융그룹 규제	2 이상의 금융업 자산 5조 원 초과 규제	

기업 3법 개정 취지는 기업의 지배구조가 개선되고 대기업 집단의 부당한 경제력 남용이 근절되며, 금융그룹의 재무건전성이 확보되는 등 공정거래의 제도적 기반이 대폭 확충될 것으로 기대한다.

1) 감사위원 1명 분리선임- '3%룰'

상법상 주식회사는 주주총회, 이사와 이사회 및 감사와 감사위원회 등의 조직으로 구성된다. 감사 또는 감사위원(회)은 '이사의 직무를 감사하는 자'로서 주주총회가 선임한 이사들이 선량한 관리자의 의무를 다해 회사를 경영하는지 감독하는 역할을 한다. 이사가 비위가 있거나 월권행위를 하면 감사 또는 감사위원(회)은 이를 주주총회에 보고할 의무가 있다. 감사위원(회)은 정관에 의하여 감사에 갈음하여 두는 것으로 중복하여 둘 수 없다. 감사위원은 직무는 감사 임무에 준한다.

감사는 언제든지 영업에 관한 요구를 하거나 회사에 관한 업무나 재산 상태를 조사할 수 있다. 조사에 전문성이 필요한 때는 회사의 비용 부담으로 전문가(전문회사)에 조사를 의뢰할 수 있다.

감사위원은 3명 이상으로 구성되며, 사외이사가 위원의 3분의 2 이상이어야 한다. 주주총회에서 이사를 선임한 후 선임된 이사 중에서 감사위원을 선임하는데 개정안은 감사위원 중 1명은 주주총회 결의로 다른 이사들과 분리하여 '감사위원이 되는 이사'를 분리 선임한다. 이때 상장회사 감사위원 선임할 때 최대주주와 특수 관계인 주주의 의결권을 각각 3% 행사할 수 있고 초과 주식은 주주권을 행사할 수 없다.

문제는 감사위원 1명을 분리선임에 소액주주가 지지하는 감사위원에 선임될 가능성이 크다는 것과 대주주의 각자는 3% 초과 주식은 선임권 의결에 배제함으로써 주식회사의 주권행사는 1주당 동등 권한을 행사할 수 있는 주주권 동등원칙에 위배 되어 헌법상 보장된 사유재산권을 침해한 것이다. '3%룰'은 '1주1표'라는 자본주의 경제의 근간을 흔드는 규정이다. 주주의결권 제한 규정은 선진국에서 찾아볼 수 없는 초헌법적 발상이다. 이는 '모든 국민의 재산권은 보장된다'는 헌법 제23조와 '대한민국의 경제 질서는 개인과 기업의 자유와 창의를 존중함을 기본으로 한다'는 헌법 제119조 규정 위반으로서 위헌법률 심판의 대상이 된다. 특정 주주에 대한 의결권 제한제도는 외국 입법례도 없다. 의결권 제한은 외국 투기자본의 경영권 공격에 악용될 것이라는 기업의 우려는 심대하다.

감사는 자료 조사권과 기업 정보 요구권이 부여된다. 경영 탈취는 물론 기밀 전보 유출 등 목적으로 이 조항이 악용될 수 있다는 게 재계의 우려다. '포이즌 필(poison pill, 적대적 인수합병 발생 시 기존 주주가 싼값에 지분 매입할 수 있는 권한 부여)'이나 '황금주(보유 수량에 관계없이 기업경영 주요 사항에 거부권 행사가 가능한 주식)' 같은 경영권 방어 보장 장치 없이 최대주주와 특수 관계인의 의결권을 각각 3%로 제한하는 규정과 감사 또는 감사위원 해임 시에도 의결권 3% 제한 규정은 헌법 위반이 될 우려가 있다.

"헤지펀드 대표 등 다양한 목적을 가진 자본들이 감사위원으로 들어올 수 있는 길을 열어 주는 것으로 파급력이 클 것이며 세계적으로 주주의 의결권을 제한하는 이와 같은 입법례가 없다."[130] 헤지펀드는 지극히 예외가 있겠지만 대부분 투자목적 아니고 투기목적으로 주식

---

130) 유정주, 전국경제인 연합회 기업제도 팀장

을 취득하고 단기 투기목적으로 투자하는 것으로 회사의 장기 투자자나 대형 프로젝트에는 관심이 없다. 이들이 감사위원에 취임하면 회사의 모든 정보를 깊숙이 알게 되고 회사 기밀유출 될 개연성이 높다. 이럴 때 글로벌 국제 경쟁력에서 회사가 살아남을 수 있을까에 대한 정책적 고려는 없는 것인가. 누구를 위한 3% 의결권 제한 규정은 입법권 남용이라고 볼 수밖에 없다. 감사위원은 자료 조사권과 정보 요구권을 가지고 있다. 핵심기술이나 전략을 손바닥 보듯 들여다볼 수 있다.

대기업의 경우 외국 지분이 높다. 평균 40%(2019년 38.1%) 정도 보유하고 있는데 이들이 50%만 결집하면 20% 가까운 의결권을 행사할 수 있다. 3%로 의결권을 제한하는 것은 마치 권투 선수를 손을 묶은 채 링 위에 올려 시합하는 것과 유사하다. 2019년 미국 헤지펀드 엘리엇이 현대차 지분 2.9%로 사외이사 추천을 요구한 사례가 있었다. 이때 엘리엇은 현대차의 '수소전지 부분' 경쟁업체인 블러드 파워 시스템즈 회장 등 3인을 사외이사와 감사위원으로 추천했다. 현대 모비스엔 중국 전기차 업체인 파르마 오토모티브의 최고경영자를 추천했다. 당시엔 실패했지만, 상법이 개정되어 합산 3%룰이 적용된다면 이들이 원하는 바를 달성할 가능성이 크다.

대기업 경영권 방어 차질 우려

자료: 한국경영자총협회 · 전국경제인연합회

기업명	최대 주주측	외국인	비고
삼성전자	12.2%	27.6%	
현대차	8.4	16.3	
SK하이닉스	3	24.9	
LG화학	3	16.8	
네이버	3	31.1	
카카오	6.3	13.5	
셀트리온	5.7	7.6	
아모레퍼시픽	7.4	17.7	
평균	5.52%	19.44%	

1. '개별 3%룰' 적용 전, 현재 최대주주 평균 30.41%
2. '개별 3%룰' 적용 후, 외국인 연합의 국내기업 감사위원 배출 가능성 산술적으로: 가능-76.7%, 어려움- 23.3%

2) 다중대표소송제도

다중대표소송제도는 모(母)회사가 자(子)회사의 위법행위로 손해를 볼 경우, 모회사 주주들이 자회사의 경영진을 상대로 소송을 제기할 수 있는 제도다. 국내 재벌기업은 보통 오너가 적은 지분으로 그룹 전체를 지배하는 기형적인 구조이므로 이들의 경영책임을 쉽게 묻게 하려면 다중대표소송제를 도입해야 한다는 지적이 있다. 상장된 모회사 지분 0.5%(비상장사 1%) 이상의 지분을 소유한 자라면 모회사가 50% 이상의 지분을 소유한 자회사의 등기이사를 상대로 손해배상 소송을 제기할 수 있는 제도다.

회사에 손해를 끼친 자회사를 상대로 모회사의 주주가 책임을 추궁

할 수단을 만들어 준 것이다. 헤지펀드가 모회사 주식 0.5%를 소유한 자가 보유 기간 6월을 넘기면 자회사를 상대로 공격을 쉽게 한 것으로 자회사는 헤지펀드의 공격에 시달리게 된다. 한국은 2019년 말 현재 상법상 자회사가 있는 모회사는 1,114개 회사가 있는데 86.1%가 사내에 법조팀이 없는 중소·중견기업 소속이다. 이들은 헤지펀드를 비롯하여 상장사 모회사 지분 0.5%(비상장사 1%) 소유자로부터 소송에 휘말리게 되어 경영이 어려움에 봉착할 것이다.

공정거래법 개정안에 지주회사는 1) 상장 자·손자회사의 지분 30% 이상, 비상장 자·손자회사 지분 50% 이상 보유 의무화했다. 지분 확보를 위하여 23개 지주회사는 30조 원 이상의 자본이 요구되는 것으로 추산되어 경영 자금 압박을 받게 된다.

한 조사에 의하면, 더불어민주당의 상법과 공정거래법 개정안 처리에 대한 의견은 반대 55.3%, 보통 32.5%, 찬성 12.2%이다.[131]

정부는 규제를 혁파하여 기업하기 좋은 환경을 만드는 세계적인 흐름을 역행하여 규제부처 공무원 수를 대폭 증가시켰다. 2016년에 비하여 2018년에 공무원 전체 평균 2.9% 증가하였으나 규제부처는 공정위 18%, 환경부 17.1%, 금융위 11.6%, 고용노동부 10.8% 등 대폭 증

---

131) 이투데이, 2020.10.5. "한국 견제 진단과 제언" 이투데이 창간 10주년 행사 '한국 경제 진단과 제언'에 대한 경제전문가, 기업인, 314명을 대상으로 설문 조사 내용을 2020.10.5. 보도했다.

가[132]시켜 규제를 오히려 강화하고 있는 실정이다.

　문 정부의 *경제정책은 잘못한다 51.2%, 보통이다 37.9%, 잘한다 10.2%이다. *증세는 잘못한다 59.8%, 찬성 35.6%. *향후 한국 경제의 국내 불안 요인은 추가 성장 동력 부재 29.8%. 각종 규제 23.6%, 소득 양극화 14.1%, 정치 리스크 11.0%. *기업투자 회복에 가장 큰 걸림돌은 대내외 경기 회복세 미흡 55.9%, 과도한 정부의 투자 규제 40.2%. *양질의 기업 일자리 창출 위한 최우선 과제는 신성장 산업 발굴 56.1%, 정부규제 완화 41.6%, 수출 시장개척 7.1%. *향후 정부가 최우선적으로 해결해야 할 부문은 기업투자 활성화 29.0%, 고용 시장 안정 15.4%, 소득 격자 해소 8.6%, 건설 경기 회복 5.3%, 기타 29.3%[133]다.

4. 수도권 공장 실링제 폐지

　서울, 인천, 경기지역을 수도권으로 보고 인구집중의 폐단과 기업의 수도권 집중을 방지하기 위하여 수도권에 공장 신·증축을 규제하고 있다. 업종과 규모에 따라 금지하는 경우도 있다. 공장 실링제를 완화하면 국제 경쟁력 있는 기업을 유치할 수 있고, 리쇼링이 잘 되어 경제가 활기를 띠게 되고 일자리 창출이 증대된다. 수도권에 인구가 집

---

132) 자료; 인사혁신처 발표
133) 이투데이 같은 조사 보도

중되면 공해물질 배출, 교통 복잡성, 부의 지역편중 등 단점이 있으나 장점이 훨씬 크다. 첨단산업은 세계적인 최고급 인력이 절대 필요로 한다. 그들은 자녀교육, 적시 긴급한 국제적 교류, 정보공유 등의 이유로 수도권에 거주하기를 원한다. 그런데 수도권에서 원거리에 있는 지방에 있는 기업에 근무하기를 꺼리는 것이 현실이다.

강원도 원주시 문막 지역은 수도권이 아니므로 공장 실링 지역에 적용되지 아니하여 개발에 제한을 받지 아니하고 거의 신고제로 공장 신·증설 등이 가능하고 공장용지 값도 고가(高價)이다. 그러나 인접 경기도 양평군은 수도권으로 공장 실링 지역에 해당하여 규제를 받을 뿐만 아니라 당연히 토짓값이 훨씬 저렴하다. 또한, 경기도 포천시는 DMZ 인접 지역이고 서울에서 원거리임에도 수도권에 해당하여 공장 실링 지역에 적용 공장 신·증축이 제한되는 지역이다. 공공성이 지극히 낮은 정부규제로 사유재산 침해되는 대표적인 사례이다. 2019년 9월 경기도 동·북부지역의 양평군 등 5개 시·군은 지역 편제를 인접 강원도로 편입시켜 달라고 청원까지 하는 현실을 볼 때 정부는 정책적으로 규제를 풀어야 한다.

전국 혁신도시에 가족동반 이주율이 가장 높은 곳이 제주(81.5%), 다음으로 높은 곳이 부산(77.5%)로 전국 평균 65.3%보다 높다. 이주에 가장 큰 문제는 자녀 교육인 것으로 조사 되었다. 자녀교육 문제로 다시 수도권으로 옮겨 가는 경우도 있다. 이주민 중 30%는 교통 환경

이 불만족으로 나타났다.[134]

5. 과잉규제 결과

과잉규제는 손발을 묶어 놓고 경주에서 뛰라는 것과 같다. 손발이 묶인 마라톤선수는 경주에 경쟁에서 패배를 가져온다. 권투 선수는 링에 오를 수도 없다. 풀어놓고 마음껏 뛸 수 있는 각종 인프라(SOC)를 깔아 놓고 격려하고 응원해야 할 정부가 방관해서도 안 되는데 과잉규제를 해놓고 혹시 그래도 사업해서 이익이 나면 아시아에서, 세계에서 법인세율이 가장 높은 세금을 징수하고 있다(제4 전략 세율 인하 참조). 거기다가 부담금, 기부금 등 강제적인 준조세까지 부담해야 된다.

■ 한발 늦은 정부가 신기술개발의 발목을 잡는다

앨빈 토플러는 그의 저서 『부의 미래』에서 의사결정 속도에서 '같은 시간 내에 기업은 100miles를 달리는데 정부 관료는 25miles, 하급관료는 10miles, 정부단체(국회)는 3miles 달린다'[135]고 주장한다. 시차(time lag)적응력이 가장 낮은 국회가 만든 법률을 느릿느릿한 정부 관료가 기업을 규제하는데 기업의 요구에 따라가기에는 의사결정에 너

---

134) 중앙일보, 2020.8.19. "가족동반 이주 늘었지만— 교육이 문제, 다시 수도권 복귀도"

135) 앨빈 토플러(김중웅 역), 『부의 미래Revolutionary Wealth』 서울, 청림출판, 2006. pp. 59–72.

무 느리다. 의사결정에 속도가 늦으면 기업은 경쟁력 약화로 경쟁에서 낙오된다. 왜냐하면, 기업이 신규개발을 하여 사업에 적응하기도 전에 정부규제로 경쟁사 또는 경쟁국에 이미 뺏기게 되기 때문이다.

그래서 법규에서 규정한 것만 자유롭고 그 외에는 묶어있는 포지티브 규제 보다, 법규에서 규정한 것은 규제를 받고 그 외에는 자유롭게 할 수 있는 네거티브 규제 도입이 절실히 요구되는 것이다. 그러므로 변화에 신속한 적응이 요구되는 4차 산업 시대에 창의적 혁신에 앞장설 수 있다.

■ 환경단체 지적에 제철공장 용광로 멈출 판?

제철공장에서 고로(용광로)는 화재, 폭발 사고 등 안전사고 예방을 위하여 1~2개월 간격으로 보수 작업을 한다. 고온·고압의 열풍(熱風) 공급을 중단해 쇳물생산을 일시적으로 중지하는 휴풍(休風)을 한다. 이때 수증기 등을 고로 내부에 주입하는데 내부 압력이 급격하게 올라갈 경우 폭발 등 대형 사고가 발생할 수 있어 안전밸브인 블리더(bleeder)를 열어놓게 된다. 이에 대하여 환경단체들은 "제철공장이 비상 상황이 아닌데도 대기오염 물질을 저감 장치를 거치지 않고 '블리더'를 통해 불법 배출했다"고 주장함에 따라 전라남도는 2019.4.24. 포스코 광양제철소에, 충청남도는 2019.5.30. 당진 현대제철소에 각각 '조업정지 10일' 행정처분 통지했다.

현행 대기환경보전법에는 방지 시설을 거치지 않고 오염 물질을 배출할 수 있는 공기 조절 장치를 예방할 필요가 있어 시·도지사가 인정하는 경우에는 예외를 두도록 규정하고 있다. 국민의 재산권에 엄청난 손실이 예상되는 법 규정에 엄격한 위임명령의 예외규정은 사전에 명확한 요건을 명시하여야 함에도 이에 대한 제한에 구체적 규정이 없다. 지자체장에게 지나친 재량성을 준 규정으로 적법성에 관한 판단이 요구된다. 또한, 10일 가동 중단되는 경우 매출 예상 손실이 8,000억 원이고, 쇳물이 굳어져 복구 소요기간이 최소 3개월 예상된다. 철강업계에서는 "세계 100년이 넘는 고로 역사상 유럽, 일본, 중국 등 제철소들 모두가 동일한 방법으로 휴풍을 하며 블리더를 개방하는데 우리나라만 대기오염으로 문제 삼으려는 것"이라는 입장이다. 치명적이고 회복할 수 없는 공익이 피해가 없는 경우에는 공익과 사익을 비교형량하여 행정처분해야 한다.

* 낙동강 상류 석포제련소에 대한 기업 · 경상북도와 환경부 · 환경단체와의 갈등국면은?
* 국민연금기금과 스트듀어십 행사문제
* 스타트업은 시간 싸움인데 "성공 위해 밤새우는 것도 안 됩니까?"
* 스타트업은 시간 싸움인데 "규제에 묶여 시간을 지체해도 살아남을까요?"
* 한 달 퇴직금법은 기업에 과중한 비용을 안겨주고 퇴직 근로자에게는 한 기업에 안정적으로 근로할 습관을 저해하는 요인이 된다.
* 규제개혁 없이는 4차 산업혁명 한 걸음도 못 나간다.

■ 기업의 해외 탈출

'지난 10여 년간 기업의 구조조정과 노동시장 개혁, 신산업 육성 같은 구조개혁을 게을리 한 결과 우리 경제가 일자리를 만들어 내는 데 힘이 약해졌고, 양질의 일자리를 제공하는 대기업들은 지나친 규제, 과도한 정규직 보호 등에 지쳐 국내보다 해외 투자를 선호 한다'라는 공감대를 기업인이나 학자들의 견해가 일치한다.

전경련의 '2010~2016년 고용 현황비교' 보고서를 보면 국내에서 2만 명쯤(8.5%) 고용을 늘리는 동안 해외 직원은 15만 명(70.5%)을 넘게 늘렸다[136]. 한국경제연구원(한경원)의 2017년 8월 보고서에 의하면 기업의 해외 진출이 일자리 부족의 직접적인 원인이다. 해외에 진출한 1만1953개 한국 기업이 해외에서 고용한 직원이 본사 파견 5만 명, 현지채용 296만 명 등 301만 명에 이른다. 국내 청년 실업자 수의 6.6배에 달하는 규모다.[137] 임금이 싼 지역을 찾아 해외로 나가는 것은 한국만은 아니다. 2000년대 이후 자유무역 확산과 기업의 글로벌화로 벌어진 보편적인 현상이다. 하지만 기업 이탈로 발생한 일자리 공동화에 대한 국가별 대응은 다르다.

미국과 유럽, 일본 등 대부분 선진국은 법인세 인하, 규제 완화 등 기업하기 좋은 환경을 만드는데 모든 정책을 동원하여 적극 또는 소극적으로 리쇼어링 정책을 쓴다. 반면 한국은 해외로 나간 기업을 유턴정책이 거의 없다. 오히려 현 정부는 규제를 끝도 없이 강화 남발하고, 강성노조의 횡

---

136) 전국경제인연합회, "2010~2016년 고용현황 보고서"

137) 한국경제연구원, 2017.8. "해외 진출기업 인력채용 보고서"

포를 방관하고 있어서 기업을 해외로 쫓고 있다. 일자리는 정부에서 오히려 부작용이 심한 단기 알바일자리를 세금에 의하여 만들지만, 기업의 괜찮은 일자리는 축소를 강행하고 있다. 기업이 해외로 떠나는 가운데 그나마 국내에 남아 있는 기업들마저 고용을 꺼리게 하는 가장 큰 원인으로서 강도 높은 그리고 다양한 정부규제와 경직된 노동시장이다.

OECD는 2016년 보고서에서 "제조업과 서비스업, 대기업과 소기업, 정규직과 비정규직 등 노동자 간의 이중구조가 심각한 임금 불평등과 상대적 빈곤을 초래하고 있다. 노동시장 유연성 개선과 청년 일자리 창출, 불평등 완화를 위한 노동시장 개혁이 요구된다"고 했다. OECD는 2019년에도 "규제를 줄이고, 노동시장 개혁"을 계속하여 거듭 권고하고 있다.

"한국은 그간 빠른 성장으로 1인당 GNI 면에서 OECD 상위권 국가들과의 격차를 좁혔지만, 생산성은 아직 절반 수준에 불과하고 노동투입량은 OECD 국가 중 가장 높다. 한국은 규제개혁에 대하여 경제활동에 부담을 주는 규제를 줄이고, 규제개혁 진척 상황을 꾸준히 점검할 필요가 있다. 구체적인 방향으로 네거티브 규제 시스템 도입, 국회법안에 대한 규제 영향 평가 적용, 행정 지도 자제, 서비스 시장에서 대기업 진입장벽 철폐할 것과 노동시장에 대하여 정규직과 비정규직을 차별하는 노동시장의 이중구조가 소득 불평등을 초래하고, 생산성 향상을 가로막는 한편, 여성 고용에도 악영향을 미치고 있다.

정규직 근로자에 대한 과도한 고용 보장을 완화하고, 비정규직 근로자에 대한 사회보장과 직업 훈련을 확대할 필요가 있다" 등을 권고했다. 성장 친화적 조세 체계 개편과 사회 안전망 강화, 사회적 지출에 소요되는 재정을 확충하기 위해 정부수입을 늘리되, 성장에 악영향을 덜 미치는 세목에 집중할 필요가 있다."[138] 이처럼 규제 개혁과 노동시장 개혁은 OECD나 IMF가 한국 정부에 무겁게 권고하는 목록이다. 그런데 정부는 노동개혁에 대해서는 노조 등 기득권 세력에 눌려 노동개혁은 엄두도 못 내고 오히려 강성노조에 더 강성 횡포를 부릴 수 있는 노조법을 개악하고 있다. 또한, 기업의 규제개혁 대한 강력한 요구에도 정부는 규제영향 평가는 고사하고 강도가 더 센 규제를 양산하고 있다.

세계경제포럼WEF이 발표한 '국가 경쟁력 주요 분야 순위는 제도- 58위, 인프라- 8위, 거시경제 환경- 2위, 노동시장 효율성- 73위, 금융시장 발전도- 74위, 혁신- 18위, 종합- 26위다. 거시경제, 인프라, 혁신은 우수하나 한국 경제 발목을 잡는 분야는 노동시장의 비효율성, 금융시장, 제도 순으로 노동시장과 제도 개혁의 필요성을 일깨우고 있다. 조준모 성균관대 교수는 "각종 산업 규제로 기업 투자가 활발히 이뤄지지 못하고, 노동시장의 이중구조의 고착화로 인해 청년층의 취업이 쉽지 않은 상황이며 구조적 변화 없이는 '고용 없는 성장'이 심화될 것"이라 주장한다.

■ 일자리 창출을 위한 규제혁파

정부가 일자리를 만들어 내기 원한다면 전반에 걸쳐 각종 규제를 줄

---

138) OECD, "2019년 구조개혁 연례보고서 Going for growth"

이고 세금을 삭감하면 된다.[139] 정부는 기업이 사업을 잘할 수 있도록 제도적 또는 인적, 물적 인프라(SOC)를 두텁게 구축해야 한다. 정부는 "일자리를 스스로 창출하겠다"고 정책을 발표한다거나 홍보하는 것은 경제를 모르는 잘못된 발상이다. 일자리 창출의 주체는 정부가 아니라 기업이기 때문이다.

긴급 구제는 최소한의 일회적으로 끝내야 한다. 긴급 구제를 시행하고 나서 우리가 알게 된 것은, 구제가 일시적인 '시스템 붕괴'보다 더 나쁘다는 것이다. 많은 납세자가 손실을 보았고, 인위적으로 가격을 지탱해야 한다. 거기다가 도덕적 위험과 경제적 왜곡을 떠안게 된다.[140] 역사를 되돌아보면 정치가들이 만들어 낸 규제 때문에 문제가 해결된 것이 아니라 새로운 문제가 계속 발생되었다는 사실을 얼마든지 찾아낼 수 있다. 소비자 문제를 개선하려는 정부 기관들을 관찰하면서 그들 때문에 상황이 악화된 것을 알 수 있다. 기관 자신은 문제 해결했다고 믿지만, 예외 없이 또 다른 새 문제를 만들어 놓고 만다. 아무것도 하지 않고 내버려 두었더라면 시장의 놀라운 자정능력기능에 따라 자연스럽게 해결될 수 있는 사안들이 대부분이다.

정부에 몸담은 공무원들이 민간기업의 종사들보다 수준이 떨어지거나 능숙하지 못한 것은 아니다. 차이는 그들이 대면하게 되는 피드백에 있다. 관료에게는 최종가격이란 개념이 없다. 그들의 아웃풋에 매겨

---

139) 존 스토셀(김태훈 역), 『왜 정부는 하는 일마다 실패하는가』 서울, 2012. p. 55
140) 존 스토셀(John Stossel), 같은 책, p. 50

지는 시장가격도 없고, 뛰어난 성적에 대한 보상도 적다. 머리를 낮춰 위험을 피하고 그저 예산으로 배정된 돈을 다 쓰는 것이 그들에게 부여되는 유일한 인센티브다(그러지 않으면 다음 해에 다 없어진다). 관료 집단이 낭비를 규정하고, 모든 방법을 동원하여 이를 근절 시키겠다고 말은 하지만 이는 난센스다. 여당도 마찬가지다. 자기 돈처럼 예산을 규모 있게 집행하는 관료는 지극히 보기 드물다. 비경쟁적이고 기생충 같은 정치적 인센티브 구조를, 경쟁하며 효율을 추구하는 자유시장의 인센티브로 바꾸는 것, 그것이 유일한 방법이다. 좋은 방법이란 '더 작은 정부'를 뜻한다. 정부가 경제에 개입할수록 국민은 살기가 어려워진다.

헤리티지 재단 발표 '2018년 경제자유지수' 목록의 하위권에 있는 나라들을 보면 의심의 여지가 없이 가난한 나라다. 미얀마, 쿠바, 짐바브웨, 북한[141]은 경제적 자유가 없으며, 시장경제가 성립 되지 못하여 가장 빈곤 국가이다. 이들은 정부가 나섰기 때문에 국민들은 더욱 가난해 졌다.

---

141) 헤리티지재단 발표 '2018 경제자유지수' 1위 홍콩, 2위 싱가포르 등 10위권에 스위스, NZ, 오스트리아, 영국, 캐나다, UAE이고, 13위 타이완, 17 네덜란드, 18위 미국, 25 독일, 27위 한국, 30위 일본, 71위 프랑스, 79위 이태리, 153위 브라질, 180위 북한, 존 스토셀(조정진 외 역) 같은 책 pp. 67-68.

제4 전략,
세율인하(법인세 · 상속세)

1. 래퍼곡선

감세론자 아서 래퍼*Arthur Laffer* USC 교수는 다음과 같이 주장한다.

"세율을 높이면 일정 수준까지는 세수가 증가하지만 일정 수준을 넘으면 세수가 오히려 감소한다"(래퍼곡선과 조세수입). 래퍼곡선은 세율과 세수의 관계를 곡선으로 나타내어 설명한 이론이다. 높은 세금은 경제성장을 저해한다. 경제는 인센티브(동기)에 의해 움직인다. 사람들이 열심히 일할 수 있도록 자극을 주어 성장을 이뤄가는 것이 경제정책의 핵심이다. 높은 세율은 기업에는 기업할 사기를 꺾고, 근로자에게는 일할 의욕을 상실시켜 성장의 적(敵)이 된다. 세금은 한마디로 말해 경제성장을 방해할 뿐이다.

세율이 높으면 기업과 고소득층이 투자를 포기하거나 해외로 떠나며, 해외투자 유입에 저해요인이 된다. 최고의 복지는 높은 연봉 일자리다. 높은 세율은 언제나 경제성장의 걸림돌이다. 부자를 질투하는 걸 넘어 혐오하는 이들이 있다. 부자를 왜 싫어할까. 자영업자는 단골 손님을 정성껏 모신다. 정부 처지에서 보면 부자와 대기업 등 납세자는 고액 세금 납부자로 매출(세금)을 올려주는 최고의 고객이다. 단골이나 같은 개념이다. 고액 납세자에게 상을 주어야 한다. 오히려 '적폐청산' 대상이라 하며 범죄자 취급하는 정부는 대단히 잘못한 행위다. 래퍼는 주장한다.

이상적인 조세제도란 기업이나 개인이 근면 동기를 꺾지 않으면서 경제성장을 촉진하는 수준이어야 한다. 그러려면 정부 규모를 줄여야 한다. 작은 정부를 요구하는 것이다. "경제성장을 위해 a.낮은 세율, b.최소한의 규제, c.재정지출 제한, d.건전한 통화정책, 그리고 e.자유무역이다. 이 다섯 가지 요소만 지키면 어느 국가나 부유해질 수 있다."

역사적으로 보면 세율을 내렸던 존. F. 케네디(1961-1963 재임)와 로널드 레이건 대통령(1981-1989 재임) 시절에 경제정책 성적이 좋았다. "미국에서 세금을 많이 걷는 주(States)일수록 사회기반 시설의 취약과 공공서비스가 형편없다."(월스트리트저널 WSJ).

■ 법인세율 인상으로 세수 대폭 감소

한국은 법인세율 종전의 24.2%를 2018년 27.5%로 인상하였다. 법인세수 2017년 59조 원, 2018년 70.9조 원, 2019년 79.3조 원, 2020년 64.4조 원(세율은 법인세율+지방세 포함, 기재부·국세청 자료)을 징수하였다. 레퍼곡선 원칙에 따른 세율인상으로 2018년, 2019년에는 법인세수가 증가하였으나 세율인상 3년 차에는 대폭 감소한 것으로 분석된다. 2020년에는 전년 대비 14.9조 원 세입의 감소로 18.8%가 줄었다. 총국세수입 전년 293.4조 원, 2020년 285.5조 원 대비 7.9조 원 2.7% 감소폭보다 법인세수는 대폭 6.96배(=18.8/2.7)나 감소하였다. 코로나 질병 만연으로 기업 활동이 위축된 것도 있지만, 세율 대폭 인상, 대폭 규제강화, 반기업 정책, 소득 주도정책, 반법치주의, 강성노조의 만행 등이 어우러져 기업하기 힘든 환경으로 인하여 법인 경영이 위축되었다고 분석된다. 정책 변경 없다면 2021년 법인세 수입이 감소할 것으로 쉽게 예측할 수 있다.

법인세율을 인상하면 기업의 경영을 억제한다. 거래를 비싸게 한다. 비용이 많이 들면 거래를 줄어들게 된다. 특히 법인세의 경우 기업의 투자자본을 위축시킨다. 투자수익도 줄여, 위험 속에서도 확장하려는 기업 의지를 훼손한다.[142]

■ 레이건의 감세정책

레이건(1981-1989 집권기간) 대통령은 래퍼의 자문을 받았다. 레이건은 국내적으로는 세금인하, 규제완화, 긴축통화 등 3대 기조로 경제 정책을 펼쳤다. 1986년 소득세 최고세율을 70%에서 28%로, 법인세율은 48%에서 38%로 대폭 인하, 경제성장율 전 정부 2.7%에서 3.5%

---

142) 스티브 포브스 외(김광수 역) 『자본주의는 어떻게 우리를 구할 것인가?』 서울, 아라크네, 2009. pp.190-191.

로 성장하는 경제 성적표를 올려놓았다. 평균 물가 상승률 3.8%에서 3분의 1 수준으로 하향 안정시켰다. 실업률 7%에서 5.4%로 감소했다. 감세는 경기 활성화를 통해 장기적으로 세수 증가와 재정 수지의 개선을 목표로 한다. 감세는 정부가 사용할 재원의 축소를 의미함으로 '작은 정부'를 의미한다. 간섭보다는 자유, 집단 보다는 개인, 분배보다는 성장, 의존보다는 자치를 강조했다.

그는 미국 국민 모두의 자유가 보장되고, 미국이 또다시 번영하는 나라가 되리라고 확신하고 정책을 추진하여 좋은 성과를 업적으로 남겼다. 레이건은 세금인하, 노조개혁, 인플레이션 극복 6.2%-4.1%, 경제성장 지원 정책 등으로 생산성 향상, 실업률 감소, 세금이 오히려 증가했다. 세수가 집권 초기 1981년 $3,470억에서 1989년까지 58% 증가해 $5,490억으로 증가했다. 레이건의 정책은 세율을 인하해 경제성장이 촉진되고 세수를 증진시키는 정책이었다.

1970년대 미국은 국가가 과도하게 경제에 개입하고 사회정책이 급증하면서 많은 문제가 속출했다. 사회보장비 지출이 1940년 $35억 7천만, 1970년 $667억, 1979년 $2,476억, 1980년 $2,920억으로 10년 사이에 4배로 증가하였다. 1983년부터 레이건 임기 말 1989년까지를 미국인들은 '풍요로운 7년The Seven Fat Years'로 기억하는 미국 경제의 황금기였다.[143]

---

143) 라이너 지텔만, 같은 책, pp. 149-157

후임 클린턴 대통령 시절의 장기 호황의 토대를 놓았다는 평가를 받고 있다. 외교적으로는 소련과의 이른바 SDI(Star wars)군비경쟁과 무역에 제재를 가함으로써 소련의 재정 궁핍을 유도하고 동유럽의 민주화 운동에 바람을 넣는 등 1990년 전후 소련과 동유럽 사회주의 국가 붕괴에 전쟁 없이 결정적인 역할을 하였다. 그리하여 그는 내치와 외교에서 역사상 위대한 업적을 남긴 성공한 대통령으로 평가받는다.[144]

■ 대처의 세율인하

대처 영국 총리(집권기간 1979~1990년)는 집권 초기 1979년 겨울에는 공공서비스와 교통 부분 노조의 파업으로 교통마비, 역시 노조파업으로 거리마다 골목마다 산더미 쓰레기 야적장, 의료서비스 위기, 영안실 시체 야적장화 등 이른바 '불만의 겨울Winter of Discontent[145]이었다. 대처는 1960-70년대 복지국가를 지향하는 영국 경제정책을 비판하고, 복지제도를 악용하는 '책임 회피하는 자'와 폭발적인 예산 증가로 재정위기를 경고했다. 프리드리히 하이에크 자유주의 경제사상가들의 경제사상을 집중적으로 연구하였고, 사회주의 대한 비판적인 글을 쓴 칼 포퍼Karl Popper의 '사회주의와 복지국가를 깊숙이 비판한' 사상에 관심이 많았다.

대처는 1차 개혁 조치로 소득세 최고세율을 83%에서 60%-40%로, 최저세율을 33%에서 30%-25%로 각각 인하했다. 식료품과 생활필수

144) 정판영, 『독일 통일과 한국의 통일전략』 서울, 생각나눔, 2020, pp. 99-108.
145) 박지향, 『대처 스타일』 서울, 김영사. 2012. pp. 50-52.

품에 부가가치세VAT 면세했다, 규제혁파 했다. 2차 개혁에서 국영기업을 대폭 민영화했고, 강성노조를 점진적으로 개혁(제8 전략 강성노조와 노동 3법 개혁 참조)했다. 영국 경제는 살아났고 사회 기풍이 진작되었다.

2. 법인세율

한국의 법인세율은 과세표준 2,000만원 초과 27.5%(지방세 포함)이다. 경쟁국들은 법인세율을 인하했는데, 한국만 세율인하 경쟁에서 벗어나 오히려 인상했고 OECD 평균 법인세율 23.5%이며 한국의 법인세율은 11번째로 높은 국가가 되었다. 경쟁국 중에서는 최고세율 국가이다. 한국의 법인세율은 20%로 하향 조정해야 한다.

영국: 28%-20%-19%-17%, 미국: 48%-34-21%, 그리스: 28%-24%, 일본: 34.61%-23.4%, 프랑스: 25%, 스웨덴: 22%-20.6%, 대만: 17%, 싱가포르: 17%, 헝가리: 19%-9%, 독일: 38.31%-33%-30%-15.8%(중소기업: 10.8%), 이탈리아는 부가가치세 10%-5%이다. 이처럼 선진국들은 세금 인하로 경기침체에 적극적으로 대응하고 있다. 불름버그 통신은 "이탈리아, 그리스처럼 국가부채가 많은 나라도 투자·소비를 살리기 위해 과감하게 세금을 낮추고 있다."

2019년 8월 한국경제연구원은 법인세율이 24.2%에서 27.5% 인상으로 가구당 연평균 근로소득이 75만-84만원이 축소된다는 보고서를 발표했다. "법인세율 인상은 투자 감소- 노동생산성 하락- 근로소득

하락"으로 이어져 소득이 감소한다.[146] 결국, 세율인상은 경제성장에 저해요인이 된다.

2018년 삼성전자는 순소득 31조5800억 원에 법인세 8조8500억 원 납부했으나, 경쟁업체 미국 애플은 32조7800억 원에 법인세 4조 5700억 원 납부하여 순소득은 비슷한데 법인세는 삼성이 거의 2배를 납부하였다.[147] 여기에 지방세 10%를 추가하면 세 부담은 더 크다.

■ 리쇼어링(Reshoring) 러시

미국, 일본, 주요 유럽국들은 자국 기업의 제조업의 본국 회귀인 리쇼어링 정책에 적극 나서고 있다.

미국은 4년간(2014년~2017년) 연평균 482개 법인이 회귀(turn in)했으며 2018년에는 886개가 회귀했다. 한국은 같은 기간에 30개 회귀로 연평균 6개에 불과하다. 미국은 법인세율 21% 인하와 공장이전 비용 20% 지원한다. 일본은 법인세율 23.4% 인하와 대도시 연구개발(R&D) 지원, 독일은 법인세율 15.8%(중소법인 10.8%) 인하와 R&D 지원, 영국은 법인세율 17%로 대폭 인하와 각종 지원으로 기업을 국내로 회귀시키는 유인책을 쓰고 있다.

---

146) 중앙일보, 2019.8.2. 〈법인세율 올리니 가구당 연 근로소득 80만 원 안팎 줄어〉
147) 장대환, 같은 책, pp. 368-369.

■ 헝가리로 해외 투자

헝가리는 오르반 총리 2010년 집권 이후 법인세율 19%에서 9%로 대폭 인하했으며 이는 OECD 국가 중 가장 낮은 세율이다. 투자 지역, 규모, 고용인원에 따라 투자금액의 최대 50%까지 추가 지원체제를 도입했다. 독일의 BMW, 콘티넨털, 일본의 브리지스톤, 미국 포드, 한국의 SK, 등 글로벌 기업들이 속속들이 투자하고 있다. SK이노베이션은 8,400억 원을 들여 축구장 60개 크기의 부지에 전기차 배터리공장을 준공 가동 중이다. 헝가리는 2019년만 해도 96건, 35억 유로(약 4조 5680억 원)의 외자 유치에 성공했다.

인구 977만 명 국가에서 취업자 수는 2010년 373만 명에서 2018년 447만 명으로 증가했고, 1인당 평균 급여는 81만 원에서 130만 원으로 증가하였으며, 실업률 11.2%에서 3.0%로 거의 완전 고용에 가깝게 되었다. 경제가 호황을 누리고 있다. 헝가리 투자청(HIPA) 로버트 에시크 청장은 "감세정책을 펼쳐도 일자리가 늘면 오히려 정부 세수가 늘어난다는 게 우리의 생각이다. 실제로 세율을 낮췄음에도 일자리가 늘면서 정부 세수가 증가하였다. 각종 사회보험을 위해 고용자가 근로자 임금의 27%를 부담하는 '사회 기여세율'을 27%-22-19.5-17.5%로 매년 부담을 경감하고 있다.

3. 상속세율

상속세 과세표준 30억 원 초과 세율이 50%이고, 대기업과 중견기업은 가업 상속경영권 프리미엄 10% 더하여 60%가 된다. OECD 평균 상속세율은 26.3%이고 한국은 37회원국 중 단연 1위다. 1,000억 원으로 평가되는 기업을 상속받으면 500억(또는 지배기업주식인 경우 600억) 원 상속세를 납부해야 한다. 상속세 납부하고 나면 기업운영이 현실적으로 불가능하다. 기업운영이 불가능하면 기업을 폐업하거나 양도해야 하는데 기업경영 노하우가 지속되지 못하여 일자리를 잃게 된다. 그래서 국제 경쟁력 있는 기업을 존속시키기 위하여 과세 평등주의에 어긋남에도 현재 선진국은 상속세를 폐지하였거나 세율을 대폭 인하하는 추세다.

상속세를 폐지 또는 세율을 인하한 이유는 기업경영권을 안정시켜야 일자리와 협력업체와의 관계가 잘 유지된다고 본 것이다. 더 중요한 것은 가업 또는 경영권 승계 문제로 고민과 부작용으로 사업부진은 국가 경제에 손실이라고 자각한 것이다. OECD 회원국 소득 최고세율이 35.9%이지만 상속세 최고세율 평균은 26.6%이다. 한국은 세계 최고의 상속세율(최고세율 50% 또는 60%)을 유지하면서 소득세율(최고세율 45%, +지방세 10% 합산=49.5%)이 높은 예외적인 나라다. 상속세를 2·3대 계속하여 60%를 부담하면 경영권 유지가 현실적으로 불가능하다.

1인 상속인 경우도 그렇지만 2인 이상 상속인인 경우는 더 기업 승계가 어려워진다. 기업을 성공시켜도 자녀에게 물려주지 못한다면 기업가정신을 자극하기가 어렵다. 중소, 벤처기업들은 성장을 포기하고 적당히 안주하고 이른바 '피터팬증후군'[148]에 빠질 수 있다. 투자 의욕만 꺾는 것이 아니라 상속세 재원을 마련하려고 나서면서 일감 몰아주기 등의 각종 편법이나 탈법을 유발할 수도 있다. 영업활동에 주력하지 못하여 경영권 승계방안을 찾기 위하여 골몰하다 보면 기업 경쟁력이 약화 될 가능성이 크다. 상속세 폭탄을 방어하기 위하여 기업을 상속세가 없거나 낮은 해외로 이전할 수도 있어서 국부(國富) 탈출이 있게 된다.

■ 징벌적 이중과세

　　한국 중견기업 125개사에 설문조사 보고에 의하면 47.2%가 기업 승계를 가로막는 큰 걸림돌로 '과도한 상속·증여세'를 꼽았고, 31.2%는 '복잡한 상속공제제도'를 꼽았다. 상속세 최고세율이 한국처럼 소득세보다 높은 나라는 OECD 회원국 중 미국, 일본, 스페인, 덴마크, 스위스 등 6개국뿐이다. 그런데 한국은 소득세와 상속세 최고세율을 합친 숫

---

148) 피터팬증후군(Peter Pan Syndrome): 육체적으로는 성숙하여 어른이 되었지만, 여전히 어린이로 남아 있기는 바라는 심리. 어린이로서 대우받고 보호받기를 원한다. 요즘에는 성인이 되고도 부모에게 의존하는 마마보이나 정부의 보호만을 바라는 기업을 일컫는 데 쓰이기도 한다. 특히 6, 70년대 경제개발시대를 거치는 동안 정부의 보호육성으로 성장한 국내 대기업들이 겉으로는 자율화 규제완화를 주장하면서도 고비를 맞을 때마다 정부의 보호막을 요구하는 행태를 지적하는 용어로 사용된다.

자가 OECD에서 가장 높은 나라이기도 하다. 대주주가 경영권을 승계할 때 상속세가 20%까지 할증된다. 국가별 상속세 최고세율은 이탈리아 8%, 독일 30%, 미국과 영국 40%, 일본 55%, 한국 60% 순이다.

■ 기업 상속세 폐지론

a. 높은 상속세율 과세론

상속세는 '부의 대물림'과 빈부 격차를 완화할 수 있고, 한국의 상속·증여세 부담이 큰 것은 부의 집중화와 대물림을 방지해 계층 간을 이동할 수 있게 하자는 것이다. 따라서 '징벌적 과세'란 평판을 받더라도 정서적으로 최고세율 과세는 정당성·합리성이 있는 것으로 본다.

특히 가업 상속에 대한 상속세 감면 등 혜택을 주는 제도는 상속인은 무임승차를 하게 되고 부의 대물림을 사실상 인정하면서 부의 편중을 가져올 뿐 아니라 그 상속인의 가업경영 능력에 대한 검증 없이 대물림하여 부실 경영으로 오히려 국부에 손실을 줄 수 있다. 1997-8년 IMF의 혹독한 한국 경제의 시련 속에서 검증 없이 대물림한 기업그룹은 사실상 재벌이 해체되었거나 기업경영권이 강제로 넘어갔다.

b. 가업상속세 폐지론

한국기업데이터 자료에 의하면 창업자 CEO인 국내기업 5만1256개 중 33.2%(1만7021개)의 CEO 연령이 60대 이상인 것으로 조사 됐다. 잠재적 승계 수요가 있는 기업이 전체의 20~30% 추산할 수 있다.

그런데 창업자들은 아직 승계 계획을 세우지 못한 실정이다. 산업통상자원부와 한국중견기업연합회의 '2018년 중견기업실태조사'에 의하면, 중견기업 84.4%가 '가업승계 계획 없다'고 밝혔다. 가장 큰 이유로 '상속·증여세 부담'(69.5%) 비중이 가장 높다. 한국의 상속세율은 일반재산 상속은 최고세율이 50%지만 가업승계인 경우 일반재산 상속세율의 20% 포인트까지 할증하여 최고 60%(명목 세율) 적용되어 세계에서 가장 높은 세금을 부담한다.

"상속세율이 높으면 탈세와 편법을 조장하는 측면이 있다. 해외 투기자본에 국내기업이 넘어가는 일이 없어야 한다"(홍남기 부총리 2020.11.3. 국회 증언). 한국의 상속세는 전체 국세 징수액의 1.04%(2019년 기준)다. 세수 비중만 보면 부의 재분배 효과는 크지 않고 미미하다고 볼 수 있다. 그런데도 고율의 상속세를 유지하는 것은 한국에만 있는 재벌그룹이 존재하고 1970-80년대 국가 주도정책을 바탕으로 몸집을 키웠기 때문에 사회가 키운 몫은 사회로 환원해야 한다는 정서가 강하다. 그러나 최근 들어 상속세 개편 필요성이 제기되고 있다. 대기업 집단 규모가 다국적 규모로 커지면서 재벌 일가의 소유지분에 대한 상속세 부담이 고용·투자 등 사회적 가치를 훼손된다는 판단이 서고 있기 때문이다.

자본시장에선 이재용 삼성 부회장 등 상속인들이 11조 원 규모의 상속세 재원마련 과정에서 삼성전자·삼성물산에 대한 배당 강화, 일부 계열사 지분 매각 등을 시도할 것으로 전망하고 있다. 고용·투자 확대에 써야 할 자금이 배당으로 유출되는 한편 지분 매각으로 결국 지배주주 경영권이 약화될 수 있다. 2021년 초 이재용은 옥중경영을 하고 있다. 삼성전자 해외 이전설이 구체화 되고 있다. 법인세의 25%를 부담하는 법인이 탈출할 가능성이 크다.

손톱깎이 업체 쓰리세븐, 콘돔 제조업체 유니더스, 밀폐용기로 유명한 락앤락 등은 상속세를 납부하기 위하여 회사주식을 외국계 사모펀드에 매각했다. 선대의 기업을 상속세 때문에 승계하지 못한 것이다. 가업을 유지하려고 해도 고용과 투자 등 기업운영 자금을 상속세 마련을 위해 배당 등으로 유출하는 경우가 생긴다. 한국은 OECD 평균 상속세율의 두 배 수준이다. 소득세율이 높은 나라는 상속세율이 낮다. 살아서 내는 세금이 많으면 죽어서 내는 세금은 적게 내는 것이 세계적인 세율구조를 분석하면 확인된다.

사유재산을 무제한 인정할 경우 부의 편중 현상이 심화 될 수 있다. 그래서 고소득자에게 누진세율을 적용하고 상속·증여 행위에 높은 세율로 세금을 부과한다. 그런데 부동산과 달리 기업은 경제활동과 고용창출로 공익적인 성격이 있다. 가업상속 공제제도를 마련 가업을 승계할 경우 상속가액에서 최대 500억 원까지 상속공제 혜택을 부여한다. 중소기업과 일정 매출액 이하의 중견기업에 한정되고 적용요건과 사후관리 요건이 복잡하다. 가업 상속공제 적용받는 기업이 연간 100개 정도이다. 독일은 연간 1만 개를 상회한다. 상속 시점에 세금 혜택을 주지만 면세가 되는 것은 아니다. 상속 기업을 처분하는 시점에 상속세가 자본이득세인 양도소득세로 전환 되는 것이다.

캐나다·스웨덴 등 다수의 국가는 상속세를 폐지하거나 낮추는 경향이다. 가업승계인 경우에는 단순히 부의 대물림으로만 볼 것이 아니라 고용창출을 통해 국가 경제에 기여하는 행위로 볼 수 있다. 기업 승계는 선대부터 축적된 기술과 고용과 경영 인프라 등을 이어받아 기업 경쟁력의 지속적인 유지가 가능하여 국가 경쟁력을 높일 수 있다. 기업 상속공제를 확대하거나 세율인하, 또는 자본이득세 전환 등의 세제 혜택을 줄 필요가 있는 이유다. 기업의 성장 동력을 강화해야 한다. 황금알을 낳는 '거위의 배'를 과도한 세금으로 가르는 우매를 범하지 않는 제도가 절실하다.

상속세가 없는 나라는 중국, 이스라엘, 멕시코, NZ, 오스트리아, 싱가포르, 포르투갈, 체코, 캐나다, 노르웨이, 호주, 스웨덴이다.

■ 일본

일본은 후계자 부재 등으로 기업이 문 닫으면 종업원들의 일자리가 없어지고 국가 경제에 악영향을 끼친다. 인수합병(M&A)을 통해서라도 기업을 존속시키고 시너지 효과를 창출해 경제 활성화 도움이 주고자 가업상속에 대폭 감면제도를 도입했다. 일본은 상속세 최고세율이 55%로 한국 최고세율보다 높지만, 중소기업 상속할 때 여러 가지 감면조항을 적용하면 세금 부담이 감소한다. 후계자를 구하지 못하여 문을 닫는 기업이 속출하자 2018.4. '신산업승계제도'를 도입했다. 가업 상속할 때 상속세 납부를 5년간 유예하는 외에 손자 세대까지 상속되면 유예된 세금을 완전히 면제한다. 상속 후 5년 동안 80% 고용유지 조건도 폐지했다.

2017년 일본의 중소기업 후계자 부재 비율이 66%[149]다. 2025년에는 일본 기업의 3분의 1에 이르는 127만 개가 폐업 리스크에 직면할 수 있는 계산이 나온다. 저출산, 고령화로 직원채용이 어려워져 가업승계 기 피하려는 분위기가 팽배한 실정이다. 흑자 기업을 폐업할 수도 없어서 매각을 고려하고 있으며 매각이 성사되기도 하지만 폐업 절차를 밟기도 한다. 일본 산업계는 '대폐업 시대'의 위기감에 빠져 있다. 가업승계를 못해 대(代)가 끊긴 중소기업들이 '줄 폐업'에 빠져 일본 경제 전체가 흔들릴 수 있다는 것이다. 그래서 중소기업 가업승계를 돕는 카드를 꺼내 들었다. 한국도 참고하여 적극적으로 추진할 필요가 절실하다.

■ 독일 등

독일은 상속세 최고세율이 50%이지만 아들·손자 등 직계비속에게 가업을 승계시키는 경우 30%로 하향조정 되고 여기에 가업상속 공제를 적용하면 실효세율이 4.5%로 낮아진다. 프랑스도 직계비속이 승계하는 경우 상속세 최고세율이 45%로 하향조정 되고 상속공제를 적용하면 실효세율은 11.25%가 된다. 영국, 스위스, 프랑스는 배우자가 가

---

149) 일본 민간시장조사업체 2017년 조사 제국데이터뱅크(TDB)

업상속에 아예 전액 면제한다.[150]

OECD 37개 국가 중 17개 국가가 상속세를 이미 폐지했다.[151] 세계 각국은 상속세를 아예 폐지하거나 세율을 낮추거나 다양한 제도를 도입하여 기업 승계 상속의 길을 열어놓고 있다.

■ 삼성의 상속세부담

2020.10 별세한 삼성그룹 이건희 회장의 주식은 시가로 18조 2251억 원, 이재용 등 상속인이 부담해야 할 상속세는 10조6000억 원에 달한다. 5년간 연부연납의 경우 매년 2조1200억 원에 연부연납 가산금을 합산하여 납부해야 된다. 한국경제연구원(한경연)은 2020년 8월 5일 '기업 승계 시 과도한 상속세 부과 문제점' 보고서를 내고 "기업 승계 시 징벌적 상속세 부담으로 상속 재산 감소뿐만 아니라 경영권 승계도 힘들어 불확실해져 기업가정신이 약화될 우려가 있다"고 주장한다. 한경연은 이런 문제를 해결하기 위해 상속세율 인하 및 자본이득세[152]로의 전환이 필요하다고 주장한다. 자본이득세는 상속 시에는 과

---

150) 장대환, 『우리가 모르는 대한민국』 서울, 매일경제신문사, 2019. pp. 354-363.

151) 상속세 폐지한 국가: 룩셈부르크, 세르비아, 슬로베니아, 호주, 오스트리아, 캐나다, 에스토니아, 이스라엘, 멕시코, NZ, 노르웨이, 포르투갈, 슬로바키아, 스웨덴, 헝가리 등 17개국

152) 자본이득세(tax of capital gains): 자본이득(capital gains)이란 자본적 자산(capital assets)-주식, 토지, 건물, 광산 등-의 양도 또는 교환에서 발생하는 예상외의 가치 증대에 대한 이익을 의미하며 이 이익에 과세하는 것을 '자본이득세'라 한다. 선진국에서 과세하며 한국도 양도소득세라는 세목으로

세하지 않고 상속받은 자산을 처분할 때 피상속인(사망자)과 상속인 보유기간의 자본이득을 모두 합산과세 하는 것을 뜻한다.

이건희 회장 상속자산 18조2251억 원에 대한 한국은 상속세 10조5905억 원(실효세율 58.2%) OECD 국가 중 일본은 10조238억 원(55%), 미국 7조2718억 원(39.9%), 독일 5조4675억 원 (30%), 영국 3조6450억 원(20%) 순으로 계산된다. 한국이 이들 나라보다 GDP는 가장 낮은 나라인데 세금은 가장 많이 부담한다. 호주와 스웨덴은 자본이득세 체계이므로 당장 상속세는 0원이다.

■ 감세의 효과

한국경제연구원이 '감세가 정부의 지출을 늘리는 것보다 경제성장에 1.8배 더 효율적이다'라는 연구결과를 발표했다. 2013년 1분기부터 2019년 2분기까지 세금을 줄일 때 국내총생산(GDP)이 얼마나 증가하는지를 나타내는 지표인 감세 승수를 분석한 결과 연평균 1.02로 나타났다. 세금 100원을 깎아주면 연간 GDP가 102원이 증가한다는 뜻이다. 한편 재화와 용역 구입을 위한 정부 지출 승수는 연평균 0.58로 감세 승수의 58%에 불과했다. 정부가 100원의 재정지출 했을 때 연간 GDP는 58원이 늘어난다는 것이다.

감세 승수와 지출 승수 차이가 이렇게 44의 큰 차이가 나는 것은 정부 지출이 연금 지급, SOC 투자, 물건 구입 등 직접통로를 통해서만

과세하고 있다.

GDP에 영향을 미치는 데 비해 감세는 경제 주체의 경제활동 참여율을 높이는 파급 효과가 큰 것으로 분석되었다. 즉 기업에 대한 세금을 낮추면 기업이 세금 대신 확보한 재원으로 투자를 확장하고, 확장에 따른 수요효과는 공급처인 기업이 활성화하여 공급 효과가 유발되며 선순환된다. 근로소득세를 줄여주면 임금상승 효과가 있어 소비 여력이 늘고 취업 동기가 강해진다. 한국의 국세 수입 중 소득세와 법인세 비중은 2018년 기준 55%로 2001년 40%에 비해 15% 포인트 올랐다. OECD 37 회원국 중 2016~2018년 최고세율을 인상한 국가는 7개국으로 한국은 두 번째로 인상 폭이 높다. 여타 국가는 세율을 인하하였거나 동결했다.[153]

자유민주주의란 정치적으로는 민주주의이고, 경제적으로는 자본주의이다.

자본주의 또는 자유시장경제는 자유주의를 기반으로 하며, 이는 정부가 시장 개입하는 국가주의에 반대되는 개념이다. 그래서 자본주의는 창의와 경쟁이 허용되는 사회에서 번영했다. 영국의 경제학자 하이에크는 그의 저서 「예종의 길」에서 "이 세상을 천국으로 만들려고 한 바로 그 사람이 항상 지옥으로 만들었다"고 했다. 미국의 경제학자 미제스는 '대기업이 실수를 범하고 비리를 저지르는 것보다 거대정부가

---

153) 한국경제연구원, "감세 100원은 GDP 102원 늘고, 재정지출 100원 늘면 GDP 58원 늘어" 2019.10.4. 조선일보, 2019.10.5. "감세효과: 1.02 〉 재정효과: 0.58" 2019.10.5.

국민을 협박하는 것이 훨씬 더 심각하다'고 했다. 밀턴 프리드먼은 "불완전한 시장이라도 불완전한 정부보다 낫다"고 한다.[154]

4. 준조세

한국은 헌법에 의하여 조세의 종목과 세율은 법률로 정하는 조세법률주의를 채택하고 있다. 그런데 세법에 의한 세금 이외에 국민 개인이나 기업이 강제적으로 금전적 부담하고 있는데 이 부담을 '준조세'라 한다.

전국경제인연합회(이하 전경련)는 조세 이외에 국민이 강제적으로 지게 되는 준조세를 모든 금전적 부담인 광의의 준조세와 주로 기업이 대가성 없이 부담하게 되는 협의의 준조세를 나누어 분석하였다. 그 결과, 광의의 준조세는 2018년 기준 약 147조 6천억 원, 협의의 준조세는 약 62조 9천억 원으로 조사되었다.

기업은 법인세의 88.7%에 달하는 준조세(62.9조 원) 추가 부담하였다. 2018년 기준 기업이 주로 부담하게 되는 협의의 준조세는 약 62조 9천억 원으로, 이는 같은 해 법인세 총액인 70조 9천억 원의 88.7%에 이른다. 전 국민이 부담하는 광의의 준조세는 약 147조 6천억 원으로 조세 총액인 377조 9천억 원의 39.1% 수준이다. 이는 기업과 국민이

---

154) 다케나카 헤이조(김소운 역) 『경제 고전』 서울, 북하이브, 2010. pp. 205-260.

조세 외에도 준조세로 인한 큰 금전적 부담을 지고 있다.[155]

■ 문 정부 집권 부동산 관련 4대 세금 28% 증가

부동산 관련 4대 세금의 세수는 2016년 46조6000억 원에서 2021년에는 59조6000억 원으로 증가하여 28.3%가 증가한 것으로 분석되었다.

부동산 관련 4대 세금 증세 비교표[156]

	2016	2021	증세액	증가율	2021/2016
종부세	1조3000억	5조1000억	3조8000억	292%	3.92배
재산세	9조9000억	15조1000억	5조2000억	53%	1.52
양도세	13조7000억	16조9000억	3조2000억	23%	1.23
취득세	21조7000억	22조7000억	1조	5%	1.05
합 계	46조6000억	59조8000억	13조2000억	28.3%	

종합부동산세는 2016년 1조3000억 원에서 2021년 5조1000억 원으로 약 4배가 증가하였다. 통계청 순자산 지니계수는 2016년 0.586에서 2020년 0.602로 계속 상승했다. 지니계수는 0과1 사이의 값을 가지며 1에 가까울수록 불평등 정도가 높음을 의미한다. 유주택자와

---

155) 2020.7.6. 전국인경제연합회 '2018 준조세현황분석보고서'준조세란 조세 이외의 부담금, 사회보험료, 행정제재금, 수수료, 기부금 및 성금 등 모든 비자발적 부담을 통칭하는 개념으로 쓰이고 있다. 전국경제인연합회 등 기업 입장에서 작성된 개념으로 학문적으로 합의된 정의는 없다.

156) 유경준 의원실 제공: 유 의원은 통계청장, KDI 수석이코노미스트 등을 역임했음 중앙일보, 2021.1.28. "집값도 못 잡고—— 문재인 정부 5년간 종부세 4배로"

무주택자간에 자산 격차 심화, 수도권과 지방 자산 간의 가격 양극화가 원인으로 꼽힌다. 여기에 고가 아파트와 저가 아파트의 가격 차이도 역대 최대로 벌어졌다. 정부의 수요·공급 원리에 역행하는 반시장적 규제 탓이 크다. 대부분 세금 중과와 대출을 막는 수요 억제책에 집중했지 수요에 따른 공급 대책은 소홀했다. 자산 거래세는 OECD 평균 0.45%인데 한국은 1.89%로서 가장 높다. 양도세 비중도 OECD 평균 0.15%인데 한국은 0.95%로서 스웨덴, 미국에 이어 3위로 높다.

■ 제안

1) 상속세율을 OECD 평균인 25% 수준으로 인하

2) 가업상속세는 1차적으로 공제제도 요건을 완화하여 기업경영 존속 기간 10년 이상을 선진국처럼 3~5년으로 단축(프랑스 3년, 독일 5년)하고, 고용인원 100% 유지 10년 이상을 대폭 완화(프랑스는 없음)하고, 2차적으로 세율을 대폭 5% 수준 인하 또는 폐지

제5 전략,
소득주도정책 탄력적 운용

소득주도 정책은 저임금 근로자의 소득을 높여 소득 불평등을 개선하겠다는 정책을 말한다. 최저임금 인상과 주 52시간 근로제도가 소득주도 정책의 핵심이다.

1. 최저임금제도

최저임금제도는 근로자의 생계비, 노동생산성, 유사 근로자의 임금 등을 고려하여 정부가 결정·고시하며, 사용자가 해당 근로자에게 그 이하의 임금 지급을 할 수 없도록 함으로써 국민경제를 건전하게 발전시키고자 하는 일종의 임금 통제가격이다. 임금 지급 하한선을 정부가 정한다.

한국에서는 1953년 「근로기준법」을 제정할 당시부터 최저임금에 관한 규정을 두고 일정한 사업 또는 직업에 종사하는 근로자의 최저임금을 정할 수 있도록 했다. 그러나 여건이 성숙되지 못해 최저임금제도는 시행되지 못했고, 행정지도의 하나로 근로자의 최소한도 생활을 보장하기 위한 임금에 대한 행정지도가 있었다. 그 뒤 1986년 12월 31일 「근로기준법」상의 최저임금 규정이 삭제되고 새로이 법률 제3927로 「최저임금법」이 제정되었다.

이후 1987년 시행령이 제정되어 일정한 사업·사업장에 적용할 최저임금을 매년 11월 30일까지 결정, 고시하도록 강제규정을 두어 다음 연도에 적용하도록 했다. 따라서 사용자는 최저임금의 적용을 받는 근로자에 대해서는 최저임금액 이상의 임금을 지급해야 하며 위반 시에는 형사 처분을 받으며, 현행 「최저임금법」에서는 최저임금액에 미달하는 금액으로 임금계약이 체결되었을 경우, 그 부분에 한해 이를 무효로 하고 최저임금과 동일한 임금을 지급하도록 정하고 있다.

최저임금에 관한 규정은 사용자에게 근로자의 최저임금 이상을 보장하라는 강제성을 지니고 있으므로 그 이하일 경우 최저임금 규정이 자동으로 효력을 갖게 된다.

최저임금 제도는 1988년부터 10인 이상의 근로자를 고용하는 제조업체에 시행되었고, 그 뒤 1989년에는 광업·건설업에도 확장되었으며, 1990년부터는 10인 이상을 고용하는 모든 산업체에 적용되고 있다. 2008년 이후 근로자를 고용하는 모든 사업 또는 사업장에 적용하고 있으며, 다만, 동거하는 친족만을 사용하는 사업과 가사(家事) 사용인에는 적용하지 않고 있다.

최저임금제도는 저임금의 해소, 임금격차 완화, 소득불평등 개선하고, 근로자에게 일정수준의 생계를 보장함으로 생산성 향상을 꾀하며, 기업인에게는 저임금 기반의 기업경영을 불식하고 적정임금을 보장하여 기업경영의 합리화를 기하는 데 목적이 있다.

최저임금제는 19세기 말과 20세기 초 섬유·의류·제지 공장 등 저소득 근로자들이 대거 몰린 사업장(sweat shop)에서 취약계층을 보호하고 아동노동 착취 방지를 목적으로 시작한 제도이다. 다수의 경제학자는 이를 시장에 대한 정부의 개입으로 해석한다. 경쟁시장에서 최저임금을 올리면 고용이 줄어든다는 것이고 최저임금을 '일자리 킬러(job killer)'라고까지 부른다.

정부가 일자리를 창출하겠다고 하지만 실제로 일자리 창출은 민간 부분이 한다. 역사에서 반복되어 왔듯이 일자리를 창출하는 기업과 기업인을 핍박하는 것은 경제를 황폐화시키는 지름길이다. 오히려 세금을 대폭 줄이는 것이 경제에 활력을 넣는 최선의 자극제다.[157]

소득주도 성장 목표는 성장이다. 성장을 하려면 생산성을 높이거나, 자본이나 노동의 투입이 늘어나야 된다. 재분배에 가까운 최저임금 인상으로 가능한 일이 아니다. 이런 일이 가능하다고 입증된바 없다. 한국의 최저임금의 급격한 인상이 경제 전체의 총소득을 올리려는 것인지 불평등을 해소하기 위한 것인지 분명하지 않다.

---

157) 스티브 포브스 외, 같은 책, p. 10.

총소득 인상이라면 최저 임금만 올려서는 부족할 테고, 불평등을 완화하기 위한 것이라면 성장과는 거리가 있다. 정부가 세금을 더 걷어서 시장을 대신하여 성장과 일자리를 만들겠다는 것은 곤란하다. 이대로 정책을 추진하면 한국경제의 앞날이 걱정스럽다. 유연한 고용형태를 외면하고 강제로 정규직을 추진하면 노동 시장의 유연성과 다양성은 사라지고 경직 된다. 오히려 일자리 감소로 이어질 것이다. 정부는 인프라를 깔아줘야지 직접 지원한다고 나서면 안 된다. 정부 지원에 기대하기 시작하면 벼랑 끝에 서 있다는 마음이 풀어지고 경로의존성[158]에 빠져 결국 망할 수밖에 없다.[159]

한국에서 최저임금은 2012년부터 2017년 사이에 매년 시간당 260원 내지 440원 점진적으로 인상하여 왔다. 2018년 최저임금을 대폭 16.4%(1,060원) 인상 7,530원으로 고시 시행하고 있다. 이로 인하여 중견기업과 소상공인들을 중심으로 한계 기업은 도산, 폐업, 축소운영

---

158) 경로의존성(Path Dependency); 한번 경로가 정해지면 그 관성 때문에 다른 방식으로 바꾸기 어려운 현상을 사회과학에선 이를 경로 의존성(Path Dependency)이라고 한다. 일련의 사건들이 최초에 특정한 방식으로 진행되면 그 뒤에는 제도와 조직을 변경 불가능할 정도로 경직되게 만드는 현상을 말한다. 즉, 과거의 진행 방향에 의존하게 된다는 이론이다. 어떤 경로에 의존하기 시작하면 그것이 비효율적이라는 사실이 판명된 후에도 그 길을 벗어나기 어렵다. 이는 우리가 과거에 지나온 경로와 습관에 의존해 미래의 진로를 결정해 왔기 때문이다. 관성이 인간의 삶에 투영되면 타성이 된다. 늘 하던 방식을 답습하고 웬만해선 바꾸려 하지 않는 경향이다. 타성에 젖은 사람은 변화를 두려워하고, 잘못된 습관을 고치지 못한다. 개선도 없고 발전도 없다.

159) 이인실 서강대 경제학 교수 "소득 주도 성장? 정부정책은 감성적이고 위험—경제는 현실이다" 2018.6.21. 조선일보

이 불가피해 졌다. 일자리는 줄고 실업자는 양산하고 폐업은 속출하는 등 기업 대란이 벌어졌다. 살아남기 위해 공장은 해외로 탈출했거나 탈출 준비 중에 있다. 해외 탈출 능력이 없는 기업은 폐업으로 이어진다. 해외 탈출도 폐업도 못하는 국내에 있는 소상공인은 처음으로 집단적으로 거리로 나와 살려 달라고 절규한다.

더구나 정부는 2019년 최저임금을 10.9%(820원)인상 8,350원으로 고시하였으며 이를 주휴수당을 고려하면 최저임금이 10,020원이 된다. 정부고시를 철회하고 동결시켜야 한다. 수출입은행에 따르면 2017년 해외투자는 44조 원으로 1980년 이후 최대 투자를 했으며 중소기업은 해외 공장을 지은 숫자도 1,884곳으로 작년 같은 기간보다 700개 증가(60.3%)했다. 떠나는 중소기업이 60% 증가했음을 의미한다. 정부 의도와는 달리 역방향으로 사실상 오프쇼링 정책을 쓰고 한편으로 정부가 직접 일자리 창출하겠다고 예산을 펑펑 쓰고 있다.

■ 공공 단기 알바- 인적 자본 파괴행위

폴 로머*Paul Romer* 뉴욕대 교수는 주장한다. 기술축적이 안 되는 일자리를 아무리 늘려 봐야 경제성장에 도움이 안 된다. 아무것도 배울게 없는 공공일자리는 오히려 인적 자본을 파괴한다. 노동력이 기술을 습득해 혁신을 이룰 때 경제가 성장한다. 그러므로 정부가 사람들에게 돈을 줄 때는 신중히 해야 한다. 강의실 불을 끄기 등 기술축적이 안 되는 공공일자리에 대해 부정적이다. 한국 정부가 추진하는 소득

주도정책이 성공하려면 실업률이 낮아야 한다.

2018년 실업률은 3,8%로서 2001년 이후 17년 만에 가장 높은 실업률이다. 최저임금이 높아질수록 높은 임금을 받을만한 기술을 갖지 못한 젊은 저숙련 노동자들이 경쟁력을 상실하게 된다. 한국 젊은 노동자들이 노동시장에서 아예 쫓겨날 수 있다. 청년들이 경제활동 인구에 편입되지 못할수록 국가 성장의 길도 막힌다. 최저임금은 빈곤층에 도움이 될 것으로 정책 당국자들이 판단하고 있지만 여러 조사에서 밝혀졌듯이 빈곤층에 도움이 되지 않는다는 점에 문제가 있다. 비숙련 근로자들을 고용하는데 드는 비용이 너무 많다면 고용주는 인원을 줄이게 되어 비숙련 근로자들의 실업률만 높이게 된다. 미국에서 한 때 흑인 십 대와 백인 십 대의 실업률이 거의 비슷했다. 그러나 최저임금이 상승하면서 1980년대 말에는 흑인 십 대의 실업률이 40%까지 올라갔다. 최저임금을 인상하면 극빈층에 타격을 줄 뿐 아니라 물가 인상으로 사회에도 부담을 준다.[160]

일반적인 소득주도정책 이론은 보조금 지급이나 감세와 같은 단기적인 경기진작 정책이며, 장기적 성장을 위해 아예 다른 정책이 필요하다. 경제의 지속성장은 노동, 자본과 같은 양적 투입보다는 인적 자본, 기술 등과 같은 질적 변화에 달려 있다.[161]

---

160) 스티브 포브스 외, 같은 책, pp. 244-245.

161) 폴 로머, 조선일보, 2019.3.28. "공공 단기 알바? 그건 인적 자본 파괴 행위"

일자리 창출은 기업이 하는 것이지 정부가 직접 창출하겠다는 자체가 사회주의 발상으로 성공한 사례가 없다. 전 정부에서 30만 개 일자리가 증가하였는데 현 정부가 일자리 창출을 위하여 집권 후 2년간 예산 54조 원을 퍼부은 결과 지난 2018년 7월 일자리 5,000개 증가로 멈추고 말았다. 54조 원이면 근로자 연봉 1억 원을 지급한다면 27만 개(54만/2년) 일자리 창출을, 연봉 5,000만 원 일자리라면 54만 개(108만/2년) 일자리를 창출한다는 계산이 나온다. 정부의 헛된 정책에 이제 더는 고집 부리거나 집착하지 말기 바란다.

통계청 발표(2019.8)를 보면 2017년 1월-2019년 8월 사이에 초단기 일자리는 52만 명이 증가하였으나 풀타임(주 36시간 이상) 일자리는 118.7만 명이 줄었다. 30대는 36만 명이, 40대는 56만 명이 줄었다. 월 230만-690만 원 벌어들이는 중산층은 2015년 67.9%에서 16년 66.2%, 17년 63.8%, 18년 60.2%, 19년 58.3%로 계속 추락했다. 그런데 대통령은 2019년 9월 "우리 경제가 올바른 방향으로 가고 있다"고 주장한다. 중산층이 무너지면 나라 경제가 모두가 함께 무너지는 것이다. 정부는 반(反)시장 정책을 접고 경제에 활기를 불어넣어야 한다. 예산 들이지 않고 대통령 의지만 있으면 경제 회복은 어렵지 않다.

최저임금은 하향 30% 범위에서 노사가 자율적으로 적용할 수 있도록 탄력적으로 운영하거나 강행규정을 권장사항으로 해야 한다. 또한, 업종별, 지역적, 규모별로 차등 적용해야 한다. 정부가 의도하진 않았겠지만, 그러나 결과적으로 기업을 해외로 내몰고, 소상공인들을 길거리로 나갈 수밖에 없는 정책은 조속히 시정되어야 한다. 일자리 예산 2017년과 2018년 54조 원, 2019년 21조2000억 원, 2020년 26조8000억 원을 집행했고, 2021년 30조6000억 원 편성했다(기획재정부). 합계 132.6조 연평균 33조1500억 원 투입한 것이다.

■ 최저임금— 결국 저소득층 부담[162]

최저임금, 정확히 표현하자면 최저 시급(時給)을 의미하며 2018 최저임금 인상 폭(16.4%)은 2001년(16.8%) 이후 최고로 올린 것으로 대부분 중소업체·소상공인들이 "인건비 부담 때문에 사업을 접어야겠다"고 아우성이다.

실제는 어떨까. 1994년 프린스턴대 경제학과 데이비드 카드·앨런 크루거 두 교수가 공동 발표한 논문은 이런 통념에 반기를 들었다. 이들은 미 뉴저지주가 최저임금을 18.8% 인상한 데 따른 패스트푸드점 고용 변화를 접경지인 펜실베이니아주와 비교해 연구했는데 예상과 달리 뉴저지는 오히려 고용이 늘고 펜실베이니아는 감소했다.

---

162) 2018.5.21. WEEKLY BIZ 데이비드 뉴마크(Neumark) UC 어바인대 교수 / 김연정 객원기자

그렇다면 진실은 뭘까. 카드& 크루거 논문에 대해 집요하게 문제점을 지적해온 경제학자가 있다. 미국 내에서 최저임금 관련 연구 분야에서 가장 권위를 인정받는 데이비드 뉴마크(Neumark·59) UC어바인대학 경제학과 교수다. 뉴마크 교수는 "최저임금 인상이 고용에 부정적인 영향을 끼친다는 연구는 그동안 숱하게 나왔기 때문에 재론할 가치도 없다"면서 "가난한 사람을 위해서 최저임금을 인상하겠다고 주장하는 건 자유인데 문제는 고용효과가 별로 없다는 점이다"라고 강조했다.

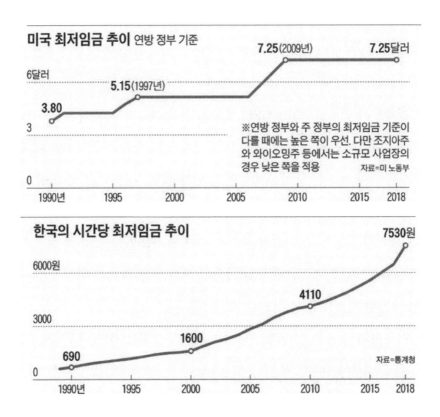

미국 최저임금 추이 연방 정부 기준

7.25 (2009년)   7.25달러

6달러

5.15 (1997년)

3.80

3

※연방 정부와 주 정부의 최저임금 기준이
다를 때에는 높은 쪽이 우선. 다만 조지아주
와 와이오밍주 등에서는 소규모 사업장의
경우 낮은 쪽을 적용   자료=미 노동부

0

1990년   1995   2000   2005   2010   2015   2018

한국의 시간당 최저임금 추이

7530원

6000원

4110

3000

1600

690   자료=통계청

0

1990년   1995   2000   2005   2010   2015   2018

2. 주 52시간 근무제도

주 52시간 근무제는 1주일에 52시간(=주중 40시간+12시간) 근무할 수 있다는 의미이다. 이를 위반하면 사업주에게 2년 이하 징역 또는 2,000만 원 이하 벌금에 처하는 제재를 받는 제도이다. 이는 노동생산성을 상승시키고, 실업자에게 일자리 제공 효과가 있고, 산업체 재해손실을 감소시키는 효과를 기대하고 있다. 정부는 이 제도 시행으로 일자리 나누기 13.7만-17.8만 개 창출할 것으로 기대했고, 제조업 재해감소율 1.4%~5.3% 효과를 기대했다. 종업원 300명 이상 2018년 7월 1일 시행, 50명~299명 2021년 1월 1일 시행, 5-49명 2021년 7월 1일 시행 일정에 따라 점진적으로 일관 확대 시행하고 있다.

통계청이 집계한 2019년 2월 종업원 기준 300인 이상 대기업의 취업자 수는 245.9만 명으로 주 52시간제도 도입 직전 2018년 6월 대비 8개월 만에 10.6만 명이 감소했다. 반면에 월평균 근로시간은 상용근로자 1인당 28.3시간 줄었고, 임시·일용근로자 1인당 11.9시간 감소했다. 대기업 취업자 수가 줄어든 것은 주력 제조업 침체 등 다른 요인도 작용했겠지만 최저임금제 도입 적용이 더욱 고용 확대에 현실적인 제동이 걸린 것으로 분석된다.

근로자의 월급은 예측과는 달리 노동시간은 줄었지만, 근로자의 월급은 그대로이거나 더 늘었다. 고용노동부 발표한 '사업체 노동력조사'에 의하면 2019년 1월 상용근로자 1인당 월급은 418.5만 원으로 전년 같은 달 대비 8.6% 늘었고, 임시·일용근로자는 월평균 임금 153.6만 원으로 6.3% 증가했다. "근로시간 단축으로 야근시간이 줄면 임금 보전을 요구하는 근로자들의 압력이 커져 노동시간당 임금은 증가하게 된다. 한편 기업은 신규 고용 보다는 협력업체의 납품 단가를 내리거나 제품가격의 인상을 통하여 근로시간 단축에 대응하게 될 것"(한국경제연구원)이라는 분석이다. "이 제도 도입으로 시간당 노동비용의 증가에 따라 노동을 기계로 대체하는 속도가 빨라질 수밖에 없으므로 일자리는 더욱 빨리 줄어들게 될 것이다"(김원식 건국대 교수).

■ 근로시간 단축에 타격받는 주요 업종

전 사업자에게 생산성은 제자리이거나 감소하였음에도 실질적 급여 부담액증가로 기업 경쟁력이 약화 된다. *IT(정보기술)산업은 신제품 R&D에 3~6월이 소요됨에 따라 R&D 기간 집중·초과 근무가 일상적인데 IT 개발 경쟁력이 약화 된다. *정유·화학 산업은 정기적으로 설비 보수 작업이 필수적이며 보수 작업시간이 80-100시간 단기간 내에 중단 없이 진행되어야 하는바 정기 보수 기간이 장기화함에 따라 매출에 직격탄을 맞을 수 있다. *제약·바이오산업은 동물 실험 단계부터 6개월 이상 주당 80시간 이상 계속 근무해야 하고, 신약 개발에 대부분 최소 장기 10년이 요구되는 프로젝트로 연구 인력 확보가 난제이다. *건설업종은 공사기간 연장될 가능성이 커짐에 따라 연체 공사로 이어져 손실이 발생할 가능성이 크고, 근무 단축에 따라 협력업체의 경영

난이 우려 된다. *야외서 구조물 조립하는 조선업과 같이 특성상 기상 조건에 따라 근무일이 들쑥날쑥한 업종은 초과 근무를 안 하려면 인력 채용을 늘려야 하지만, 지금 빅3(즉 현대중공업, 삼성중공업, 대우조선해양) 외에 그 여력을 갖은 곳은 없는 실정이다. *노동력 난제에 따라 노동력을 기계 또는 로봇으로 대체하여 기업에는 일시적인 시설 증설에 따른 막대한 자금 압박을 받게 되어 경영난에 봉착한다. *이도 저도 해결책이 없는 경우에는 사업을 양도하거나, 폐업하거나, 리스크를 감안하더라도 해외로 탈출한다.

근로시간 단축이 기업에 미치는 영향에 대하여 157개 국내 제조 기업연구소를 갖고 있는 최고기술책임자(COT)에게 설문 조사 내용은 *인건비 상승으로 기업 경쟁력 약화: 33.6%, *탄력적 운영 상실로 인력난 가중: 24.5%, *임금 문제로 인한 노사갈등 심화: 22%, *기타: 19.9%이다.[163] 또한, 77.7%가 근로시간 단축으로 '기업경영 활동이 차질을 빚을 것'이라 답했고, '차질이 없을 것'라는 답변은 22.3%에 불과했다. 조사 대상 CTO의 17.2%만 '근로시간 단축에 준비가 잘 되었다'고 답했다.

근로시간 단축은 특정 일정 기간 밤낮없이 가리지 않고 집중적으로 일해야 하는 연구개발(R&D) 분야나, IT·제약·바이오산업 등에서 우려

---

163) 조선일보 2018.3.19. A3 "무조건 주 52시간— 잡스도 부러워한 한국의 '빠른 혁신' 느려질라'조선일보 2018.3.19. 사설 "실리콘밸리, 中關村과 거꾸로 가는 한국 근로시간 단축"

가 크다. 주 52시간 근로를 금지한 법률 때문에 기술개발과 신제품개발 제품 출시에 늦깎이는 설 자리가 없게 되어 국제경쟁력을 상실하게 된 다. 반도체는 몇 달 또는 며칠 먼저 개발 출시하는 기업이 세계 시장을 독식하는 산업이다. 집중과 속도가 경쟁력의 핵심이다. 따라서 한국의 반도체 기업들은 6개월 단위로 개발 프로젝트를 진행하면서 막판 2~3 개월은 밤샘 근무가 일상화된 상황이다.

하지만 법적 근로시간 단축으로 프로젝트 공정에 차질이 발생한다. R&D 특성상 교대근무가 힘 든다. 반도체뿐만 아니라 IT·제약·바이오·건 설·자동차·유통 등 대부분의 산업 분야가 비슷하다. 계절 인력들도 비슷 하다. 근로자 혹사는 안 된다. 하지만 모든 정책은 유연해야 한다.

해외 입법례는 일감이 몰릴 때, 계절 인력이 필요할 때, 속성상 계속 장시간 지속적인 공정이 필요할 때, 일감이 한꺼번에 몰릴 때, 기타 업 계의 필요에 따라 탄력적으로 적용하고 있다. 미국은 근로시간 규제가 아예 없다. 일본은 일감이 몰릴 때 집중적으로 일하는 탄력 근로제를 1년까지 허용하고 있다. 1년간 법정 근로시간만 지키면 신축적으로 근 로시간을 조절할 수 있다. 독일, 영국 등 유럽 주요국들은 근로시간을 노사 자율 합의에 맡기고 유연 근로제를 적극적으로 활용하고 있다.

한국은 탄력 근로제를 3월로 제한했고 신청요건도 복잡하다. 이를 1 년 단위로 법정 시간만 지키면 허가제가 아닌 신고제로 탄력적 적용으 로 개선이 절실히 필요하다. 적어도 업종별, 규모별, 지역별 탄력 적용이 필요하다. 일할 때 밤을 새우는 미국의 실리콘밸리와 중국 중관촌(中關村)의 문화가 미국과 중국의 경쟁력을 낳는다.

실리콘밸리는 출퇴근 시간이 없다. 주 52시간 일률적 적용이 개인이 일할 수 있는 권리까지 막고 있다. 인재는 시간이 아닌 성과로 평가받고 도전을 통해 차별화된 가치를 창출한다. 특히 초기 벤처기업인 스타트업계에선 자신의 이익을 위해 자발적으로 주 52시간을 훌쩍 넘겨 일하는 경우가 일상적이다.

그런데 이들이 일할 수 있는 권리를 국가가 빼앗아 가고 있다. 다양화하는 노동 형태를 포용하기 위해서라도 제도를 개선해야 한다. 근로시간을 줄이고 저녁이 있는 삶을 보장하자는 선의의 취지로 52시간제를 일률적으로 강행했지만, 부정적 여파가 산업계 전체를 강타하고 있다. 근로자는 소득이 줄어 힘들고, 기업은 치열한 국제 경쟁에 대응하지 못하는 게 현실이다. 미국의 거대 플랫폼을 만들어 낸 실리콘밸리에는 근로시간의 제한이 없을뿐더러 때로는 그냥 놀다가 혹은 공원을 산책하다가 아이디어가 떠오르면 사무실로 달려가 밤잠을 설치며 프로그래밍을 하고 제품을 개발한다. 알리바바, 텐센트, 화웨이 같은 중국 기업들도 근로자들이 일하고 싶을 때는 얼마든지 시간의 제약을 받지 않고 일할 수 있고 성과급을 받는다.[164]

---

164) 대통령 직속 4차산업혁명위원회 위원장 장병규보고서 2019.10.

■ 주 52시간 근로제 – 누구를 위한 제도?

한국의 경우 개발자가 더 연구하고 싶어도 할 수 없는 법적 제한을 받는 현실, 이는 왜 누구를 위하여, 무슨 이유로 기업이 그리고 종사원이 아우성을 치는데도 규제를 하며 정부는 못들은 척하는지 알 수 없다. 민주노총이 국회 청사 울타리를 불법으로 넘어갔기 때문인가?

칼 퇴근하는 판사, 위급환자 수술 중 의사, 화재 진압 중 소방사, 강력 범죄자 검거 중인 형사, 장거리 화물차 운전 중 기사, 항해 중 바다 가운데 있는 항해사, 지방 출장 중인 CEO 업무 중 승용차 기사 등 이들은 어떻게 할 것인가? 한국은 북유럽 국가들처럼 선진국이 아니다. 한국에서 엘리트가 놀기 시작했다는 것은 나라가 퇴보한다는 신호다.

3. 노동생산성

한국의 노동생산성[165]은 너무나도 낮으며 초라하다. OECD에 따르면 근로시간 당 GDP으로 평가한 한국의 노동생산성은 2017년도 회원국 36개 국가(평균$48.2) 중 29위 $34.9이다. 아일랜드 $85.9 제일 높고, 미국 6위 $64.2, 독일 10위 $60.5, 일본 20위 $41.8 등이다. 체코 27위 $35.3, 폴

---

165) 노동생산성 계산: 한 나라의 총생산시간을 구한다. 요컨대, 재화와 용역을 생산하는데 든 총 인시(1인 1시간의 노동량)를 계산하는 것이다. 어느 나라든, 특정기간 동안 노동인구수를 알아내서 평균노동시간을 곱하면 된다. 그 나라에 1억 명이 있고 평균노동시간이 40시간이라고 한다면, 총생산시간은 40×100,000,000 = 40억이다. 미국의 경우, 노동통계청 (BLS) 웹사이트에서 핵심 통계수치들을 찾을 수 있다(한국은 고용노동통계 웹사이트 참조). 그 외 국가의 노동생산성은 온라인에서 관련 경제 리서치를 검색하면 찾을 수 있다.

란드 30위 $33.9로서 우리와 비슷한 나라이다. 주 단위로 최대 근로시간을 52시간으로 경직적으로 제한하여 노동공급을 축소하고 이에 상응하는 노동생산성이 이루어지지 않으면 경제에 치명적인 문제가 발생할 수 있다.

노동생산성을 위하여 근로시간을 탄력적인 운영이 필요하다. 첫째 근로시간 축소는 단순히 매주 52시간보다 적은 시간 근로를 제공해야 한다는 의미가 아니라 평균적으로 노동시간을 줄인다는 개념으로 접근해야 한다. 이를 위해 유연근로제·탄력근로제처럼 노동시장의 경직성을 완화함으로 효율적인 고용-근로관계가 형성되어야 한다. 둘째 현재 만연하고 있는 연공서열에 기초한 임금체계를 생산성과 성과가 반영되는 보상체계가 따라 생산성을 높인 근로자가 성과급을 받아야 한다. 셋째 적절한 자본투자가 병행해야 한다. 기업환경을 개선하여 투자를 유도하는 것이 궁극적으로 경제성장을 가능하게 하여 근로자의 소득을 올릴 수 있는 재원이 보장되는 것이다.

종업원 300명 미만 사업체 종업원의 현재 부족 인원이 10만1621명이었으나 주 52시간제 도입에 따른 추가부족 인원은 33만8298명으로 전체 부족 인원은 43만9919명으로 조사 되었다.[166]

---

166) 중소기업중앙회, 2018.3.

중소기업 종업원 인력부족 상황 2018.3. 조사, 중소기업중앙회

종업원 수(규모)	5~9인	10~29인	30~99인	100~299인/합계
현 부족인원	2만4444명	3만7872	2만7020	1만2285/ 10만1621명
근로시간 단축 후 필요인원	3만3167	8만9158	12만4488	9만1485/ 33만8298명
부족인원 합계	5만7611명	12만7030	15만1508	10만3770/ 43만9919명

　최저임금 급속 대폭 인상, 주 52시간 근무제 시행으로 얻은 것은 일자리 참사요, 실업자 양산이요, 빈부 격차 심화요, 저소득층은 더 많은 소득 저하요, 소상공인들의 폐업 양산이요, 기업의 해외 탈출이요, 공장 매물 증가요, 텅텅 비어있는 임대 빌딩과 점포요, 온 국민의 대정부 원성이다. "내일 망할지 예단할 수 없는데 벤처기업이 어떻게 '52시간' 지키나", "돼지 열병 방역도, 성범죄자 추적도--'52시간 지키세요.'" 주 52시간 근로제 연장은 신청-승인제도는 당연히 신고제로 해야 한다.

제6 전략,
탈 원전정책 철회(폐기)

1. 에너지 주권국

     '에너지를 지배하는 나라가 세계를 지배한다.' '에너지 지정학'
은 오늘의 세계를 설명하는 진실 중의 하나다. 미국이 2010년 이후 석
유 나라 중동에서 서서히 손을 떼고 중국 봉쇄에 집중하게 된 배경에
는 자국 내에 셰일 오일(지하 암석 오일)을 거의 무제한 캐낼 수 있는 신
기술의 개발에 있다. 미국의 셰일 오일은 장기적이고 구조적인 저유가
시대를 열었는데 원유(原油)만으로 쉽게 고공행진의 고유가에 포퓰리
즘에 빠져 천국 놀이하던 베네수엘라는 유가 하락과 국민의 경로 의존
형[167] 만네리즘에 함몰되어 나라가 급속도로 붕괴했다.

    현재 세계의 에너지 권력이 가장 뜨겁게 충돌하는 곳은 중국의 동쪽
해안 경계선을 따라 인도차이나 반도와 인도를 넘어 아라비아 반도에
이르는 진주목거리*String of Pearls* 지역이다. 그 중에서도 한국, 일본 영

---

167) 경로 의존path dependency: 한번 정해지면 그것이 관성으로 굳어져 좀처럼 다른
    형식으로 바뀌기 어려운 현상을 말한다. 스탠퍼드대 경제학 교수 풀 데이비드에
    의하여 정립되었음.

해와 맞닿은 동중국해에서 시작해 대만, 필리핀, 홍콩, 베트남, 싱가포르를 아우르는 남중국해까지 해상 공간에서 미국과 중국의 권력이 첨예하게 부딪치고 있다. 개별 나라들을 힘으로 압박하거나 돈으로 끌어 들이는 등의 방식으로 자국에 유리하게 에너지 환경을 조성하기 위해 미·중 양대 강대국이 벌이는 싸움터다.

한 국가의 어떤 정권이든지 집권하게 되면 지속 가능한 에너지원을 확보하고 다른 나라보다 유리한 조건에서 안정된 에너지 수송 문제에 집중하기 마련이다. 국력이 약하거나, 국론이 극도로 분열되었거나, 권력의 리더십이 매우 취약할 때에는 에너지 주권이 다른 나라로 넘어간다.

한때 아시아의 진주로 풍요의 상징이었던 필리핀이 그렇다. 1992년 수빅만에 주둔했던 미군이 철수한 뒤 필리핀의 에너지 주권은 중국에 넘겨졌다. 2012년 수빅만에서 불과 120해리 떨어진 암초 섬에 중국군을 침투시켜 콘크리트 활주로를 일방적으로 구축하면서 그 해상 지역의 실질적인 지배자가 된 중국이 힘으로 필리핀을 압박했다. 돈으로 필리핀을 끌어 드린 경우도 있다. 2009년 중국의 국가전망유한회사 SGCC가 필리핀 전체 가구의 78%에 전력을 공급하던 필리핀 전국송전회사NGCP의 지분 40%를 사들였다.

당시 적자 누적에 시달리던 NGCP를 민간에 매각했는데 이 틈을 타 중국 국가 자본이 최대의 주주가 된 것이다. 전력운영 인력공급계약을 체결하고 운영 인력을 중국이 차지하고 그 회사의 통신 장비를 중국 화웨이로 채웠다. 필리핀 NGCP를 제어하는 시스템이 중국 난징에 있다.[168] 필리핀 전선망의 컨트럴 타워가 필리핀 영토가 아닌 중국에 있다는 충격적인 보도다. "중국 난징에 있는 NGCP 제어시스템의 운영과 관리는 관련 기술을 중국 엔지니어들이 독점하고 있다. 필리핀 엔지니어들은 핵심 시스템에 접근할 권한이 없다. 일부 매뉴얼은 중국어로만 제공되었고, 중국 엔지니어들만 접근할 수 있다. 필리핀 전역의 전력망이 사실상 중국 정부의 완전한 컨트럴 아래에 있다." 에너지 주권이 중국으로 완전히 넘어간 것이다. 에너지 주권이 문제가 되는 것은 평상시에는 모르다가 전쟁과 같은 국가 위기 상황이 전개되었을 때 결정적으로 발생한다. 나라의 안보와 직결되는 문제는 최악의 상황을 상정해 다루어야 한다. 에너지 시스템은 나라의 심장과 같다. 자기 심장을 남에게 넘겨준 나라가 중요한 의사결정을 정상적으로 할 수는 없다.

한국은 원래 에너지 주권이 없었다. 원유 등 에너지 자연자원이 결핍되었기 때문이다. 에너지는 건국 초기에 절대적으로 미국에 의존했다. 산업화 이후에도, 그리고 지금도 수입에 의존한다. 다만, 일부 원전 22.5%, 신재생 11.3%(2017년 기준, 산자부 제공)를 제외하고 66.2%를 수입에 의존한다. 한국 정부와 원자력 엔지니어들이 '두뇌에서 캐낸 에너지'인 원자력 원전기술을 국산화한 때가 1990년대 후반이었다. 한국이 처음으로 부분적이지만 에너지 주권 개념이 성립된 것이다. 1970년 수입한 원자로가 들어 선지 30년 만이었다. 한국인에게 지켜야 할 에너

---

168) CNN 2019.11.26. 보도.

지 주권이 생겼고, 그 에너지 기술을 수출할 수 있었으며(2009년 UAE 와 원전 건설 및 운영 계약 체결), 세계 최고의 원자력 기술을 인정받았 다(2019년 미국 원자력규제기관 NRC가 한국형 원전 설계 인증).

2017년 문 정부가 갑자기 숙의 과정도, 법적 절차도 없이 탈원전정책 을 선언하고 밀어붙이고 있어서 원전 생태계가 파괴되고 있다. 영국(원 전 건설 MOU 체결했었으나 무산), 사우디아라비아, 체코 등지로 가시 화됐던 원전 수출이 무산 되었다. 한국 에너지 주권의 원천이었던 원 자력 기술은 문 정권 들어서 국내 원전산업 파괴와 수출 중단-생태계 파괴- 안전성 위협이라는 대재앙의 수순을 밟고 있다. 에너지를 지배 해 세계를 지배하기는커녕 에너지를 포기해 주변 강대국의 먹잇감으 로 전락할 신세로 진입하고 있다. 에너지 주권 세우는데 50년간 쌓았 는데 무너지는 데는 3~4년도 안 걸렸다.[169]

2. 탈원전정책

탈원전정책이란 원자력 발전(핵원전)은 생산에 경제성이 있 고 생산비가 저렴하지만, 회복할 수 없는 재앙에 가까운 엄청난 안전성 에 위험이 예견되어 전력생산에 있어 원전에서 벗어나는 정책을 말한 다. 현 정부 들어서 탈 원전정책을 실행하고 있다.

---

169) 전영기, 중앙일보, 2020.3.4. "중국에 에너지 주권 넘긴 필리핀— 한국은 그 길을 안 따라야"

한국은 에너지 불모 지역이나 다름없다. 석유 한 방울 나지 않고, 화력 발전용 석탄도, 가스(LNG)도 나지 않는다. 거의 수입에 의존한다. 다만 원전은 최소의 천연자원을 이용해 최저가로 에너지를 생산하는 두뇌 집약산업이다. 즉 초고밀도 하이텍*high tech* 산업이다. 원전기술은 최소의 천연자원 이용으로, 대량의 에너지를 최저가로 고품질의 청정에너지를 생산한다. 한국은 1950년대 한국의 경제사정이 어려운 세계 최빈국이었음에도 국가 경제성장을 위해서는 에너지산업의 중요성을 인식하고 당시 이승만 대통령의 적극적인 추진으로 서울대학교에 원자력학과를 개설하고 국비유학생들을 해외 유학 보냄으로써 출발했다.

한국은 세계에서 top 수준인 원전 건설과 원전 운영, 최고 수준인 원전 설계를 갖춘 나라다. 원전 수출국*country of nuclear power plant export*은 미국, 프랑스, 캐나다, 러시아, 일본, 한국 등이 있다. 한국은 60여 년간 원전기술 축적으로 원전 수출국이 되었다. 2009년 12월 UAE 원전 건설 사업을 수주하면서 세계에서 6번째로 원전 수출국이 된 것이다. 한국은 상용원자로(1400만kw), 소형원자로(10만kw: 전기, 잠수선, 잠수함-6월간 무소음 작전 가능), 연구용 원자로(3만kw, 의료, 연구용 등) 등 3대 종목을 수출한 유일 나라다.[170] 한국은 세계에서 정전 시간이 제일 짧은 나라가 되었다. 한국 원전기술은 2017년에 EUR로부터 '한국 APR1400 사업인증', 2018년 미국 NRC로부터 '원전 표준설계인증'(미국의 해외 최초 인증)을 받았다. 이로서 각각 기술과 안정성 인증을 받았다.

---

170) 장인순 박사 전, 원자력연구원장 강연.

한국 원자력 기술은 반핵 운동가들이 주장하는 재앙을 억제하고 피해갈 수 있는 고도화된 기술 수준을 보유한 나라다. 안전성 문제는 모든 과학에 필수적이다. 얼마나 안전해야 안전한가?*How safe is safe enough?* 인간은 완벽한 안전할 수는 없다. 운전기사, 항공승무원, 소방대원, 광부, 선원, 원전발전소, 생산 공장 근로자 중에서 원전 종사자들이 스스로 가장 안전한 직군이라고 생각한다. 그러나 완벽한 안전은 없기에 끊임없이 교육하고 유지·보수하는 것이다. 2012년 포브스 잡지는 발전에 가장 안전한 발전소는 원자력발전소라는 통계 보도를 했다. "전력 1조kwh(한국 약 2년 사용 전력량) 생산에 석탄 10만 명, 가스 4,000명, 태양광 480명, 원자력 90명 인명 피해가 있다"라고

세계 최강대국은 원전을 보유·가동 중이고 원전 수출국이다. 원자력을 지배하는 나라가 세계를 지배할 것이다. 한국의 지난 10년간 (1988~1997년) 수입을 보면 에너지 $1,529억, 농산물 $955억이었고 무역수지 $569억 적자였다. 에너지 수입의 1/3만 줄였어도 무역수지 적자를 면할 수 있다는 계산이 나온다. 한국의 전기요금($9.26/kwh)은 선진국 중 제일 저렴한 국가로서 일본($21.66)·이탈리아($19.11)·독일($18.42)의 약 1/2 수준이다. 20세기는 물질적 풍요를 위한 대량소비와 대량폐기 시대지만, 21세기는 인류 생존을 위협하는 기후 온난화와 환경오염의 문제가 발생한다. 저가·고품질·청정에너지가 절실한 세기로서 탄소와 지구 온난화를 거의 배출치 않는 원전이 필요하다.

산유국인 UAE에 한국형 원전 4기를 수출했다. 산유국에서 왜 원전

을 건설하느냐의 기자 질문에 국왕은 답변한다. "여행에 할아버지는 낙타를, 아버지는 승용차를, 나는 비행기를 이용했다. 아들은 우주선을 이용할 것이다. 손자 대는 다시 낙타를 이용할는지도 모른다. 그래서 백 년을 준비하는 것이다." 백년대계를 꿈꾸며 국가 계획을 세우고 정책으로 밀고 가는 국가 지도자의 리더십을 보는 것이다. 오일 매장량이 세계 제2국 사우디아라비아도 원전 건설 계획을 세우고 50명의 기술자가 한국에 와서 교육받았다.

3. 한국 원전 경쟁력

원전 수출용 국제 비교 상황

구분	한국	프랑스	러시아	중국
기종	한국 APR1400	프랑스 EPR	러시아 VEER 1200	중국 화룡1호
발전량 mw	1400	1600	1200	1100
기술인증	미, NRC 설계인증 EU, EUR 인증	EUR 인증	EUR 인증	해외인증 없음
수출	UAE 바라카 4기	핀란드 오토 3호기 중국 타이산 1,2호기	중국 텐완 원전 벨라루스 원전	파키스탄 원전
1kw건설비용	$3717	$5375	$6250	$4364
원전1기건설비용	약 6조 원	약 10조 원	약 7-8조 원	약 4.6조 원

자료: 프랑스 EDF 기밀문서 르몽드 2019.7. 보도, 및 블룸버그 통신 보도 내용 정리한 것임.

한국은 UAE 원전건설에 공사기간을 지켜 준공하였으며 비용을 추가하지 아니하였다. 한국 원전건설 능력은 기술성, 안전성, 경제성에서 세계적으로 인정받았다. 다만 정부의 탈원전정책에 의하여 영국(MOU 체결), 사우디아라비아(예비사업자 선정), 체코와의 계약이 무산 되었다. 원전산업은 높은 진입장벽, 장기적 고객 관계 등이 특징이며, 원자력발전소는 물론 핵연료 주기와 관련된 물질과 서비스를 공급·유지하는데 대규모의 장비와 고도의 전문성이 필요하다. 핵무기 제조보다 원자력이 더 고도의 기술이 필요하다. 원자력 기술은 2만 개이상의 부품이 필요하고 핵 위력을 보관했다가 필요할 때 사용하고 싶은 양만 빼서 사용하는 고도의 전문 기술이 요구되는 과정이 따른다. 특히 원자력 발전의 기술적 모태가 핵무기 개발과 밀접하게 연관되어 있어, 세계 원전시장은 관련 기술의 공개나 이전이 거의 이루어지지 않는 가운데 원천기술을 보유한 소수의 원전 선진국인 미국, 프랑스, 캐나다, 러시아, 일본, 한국 등 6개국이 주도하고 있다.

에너지 생산원가가 염가인 원전을 폐기한다면 생산원가가 두 배나 높은 석탄, 가스, 태양광 에너지는 가격은 자동으로 인상하게 되어 산업의 제품생산원가가 상승하고 국제 경쟁력이 약화한다. 최연희 전 의원은 "탈원전정책을 쓴 독일은 전기료를 2배 상승했다"라고 증언한다. 현행 탈 원전정책으로 2030년까지 1만 명이 고급 일자리를 잃고 원전업체들의 이탈로 원전 안전도가 위협을 받게 된다는 정부 용역보고서가 나왔다. 한국이 북핵에 대응하여 앞으로 핵 개발을 위한 기술 축적과 원자재 확보가 안보 차원에서도 원전기술 축적이 절대 필요하다.

원전은 효율성과 품질이 우월한 청정에너지이지만 한번 사고가 나면 큰 재앙으로 이어질 수 있고, 대응 비용도 엄청날 뿐 아니라 복구 불가능한 치명적인 위험이 따르기 때문에 탈원전정책으로 전환한다. 그러나 안정성 문제로 독일, 일본, 미국, 대만 등 일부 선진국들은 탈원전정책을 시행했으나, 지금은 청정에너지로 환경보존과 원가성(수익성) 문제로 다시 원전 주도의 에너지 정책을 전환하는 추세다. 원전이 영원한 해결책은 아니지만, 재생 가능한 에너지가 충분한 전력을 생산할 능력을 갖출 수 있는 때까지 다리 역할을 해야 한다.

한국은 원전 시공원가가 미국, 프랑스, 일본보다 절반 수준일 뿐만 아니라 안전성이 우수하다고 세계원자력협회가 인증 발표했다. 태양광발전을 현 정부에서 장려하고 있으나 이는 생산성, 효율성, 원가성, 저장성이 저조할 뿐만 아니라 환경파괴가 심해졌다. 장마에 환경파괴가 심화되어 김일성이가 산지개발로 북한 국토를 황폐시킨 것이 연상되어 씁쓸하다. 안보 국방전략상 원전 기술 축적이 절실함에도 현 정부는 즉흥적으로 대통령 말 한마디로 탈 원전정책 국가가 되었다. 정부가 정책을 수립 할 때 즉흥적이지 않는 신중한 국정운영의 아마추어가 아닌 프로다운 검토가 필요하다. 박정희 대통령은 국가사업을 추진할 때 정해진 단계가 있었다. 첫째 원리의 도출, 둘째 원칙의 수립, 셋째 사업계획의 작성, 넷째 집행의 단계다.[171]

독일은 탈원전정책 도입에 10년 이상의 숙의 과정을 거쳐서 결정하

171) 오원철 『박정희는 어떻게 경제 강국을 만들었나?』 서울, 동서문화사, 2010. p. 15-28.

였고, 부족량의 전기를 프랑스 등 인접 국가로부터 수입 계획을 수립하여 시행하다가 전력요금의 두 배 인상과 산업계의 제조원가가 증대함에 따라 다시 탈원전정책을 원전화 정책으로 전환하였다.

정부는 탈원전정책을 철회하라. 탈원전정책으로 세계적인 원전산업체인 두산중공업이 중병을 앓고 있고, 기업이 소재하고 있는 창원과 인접에 소재하고 있는 협력업체 공장 가동 중단 등으로 원전산업 쿨스터 기능을 상실할 정도가 되었다. 정부는 캄풀 주사 2.6조 원을 두산중공업에 2020.5월 투입했으나 이는 부채 돌려막기 불과했다. 한국의 전력생산은 2017년 석탄 37.4% GW, LNG 36.8, 원자력 22.5, 신재생 11.3 구조에서 2030년 신재생 58.5% GW, LNG 43.3, 석탄 39.9, 원자력 20.3 구조로 신재생 전력생산을 대폭 증대하고, 원자력 비율을 대폭 축소하는 생산 구조로 전환 계획이다. 원전은 2017년 24기, 2022년 27기, 2030년 18기로 축소한다. 축소 내용은 신규 원전 6기 건설 계획 백지화, 노후 원전 10기 수명 연장 중단 계획[172]이다.

---

172) 2017.12.14. 산업통상자원부, 한국거래소, 발표, "발전원별 설비계획 제8차 전력수급 기본계획"

발전원별 설비계획; 단위 GW, 제8차 전력수급 기본계획

	석탄	LNG	원전	신재생
2017	37.4GW	36.8	22.5	11.3
2022	42	42	27.5	23.3
2030	39.9	44.3	20.4	58.5

자료; 산업통상자원부, 한국거래소

한전 수익성 악화와 부채증가 현황

2016년 12조 흑자, 2019년 1조3600억 적자

구분	2016	2017	2018	2019
부채비율	143.4%	149.1	160.6	186.8
이용률(원전)	79.1%	75.2	65.9	70.6
영업수익	12조 원		−2,080억	−1조3600억

한수원 자료: 연결재무제표 분석, 전기요금 할인 특례 폐기
원전 산업 현황 2015년: 한국원자력산업회 제공
매출: 국내매출 25조6324억 원 + 수출 1조5063억 원 =합계 26조6324억 원
인력자원; 종사인력– 3만5330명, 원자력학과 재학생– 2882명

원전산업 기업 수(2017년)

구분	대기업	중견기업	중소기업
공공기관	7개	3	12
민간기업	13	21	186
합계	20	24	198

R&D 8663억원

4. 이승만과 한국 원전

1953년 말 미국 아이젠하워 대통령이 UN 총회에서 원자력의 평화이용에 관한 연설을 한다. 그 후 UN산하에 국제원자력기구IAEA 창설한다.

1955년 한미간에 '원자력의 비군사적 이용에 관한 협력을 위한 협정'을 체결한다.

1956년 문교부에 원자력과를 설치한다.

1958년 대통령 직속 원자력원 발족한다. 1959년 원자력연구소 설립한다. 미국으로부터 원자력 평화이용 계획에 따라 $35만 무상 원조받다.

■ 원자력 연구자들의 해외체류 예산안이 비서실에서

학계와 원자력업계는 원자력과 설립한 1956년을 한국의 원자력의 기점으로 삼는다.

1958년 문교부 원자력 과장을 맡고 있던 윤세원 박사(전 선문대 총장)는 경무대(지금의 청와대) 비서실의 호출을 받았다. 외환의 경우 단돈 10달러를 쓸 때도 이승만 대통령의 결재를 받던 시절, 한 해 수천 달러가 들어가는 원자력 연구자들의 해외체류 예산안이 비서실에서 거절당하자 다시 올린 게 화근이었다. 비서실장이 "누굴 놀리는 거냐"고 면박을 줬지만 비서실장보다 직급이 한참 아래인 윤 박사는 "공부 대충시키다 들어오게 하면 국가적 손실"이라고 버텼다.

실랑이 끝에 결재안은 이 대통령에게 올라갔고, 비서실의 걱정과 달리 그대로 통과됐다. 원자력에 대한 이 대통령의 기대가 컸기 때문에 가능한 일이었다. 윤 박사는 우리나라 원자력 유학 1호다. '물리학회 50년사'에 따르면 윤 박사는 김희규 등과 함께 1956년 4월 미국 아르곤국립연구소 국제원자력 학교에 첫 국비 원자력 연구요원으로 파견된다. 국제원자력 학교에서 유학한 이창건 박사는 "연수생들은 대부분 서울대 등에서 수재로 불리던 사람들이 많았는데, 원자력에 관한 기술을 하나라도 더 배우기 위해 밤잠도 자지 않고 새벽까지 공부했었다"고 회고한다.

아르곤국립연구소의 1인당 학비는 10개월 연수 기간을 통틀어 6,000달러로 비쌌다. 하지만 이승만 정부는 미국 국제협력처에서 지원받은 돈으로 유학 자금을 댔다. 1기 유학생 이후 4년간 8차에 걸쳐 150여 명이 원자력 유학길에 올랐다. 이어서 10년간 합계 236명을 보냈다. 당시 한국의 1인당 GNP는 $70 전후였다. 미국 원조자금(미국 원조 잉여농산물 판매대금, 대충자금)으로 예산을 편성하였으며, 국방예산은 원조자금 비율이 더 높았다. 1957년 한국의 수출 총액은 $2,220만, 수입은 $4억4,220만, 한국의 결제능력은 $6,820, 나머지 $3억7,400만는 미국이 제공한 원조 달러로 결제되었다. 미국원조가 총세입에서 차지하는 비중이 85%나 되었다.[173]

이 원전(原電) 유학생들은 1959년 정부가 원자력원과 원자력연구

173) 이영훈 『대한민국 역사』 서울, 기파랑, 2013. pp. 242-243.

소를 세울 때 중추적인 역할을 맡았다. 1기 유학생인 윤세원 박사는 1957년 1월 귀국해 원자력과장·원자력연구소 원자로부장을 맡았다. 이들은 1959년 7월 원자력연구소 내에 우리나라 최초의 연구용 원전인 '트리가 마크 Ⅱ' 건설을 이끌며 한국의 원자력 시대의 문을 연 것으로 평가된다. 이승만 대통령도 직접 원자력연구소 건설 부지를 제안하고 공사현장을 수시로 둘러보며 연구자들을 격려했다.

이런 노력으로 1978년 한국은 첫 상업용 원전인 고리1호기를 완성, 가동을 시작했다. 비록 핵심 기술은 미국 웨스팅하우스에서 들여왔지만, 미국에서 원자력 기술을 배우기 위해 유학길 오른 지 20년도 채 안 돼 전 세계를 통틀어 21번째 원전 보유국이 된 것이다.

당시 원전 유학생들이 주축이던 원자력연구소는 KNE(현재 KOPEC)라는 자회사를 설립, 미국 벡텔사를 도와 원전 설계 분야에 참여하며 기술을 축적했고 이는 1995년 한국형 원전을 개발하는 기틀이 됐다. 이후 한국의 원전기술은 계속 발전, 2011년 냉각장치 등 일부 외국에 의존하고 있는 원전 핵심 기술까지 완전히 국산화하였다. 첫 원전 유학길에 오른 지 50여 년, 고리1호기를 가동한 지 20여 년 만이다.[174]

---

174) 한국공학한림원『꿈이 만든 나라』서울, 다니비엔비, 2019. pp. 73-75. 이창건, 중앙일보 2021.2.3. "내 편만 보지 말고 미래를 내다보는 지도자가 그립다"

▲ 원자력연구원 공사현장

한전은 발전회사가 생산한 전기를 싸게 사들여 매출마진을 붙여서 판매하는 체제이다. 전력을 낮은 가격으로 구매하기 위해서는 발전 단가가 낮은 원전 가동률을 높여야 한다. 전기 1kw 생산에 원전은 66원, 석탄은 90원, LNG는 125원이다. 2016년 원전 가동률은 79.9%였으나, 2018년은 65.9%에 머물고 있다. 원전 가동률이 저조하면 화석연료인 석탄 화력이나 LNG를 높일 수밖에 없으며, 이는 전력 생산원가가 높아진다. 판매가격을 높일 수도 없는 것이 전력 공급체계이다.

5. 탈원전정책의 문제점

　　　　1) 전력 생산원가 증가로 한전 수익성 악화, 전기료 인상에 따른 산업계 생산원가가 증가함에 따라 한계기업 경쟁력 약화로 수익성 악화, 제조기업 국제경쟁력 저조 2) 온실가스 배출과 미세먼지 배출로 환경오염과 환경·기후변화에 악영향 3) 재생에너지전력 생산에 생산비 높은 원가, 설비와 운영에 숲의 파괴 등 환경 파괴 4) 원전 설비회사와 협력업체 등 사업악화로 원전 생태계 파괴와 실업자 양산 5) 원전은 우수한 질 좋은 전력을 저가로 양산 체제임으로 고품질 전력을 요구되는 반도체 산업에 치명적 차질 우려 6) 원전 전문인력 양성에 차질이 오고, 능력 있는 인력은 불가피하게 해외로 탈출 7) 세계 600조 원이 넘는 원전 시장에서 탈락 가능성이 크다.

　2019년 2월 한국원자력학회 '원자력발전에 대한 인식조사'에서 응답자 71.4%가 '원전 이용에 찬성한다'고 대답했다. 급격한 기후변화와 예측하기 힘든 국제 정세 속에서 원전은 공급 안정성과 경제성과 에너지 안보, 안전성을 보장하는 필수 에너지 역할을 담당할 수 있어 그 중요성이 커졌다. 그러나 장기적으로 볼 때 충분한 신재생에너지 이용 기술을 갖추게 될 21세기의 중반 또는 그 너머까지 원자력과 신재생에너지가 서로 보완적이며 안정적으로 조화를 이루는 전략이 필요하다. 우수한 신재생 기술 개발뿐만 아니라 원자력 기술을 발전시키고 유지하는 미래의 에너지전략이 정부의 중요한 역할이다.

2020년 한수원의 연례 '2020년 원전산업에 대한 인식조사' 국민여론조사에서 응답자 64.7%가 '원전이 필요하다', 14.6%가 '필요하지 않다'라고 조사되어 필요하다가 불필요하다의 4배가 높게 나타났다.[175]

2020년 기준 신생에너지 설비가 국내 전체 발전설비 용량에서 차지하는 비율이 16.8%이다. 전력거래소 제공 자료에 의하면,[176] 2021년 1월 '피크 시간대 발전원별 발전량 및 비율'을 보면 1월 1일부터 14일까지 2주일간 전력 수요가 가장 많은 피크시간대 발전량은 태양광 0.4%, 풍력 0.6%로 각각 집계됐다. 2020년 7~8월 피크시간대별 재생에너지 발전량은 평균 1%대였다. 겨울에는 혹한과 폭설로, 여름에는 장마로 발전량이 대폭 줄어든 것이다. 재생에너지는 피크시간대에 발전량의 대폭축소로 에너지 수급에 차질이 크게 예상된다.

6. 기후변화와 온실가스 문제

전력 1kWh 생산할 때 온실가스 발생이 석탄 904g, LNG 386g 각각 발생한다. 원전 제로(0)에 가깝다. 미세먼지 배출도 전혀 없고, 경제성 있고, 연료공급 안정성이 확보 되며, 가장 청정에너지가 원전이다. '기후변화에 대응하기 위해서 원전을 활용'해야 한다.

2015년 국제 사회가 파리에서 '파리 기후변화협약(파리협약)'을 체결

---

175) 조선일보, 2021.1.21. "원전 필요" 65%, "필요 없다 15%"

176) 윤영석 의원실 제공, 조선일보, 2021.1.25. "한파로 전력 피크일 때--- 태양광 · 풍력 발전량 1%"

했고, 한국도 가입돼 있다. 파리협약은 UN 기후변화협약UNFCCC 주도로 20년 이상 진행해 온 논의의 정점이자 국제 사회가 특별히 동원된 결과물이다. 기후변화에 대응하기 위한 최초의 보편적 도구인 파리협약은 지구 생태계와 인류의 생존을 위해 중대하고 야심 찬 공동 목표를 설정했다. 지구의 평균 온도 상승을 산업화 시대 이전과 비교해 2-1.5℃ 이하로 만들자는 것이다. 파리협약에는 모든 회원국이 기후변화에 적응하는 능력을 향상하도록 국제기금 투입을 착수하는 계획을 세웠다. 지구는 온난화에 따른 '결과의 시대'에 진입했고, 이제는 기후변화를 부정할 수 없게 되었다. 결과적으로 이젠 기후 관련 정책을 '이행하는 시대'에 들어섰다. 행동할 때다.

파리협약은 각국의 목표한 약속을 5년 마다 점진적으로 향상시킬 수 있도록 계획된 동적인 협약이다. EU는 COP21에서 1990년 대비 2010년쯤 온실가스 감축을 40%로, 2020년 초에는 2050년까지 탄소 중립(실질배출량 제로0)을 목표로 장기 전략을 발표했다.[177] 한국 정부는 2020년 12월 "2050년까지 탄소중립을 달성하겠다"고 선언했다. 한국은 세계 5위 수출국이자 G20 회원국으로서 기후 관련 이슈에서도 모범적인 리더십을 보여야 한다. 탄소를 대량 방출하는 화력 발전에 쓰이는 석탄과 LNG 활용을 대폭 축소하고 탄소를 전혀 배출하지 않는 원전이 정답이다.

---

177) 필립 르포르, 주한 프랑스 대사, 중앙일보, 2020.12.9. "파리 기후변화협약 5주년, 이제는 행동할 때다"

원자력·태양광·수소 등 청정에너지, 저장기술, 전기차 등 주요 부분에 친환경적으로 전력 생산 계획을 진행해야 한다. 태양광은 좁은 국토면적, 기후변화, 햇빛 강도, 광활한 면적의 산지 파손 등으로 한국은 부적합하다는 게 전문가들의 일치된 견해다. 탈원전으로 탄소 대량 방출하는 화력발전을 확대하겠다는 정책은 '탄소중립 전략'과는 모순되는 정책이다. 원전으로 1kWh의 전기 생산원가 58.2원(균등화 발전 원가 기준)인데 태양광 107.1원으로 약 두 배의 차이가 난다. 정용훈 KAIST 교수는 주장한다. "OECD 보고서에 따르면 원전이 저탄소 공급 수단 중 가장 저렴하고, 계속 운전하는 원전은 더욱 경제적이며 월성 1호기를 폐로하지 않고 계속 가동하였다면 탄소중립에 크게 도움이 되었을 것이다."

그리고 주환규 서울대 교수는 "신한을 3·4호기를 건설하지 않으면 그만큼 온실가스 배출량이 늘어날 것"이라고 주장한다.

환경부에 따르면 2019년 포스코: 8,148만t, 현대제철: 2,225만t, 삼성전자: 1,113t, 쌍용양회: 1,079만t 각각 온실가스를 배출했다. 기업마다 정부가 할당한 배출량 이상으로 탄소CO_2를 배출할 경우 다른 업체의 탄소배출권을 구매하는데 이 경우 배출권 구매비용이 탄소배출부채로 집계된다. 현대제철 1,143억 원(영업이익 3,313억 원)을, 포스코 509억 원을 배출부채를 사용했다. 산업연구원은 국내 철강, 정유, 화학 시멘트 등 3개 업종에서만 2050년까지 탄소중립 비용으로 400조 원이 소요될 것이라고 추정했다. 제조원가에 배출채무가 합산될 경우

철강 산업 등의 경쟁력 약화는 자동차, 조선, 산업의 원가 상승으로 국제경쟁력 약화를 가져와 산업계의 위기를 자초할 수 있다.

원전산업은 한전이 협상 주체는 맞지만 혼자서는 할 수 없다. 원전을 수출하려면 건설사, 설계회사, 기자재 제작회사, 부품 생산 협력업체, 운송회사, 보험회사 등이 힘을 합쳐야 하고 그에 따른 고도의 전문 인력이 따라야 한다. 막대한 재정지원이 있어야 하고, 주도할 컨트롤타워가 있어야 한다. 원전 건설은 엔진인 원자로, 최고 수준의 기술과 내진 설계가 뒷받침된 펌프, 케이블, 밸브, 배관, 첨단 전자제품, 수만 개의 기기와 부품이 모여 이뤄진다. 운영과 유지 보수도 중요하다. 세계 최고 수준의 전문 인력을 차질 없이 공급되어야 하고 양성 훈련 시켜야 한다. 급격한 탈원전으로 수요가 끊긴다. 이런 산업계의 인프라가 무너지면 회복이 어렵다.

탈원전으로 대학 원자력학과 학생 지원자가 현저히 줄었다. KAIST 경우 진입생(2학년) 2016년 22명, 17년 9명, 18년 5명, 19년 4명, 20년 7명이고 전임교수는 16명이다. 원전은 첨단 두뇌 사업으로서 인재를 계속해서 양성 공급해야 하는 직종이다. 두산중공업은 국내에서 가동 중인 원전 24기 중 14개기의 핵심 기기를 제작한다. 핵심 기기는 원자로·증기 발생·터빈발전기·계측제어설비와 냉각제 펌프 등이다. 두산중공업은 국내와 AEU에 건설 신형 원전 8기의 핵심 기기를 공급하는 세계적인 원전산업체다. 한국의 원전 주(主)기기 공급업체인 두산중공업은 숙련 전문 인력을 강제 퇴진시키고 2만 종이 넘는 부품 공급 협력업체들은 거의 도산되었고, 창원 공업단지는 한산하다 못하여 적막한 상황이다.

창원에 170개 협력업체 1만3000명이 종사하고, 경남 전체로는 280개 업체 2만 3,000명의 근로자가 종사하고 있었다. 신한을 3·4호기의 건설 30% 진행 중 갑작스러운 중단이 결정타를 맞아 휘청거리니 산업은행·수출입은행은 경영난에 빠진 두산중공업에 긴급 운영자금 1조 6000억 원 지원했고, 조만간 8,000억 원 추가 지원 계획이다. 몽둥이를 맞고 피투성이가 되어 쓰러져 신음하는 자에게 세금으로 캄풀 주사 놓는 격 또는 인공호흡기 대는 격이랄까, 원전 생태계가 몰락 직전이니 지금이라도 탈원전정책 철회함이 마땅하다. 이유는 안정된 일자리를 창출하고, 고품질·저렴 청정 에너지를 공급하고, 국제경쟁력을 가져와 국가 신인도를 높이고, 세계적인 두뇌 경쟁에서 국격을 높이고, 탄소배출 등 지구환경 악화 방지에 앞서가는 국가가 되고, 나아가 '에너지 주권을 확립'하는 등의 효과가 있기 때문이다.

2020년 1~4월 중국산 태양광 패널의 국내 수입액은 1,420억 원으로 전년 같은 기간에 비해 42%나 증가했다. 탈원전 한다며 밀어붙인 태양광 육성이 중국 제품의 국내 시장 잠식으로 돌아온 것이다. 태양광 패널 기초 소재인 폴리실리콘 국내 1·2위 업체가 법정관리에 들어갔거나 공장 가동 중단했다. 중간 제품인 잉곳(웨이퍼) 제조업체는 결국 상장폐지 됐다. 2020년 3월 가동에 들어간 전남 해남의 국내 최대 태양광발전소는 100% 중국산 자재, 부품으로 가동되고 있다. 원전 생태계는 무너지고 있다. 2020년 말 신고리 5·6기 납품을 끝으로 원전 부품 제조사들의 일감이 끊긴다. 2016년 두산중공업에 납품하던 325개사가 2019년 말 219개사로 축소되었으며 신규 계약 건수는 2016년 (2,836건)에 비해 일감이 없어지면 결국 문을 닫아야 한다.

탈원전·친 태양광 정책이 국내 원전업계와 태양광 납품업체는 몰락의 길로 몰아넣고 중국 기업만 먹여 살리며 국토 환경을 광범위하게 파괴하고 있다. 정부가 2030년까지 추가로 확보하겠다는 전국 태양광(31GW) 시설을 위하여 축구장 크기의 220개 면적의 국내 최대 태양광단지(98MW)를 300개를 세워야 만들 수 있다.[178]

과학기술에 경륜이 없는 대통령과 참모들·여타 인사들이 자의적으로 원자력은 위험 기술이라고 단정하고 기술 개발의 기반을 뿌리로부터 뽑아버리고 있다. 조만간 중·러 주도의 원자력이 주도적 에너지 기술로 자리를 잡으면 그때 가서 국가 운명을 망친 데에 대한 책임을 질 것인가? 기후 붕괴, 대기 오염의 심각성을 주장하는 사람들이 탈원전을 외치고, 수소 경제를 주장하면서 수소 대량생산이 가능한 원자력 기술을 외면한다는 것은 모순되는 편견이다. 정부는 최소한 신한울

---

178) 조선일보, 사설, 2020.6.24. "원전 부품산업 고사 직전, 중국산 태양광은 전성시대"

3·4호기 건설 재개로 원자력 기술 생태계의 명맥이라도 유지시켜야 한다. 그래야 다음 정부에서 정책을 다시 검토하여 원자력 산업의 재개(再開)할 토대 정도는 남겨둘 필요가 있기 때문이다.

앞으로 전기차, 자율 주행차, 데이터 센터에 전력 수요가 급속도로 증대한다. 산업용 전기료를 인하하여 제조업체에 국제 경쟁을 높여야 한다. 더욱더 중요한 것은 한국의 지정학적 환경으로 보아 가까운 시일에 핵무기 개발이 절실한 시기에 플루토늄 추출할 수 있는 원료(원자재)는 원전 가동 후 부산물이 제공한다. 원전은 에너지 주권을 비롯하여 국방과 안보에 선택의 여지 없이 절대 필수적이다. 원전에 대한 경제성, 안전성 그리고 청정에너지라는 팩트에 사회적 합의가 있다고 본다. 그렇다면 탈원전정책은 핵 개발을 지연할 수 있게 함으로 북한에 핵무장 해제하겠다는 사인을 주는 것이요, 또한 원전 수출 경쟁국이요 태양광 원자재 수출국이자 한국의 독점 수입국인 중국에 사인을 주는 것 이외에는 다른 이유를 찾을 수 없다.

제7 전략
법치주의

1. 법치주의란?[179]

　　법치주의constitutionalism, legalism는 영국에서의 '법의 지배 (rule of law)'의 원리에서 비롯되었다. 영국에서 코크(Coke,E.)경이 제임스 1세와 항쟁할 때 "국왕이라 할지라도 신과 법 밑에 있다"는 것을 주장하여 영국 헌정사의 원칙으로 확정되었다. 이것은 절대군주의 권력을 견제하여 그가 자의(恣意)로 통치하는 것을 막고 국민의 대표기관인 의회에서 제정된 법률에 의해서만 통치하게 하려는 데 그 의의가 있다. 따라서 이 '법의 지배'의 원리는 왕권에 대한 '법의 우위'를 의미하며, 그것은 영국에서는 국회의 '입법권의 우위'로 나타나게 되었다.

　　이러한 법치주의의 원칙에 따라 국왕의 권력을 제한하는 법률로 1215년의 마그나카르타Magna Charta Libertatum를 비롯하여 1628년의 권리청원Petition of Rights, 1689년의 권리장전Bill of Rights 등이 있

---

179) 『헌법이론과 헌법』 상, 허영, 박영사, 1980.『헌법학』 구병삭, 박영사, 1983.「근대헌법에 있어서 법치국가와 사회국가」 한태연, 『헌법연구』 1970.『한국민족문화대백과사전』

으며, 그러한 법률들은 모두 국왕의 절대 권력을 제한함으로써 시민의 자유를 보장하기 위한 것이었다.

영국의 법치주의는 1688년 명예혁명Glorious Revolution을 거치면서 확고한 기초를 마련하였으며, 의회주의와 정치적 자유의 행사를 통하여 오늘에 이르기까지 헌정사상 대원칙이 되었다.

이 '법의 지배'의 원리는 독일에서는 '법치국가(Rechtsstaat)' 이론으로 발전하여, 국가는 법으로 구성된 단체이며(법과 국가의 동일성의 이론), 국가의 모든 행정은 법률에 따라서 행하여져야 하고(행정의 합법률성의 원칙), 기본권의 제한은 법률에 의해서만 가능하고(기본권 제한의 법률유보), 그리고 행정명령은 법률에 근거해서만 만들어지고 그 법률에 저촉되지 아니하는 한에 있어서만 효력을 가질 수 있다는 원칙(법률우위의 원칙) 등으로 나타났다.

이러한 법치국가는 당시의 절대군주 국가나 경찰국가에 대립하여 등장한 것이었지만, 19세기의 법실증주의 사상과 결부되어 완전히 형식적 개념으로 전락하고 말았다. 왜냐하면, 통치가 법에 따르기만 하면 어떠한 국가도, 즉 전제주의 국가나 경찰국가도 법치국가가 될 수 있었기 때문이다. 이것은 법치주의 원래의 의미, 즉 권력자의 자의를 법으로 통제함으로써 국민의 자유와 권리를 보장한다는 것과는 거리가 멀다.

법치주의가 형식적 법치국가사상에 의하여 이처럼 변질된 것은 입법권의 우위가 배제되고 법 내용의 정당성 여부가 문제시되지 않았기 때문이다. 즉, 입법권이 형식상 국회에 주어져 있다 할지라도 그 국회가 권력분립의 원칙에 따르는 견제적 기능을 할 수 없게 되거나, 포괄적 위임입법으로 그 견제적 기능을 포기하거나 할 때는 지배자 마음대로 법을 만들어 다스릴 수 있으므로 권력을 법에 구속시켜 이를 통제한다는 의미의 '법의 지배'는 존재할 수 없게 된다. 이렇게 되면 형식에서만 법의 지배일 뿐이고 실제로는 사람의 지배에 지나지 않는다. 따라서 이러한 형식적 법치국가에서는 지배자의 자의가 법률의 탈을 쓰고 무엇이든지 합법적으로 할 수 있었고, 심지어는 법률에 따른 합법적인 범죄까지 저지를 수 있었다. 그 전형적인 예가 히틀러에 의한 나치스 정권의 지배였다. 한국도 21대 국회에서 입법과정에 심의나 숙의 과정 없이 집권 여당이 일방적으로 밀어붙여 통법부 역할을 다반사로 하고 있어서 형식적인 법률을 양산하고 있다. 실질적 법치주의는 입법과정부터 형해화(形骸化)하고 있다.

이와 같은 역사적 경험을 겪고 나서 제2차 세계대전 후에는 형식적 법치주의는 크게 비난받게 되었고 실질적 법치주의가 새로이 등장하게 되었다. 이 실질적 법치주의는 국가권력을 단순히 형식적인 법률에 구속시키는 것이 아니라 헌법의 실질적인 법 가치에 구속시키는 원리로 나타났다. 즉, 모든 국가권력은 인간의 존엄성을 존중하고 보호할 의무를 지게 되고, 모든 법률은 이 헌법의 최고 법 가치를 실현할 때에만 법률로서의 효력을 가질 수 있게 하였다.

그리고 이러한 정법(正法)에 따라 지배하는 법치주의를 확립시킨 것이다. 그 내용은 국가권력의 자의를 배제하는 모든 제도에 걸쳐서 나타나고 있다.

우리나라에 법치주의가 도입된 것은 8·15광복 이후의 일이다. 즉, 광복 후 1948년 민주공화국 헌법을 갖게 되면서 비로소 법치주의의 원리가 받아들여졌다. 일제 강점기에는 법으로 통치를 받았지만, 그것은 법치주의가 아니었다. 그때의 법은 탄압과 착취를 위한 식민지 통치의 도구에 지나지 않았으며 결코 인간의 기본적 권리를 존중하고 보장하는 법은 아니었기 때문이다.

결국, 법치주의는 우리가 자주독립 국가로서 민주공화국 헌법을 가지게 된 때에 비로소 시작된다. 거기에는 인간의 기본권을 보장하기 위하여 국가권력을 제한하는 모든 법원리가 들어 있기 때문이다. 오늘날 우리 <헌법>에 나타나 있는 법치주의의 원칙을 살펴보면 다음과 같다.

첫째, 기본적 인권의 보장이다.

둘째, 권력분립의 원칙이다.

셋째, 위헌법령심사제도이다.

넷째, 국가행위에 의한 권리침해에 대한 구제제도이다.

다섯째, 죄형법정주의의 원칙이다.

우리나라 헌법상의 법치주의의 원리는 아직 민주헌정의 역사가 짧았음에도 숱한 우여곡절을 겪으면서 오늘에 이르고 있다. 그러나 이 원리는 국가생활에서 인간이 인간답게 살 수 있는 조건들이므로 확고부동한 통치원리로 정착되어나가야 할 것이다.

2. 실질적 법치주의

법치주의와 제도의 결여는 나라를 병들게 하는 일종의 전염병이다.[180]

국가가 법에 의해서 다스려져야 한다는 것을 법치주의라 한다. 법치주의는 크게 형식적 법치주의와 실질적 법치주의로 구분한다.

형식적 법치주의는 행정과 재판이 의회가 제정한 법률에 적합하도록 행해질 것을 요청할 뿐 법률의 목적이나 내용을 문제로 삼지 않는 형식적 합법주의를 의미하는 것이다. 형식적 법치주의는 법치주의에 대한 치명적인 위기를 의미하는 독재체제가 출현하자 법률을 개인의 권익보호를 위한 수단에서 억압의 수단으로 악용하게 되었다. 이때 법치주의는 법의 지배*rule of law*가 아니라 법률을 도구로 이용한 법에 의한 지배*rule by law*를 의미할 뿐이다.

---

180) 클레이튼 M. 크리스텐슨 · 에포사오조모 · 캐런딜론(이경식 역) 『번영의 역설 The Prosperity Paradox』 서울, 부 · 키, 2019. p. 244.

실질적 법치주의란 법적 안정성 유지와 더불어 인간의 존엄, 실질적 기회의 평등과 같은 정의의 실천을 내용으로 하는 법의 지배 원리를 말한다. 실질적 법치주의가 확립되려면 최소한 국민이 참여하는 행정 통제와 사법적 권리구제제도가 완비되어야 한다. 실질적 법치주의는 법의 형식적 측면만 아니라 법의 내용과 통치 행위가 인간의 존엄과 평등, 정의의 실현 등에 구속되어야 한다는 입장이다.

실질적 법치주의는 법 제정의 형식적 절차만이 아니라 법 내용이 국민의 뜻을 반영하느냐 반영하지 않느냐의 문제도 중시한다. 다시 말해 통치의 정당성은 법 제정 과정의 합법적 절차에서 나오는 것이기도 하지만 법 내용에서 나온다고 본다. 따라서 국민의 의사에 반하거나 법의 목적과 내용이 정의롭지 않은 법은 아무리 합법적 절차를 통해서 제정되었다 하더라도 정당한 법이 아니라는 입장이다.

현대 사회로 오면서 법치주의는 행정과 사법뿐만 아니라 입법 행위를 포함하여 국가의 모든 통치 행위가 인간의 존엄과 평등, 정의의 실현 등에 구속되어야 한다는 실질적 의미의 법치주의로 확장되고 있다. 우리나라를 비롯한 대부분의 민주 국가에서 위헌법률 심사제를 채택하는 것도 법률의 내용이 헌법에 어긋나는지를 심판하여 실질적 법치주의를 실현하는 데 목적이 있다.

■ 법치주의 함의

법치를 넓은 의미의 통치와 관련시키고 윤리적 또는 도덕적 관점을 포함시킨다. 제도의 핵심 요소인 법치를 사회가 작동하고 반응하는 방식을 포괄하는 개념으로 파악해야 한다.

법치란 기존 법령이 편파적이지 않고 공정하게, 효율적이고 신속하게 집행되는 것을 의미한다. 이를 위해 법원은 독립성을 갖추고 부패하지 않고 효율적인 재판을 하여야 한다. 법치는 또한 정부 집행기관이 법원의 결정(판결 포함)을 집행할 준비가 되어 있고, 집행할 의지와 능력이 있음을 의미한다. 나아가 법치란 법령에 따른 계약의 체결과 감시, 시행이 용이하고, 분쟁 해결 제도를 대기업과 일부 개인만이 아니라 일반 국민이 이용할 수 있으며, 분쟁 해결 정도가 효율적이고 공정하고 신속하게 작동한다는 뜻이다. 공정성은 법치에서 아주 중요한 요소다. 이는 곧 어떤 국가가 법치를 위해 애쓰는지 평가하려면 민주통치, 선거의 투명성, 인권 및 시민권 존중 수준을 고려해야 한다는 뜻이다.

또한, 법치는 개인, 사업체, 그리고 기존 법령을 따르게 하는 제도 사이에서 일반화된 태도를 의미한다. 혹자는 이를 문화라고도 한다. 즉 법치가 제대로 작동하는 나라에서는 법의 테두리 안에서 행동하는 것이 예외적인 일이 아니라 지극히 일반적인 일이다.

3. 반법치주의 앞잡이는 정부다

법과 원칙을 다반사로 위반하는 대표적 그룹이 정부다. 현 정부 집권 후 더 두드러졌고 심화하고 있다. 정부는 강성 귀족노조인 민노총과 운동권 사회단체(이하 "폭력조직"이라 함)가 폭주하는 위법·불법·탈법 시위를 방관한다. 정부는 어느 의미에서는 결과적으로 오히려 조장한다. 정부는 소극적으로 불법 폭력시위자와 공범이고 직무유기를 하고 있다. 또한, 경찰, 검찰, 법원 등 관계 당국은 소극적 또는 적극적으로 절차를 무시하고 일방적으로 무혐의 처리한다. 경찰은 폭력조직의 폭력 저지과정에서 인적·물적 피해를 본 직접 당사자임에도, 공권력에 도전하는 폭력조직을 두둔하고 있다.

그래서 그들의 폭력과 관계 당국의 무혐의 처리는 사회적 불안과 불공정의 악순환이 고리로 계속 이어지고 있다. 법치가 무너지고 있는 현장이다. 조금이라도 적극적으로 저지하다가 작은 사고라도 나면 그 경찰은 민·형사상 책임을 물리는 판국이 되었다. 이게 2020년대 한국의 정부, 경찰, 검찰, 법원 등의 자화상인 합작품의 등장이다.

■ 대통령이 반법치주의에 앞집이

문 대통령부터 "헌법을 준수하고 국가를 보위하며"라는 취임선서를 엄숙히 지켜야 한다. 대통령과 고위층 모든 공직자가 준법해야 한다. 법과 원칙을 지키는 정부가 되어야 한다. 국민이 지켜보고 있다. 법절차를 지켜야 한다. 대통령은 국가의 독립·영토의 보전·국가의 계속성과 헌법을 수호할 책무(헌법 제66조), 헌법준수·국가 보위·조국의 평화적 통일·국민의 자유와 복리 증진·민족문화의 창달에 노력(헌법 제69조)해야 한다. 한국 헌법은 자유민주주의와 자본주의(시장경제) 체제를 기본가치를 추구한다. 행정, 입법, 사법 3권이 독립하여 상호 견제와 균형을 유지하며 국정을 운영해야 한다. 삼권분립의 원칙이다.

제주 해군항만공사 손해배상청구 소송 진행(1심에서는 34억4800만 원 손해배상 판결 인정) 계류 중인 사건에 대하여 정부는 불법으로 탕감 조치를 하였다. 더구나 이들 불법 폭력시위자에 대한 배상책임자 116명 중 강정마을 주민은 31명에 불과한데 '폭력시위조직 꾼'을 포함하여 전원 면책받았다. 31명을 제외한 85명은 외부단체 인사로 전국을 돌아다니면서 국가정책 사업 현장에 예외 없이 나타나 공사를 방해하는 '전문폭력시위방해꾼'들까지도 면제한다는 것은 법치와 정의가 무너지는 데 정부가 앞장서고 있다. 더더구나 형사사건으로 법원재판 계류 중인 사건을 재판이 종결되기도 전에 사면복권을 적극적으로 검토하겠다고 대통령은 "정부는 구상권은 이미 철회되었고, 사면복권이 남은 과제인데 관련 사건의 재판이 모두 확정되면 검토하겠다"라고 제주 강정마을 현장까지 찾아가 2018년 10월 11일 관계 주민들 앞에서 약속했다. 이는 대통령의 권한을 넘어선 삼권 분립 정신을 위반한 월권행위임이 명백하다.(조선일보 2018년 10월 12일)

■ 윤석열 검찰총장 정직 2월 징계문제(2020.12.17.)

2020년 12월 16일 새벽 4시경 법무부 징계위원회가 윤 총장 정직 2개월 처분을 의결하고, 당일 대통령의 재가를 받아 이를 확정했다. 징계 6개 사유는 이미 수개월에 걸쳐 조사하였으나 혐의가 없는 것으로 판명 난 검증한 사항들이다. 퇴임 후 정치하지 않겠다고 선언하지 않는 것이 정치적 중립을 어겼다는 것이나, 법관 사찰문제는 당사자인 법관 회의에서도 공개된 정보 취합을 사찰이라고 보는데 동의하지 않는다. 전직 검찰총장들 9명은 실명으로 "민주주의와 법치주의에 대하여 위협이자 큰 오점"이라 주장했다. 이에 대하여 평검사로부터 고검장 전원이 참여한 전 검사 중 99% 넘는 2,000여 명이 실명으로 "검찰의 독립성과 정치적 중립성을 훼손할 수 있다"는 이유로 반대 의견을 제시했다. 검찰사상 가장 대규모 검란(檢亂)이 일어난 것이다.

검찰총장 징계는 추 법무부 장관이 징계를 청구하며 "심각하고 중대한 비위 혐의를 다수 확인했다"고 했다. 그 중대한 비위를 저지른 검찰총장이 고작 정직 2개월 받은 것이다. 이보다 앞서 장관은 직무정지 명령을 발동했으나 법원은 '직무정지 처분에 대한 집행 효력정지 가처분 결정'으로 다시 청장은 5일 만에 본직으로 복귀했다. "검찰의 독립성과 정치적 중립성을 보장하기 위하여 관련 법령에 임기를 정했다. 검찰총장의 해임은 대통령의 재량권에까지 제한될 수 있다는 의미로도 읽을 수 있다"는 의미였다. 징계위원회 구성의 부당성, 징계절차의 부당성, 징계 내용의 위법성 등이 있음에도 대통령의 재가로 정직처분은 위법의 소지가 있다 할 것이다.

'Nemo index in sua causa' 누구도 자기 사건의 심판자가 될 수 없다. 자연법의 정의를 표현한 법률 격언이다. 이해 당사자인 소추자

prosecutor(訴追者)가 아니라, 공정한 제3자에 의한 심판을 받아야 한다는 의미다. 검사징계법은 징계혐의자가 일반 검사인 경우에는 검찰총장이 징계를 청구하고, 법무부 장관이 징계위를 구성하도록 한다. 그런데 징계혐의자가 검찰총장인 경우에는 장관이 징계를 청구함과 동시에 징계위를 구성한다. 형식적으로는 장관과 징계위가 다르지만, 장관과 징계위 조직권(구성권)은 실질적으로 동일인이다. 이때만큼은 장관이 소추권과 심판권을 동일인이 행사하는 것과 같다는 의미다.

이러한 검사징계법은 법치주의 실현을 위한 적법절차 원칙due process of law과 견제·균형의 원리checks and balances에 정면으로 반한다. 적법절차의 원칙은 형식적 절차뿐만 아니라 실질적인 법률의 내용이 정의에 합치돼야 하고, 절차의 적법성뿐만 아니라 정당성까지 보장돼야 하는 것을 본질적 내용으로 한다. 장관이 소추prosecution도 하고 실질적인 심판judgment까지 좌우하는 것은 정의에 합치되 않을 뿐만 아니라 절차의 적법성과 적정성도 무시하는 처사다. 소추와 심판은 실체적 진실 발견을 위해 실질적으로 분리되어야 하고, 견제와 균형이 이뤄져야 한다.[181]

검찰총장은 2년 임기(검찰청법 제12조)를 보장받는 기관이다. 준사법기관인 검찰의 독립성과 정치적 중립성을 보장하기 위해서다. 그런데 검사징계법은 정치 장관에게 사실상 해임권을 부여했다. 대통령에

181) 허영, 중앙일보, 2020.12.7. "검사징계법의 위헌성, 그대로 둘 것인가?"

게도 없는 권한이다. 법 집행의 정당성을 인정받기 위해서는 내용과 절차가 동시에 합법적이어야 한다. 그런데 비합리적인 정무적 판단으로 합법성을 담보할 수는 없다. 그 배경에는 청와대 적극적인 개입의 울산시장 부정선거 수사와 기소사건, 월성 1호기 원전 경제성 평가 조작 수사와 관련하여 전자에 대하여는 수사하고 기소한 검사장과 수사팀에 대한 하방 좌천성 인사를 한 번뿐 아니라 두 번에 걸쳐 대대적으로 단행하여 수사팀을 2020년 중에 해체해 버렸다.

후자에 대하여 수사에 초기부터 방해하려는 조치로 국민은 보고·알고 있으며 이에 분노하는 것이다. 평범한 촌부(村夫)도 있을 수 없는 일을 최고의 공권력을 동원하는 행태를 보면서 민심은 돌아선다. 대통령에 의한 '2개월 직무정지 결정'은 2020년 12월 24일 서울행정법원이 '직무정지 효력정지 청구'를 인용함으로 검찰청장직에 즉시 복귀하였다.

■ 조국 범죄 백화점에 대한 검찰의 수사 · 기소

조국 범죄 백화점에 대한 검찰의 수사·기소에 대하여 대통령은 조국에게 "마음의 빚을 지고 있다"는 발언은 각종 지능적 범법자에 대한 지나친 배려의 발상으로 편 가르기 행태다.

■ 원전 "월성 1호기 어떻게 된 것이냐?"

원전 "월성 1호기 어떻게 된 것이냐?"를 하명함으로 산업통상자원부

장관과 관련 공무원들로 하여금 경제성 조작, 관계 컴퓨터 문건 444건을 심야에 정부 고위공직자가 극비리에 정부청사에 잠입하여 삭제하기에 이르게 하는 등의 범죄행위를 유발하는데 동기 부여하였다.

■ '빠'·'대깨문'

이른바 유사 조폭인 '빠'·'대깨문'하는 세력들에 대하여 대통령은 "양념"이라 두둔한다. 이들은 '공격좌표'를 찍고 무차별 신상털기, 집단 전화 또는 문자 폭탄 세례, 각종 집회 등을 통한 반사회적 이질적인 행위를 계속 남발하고 있다. 홍위병 유사집단의 행태를 보는 것 같다. "운동권 '빠'세력의 결합은 민주주의 위기를 불렀다"(최장집 교수, 조선일보, 2020.7.20.). 이런 행태는 한국의 정상적인 사회의 가치기준과 윤리기준을 허물어뜨리고 있다. 한국사회의 건전한 생태계 파괴에 이르게 하였다.

■ 대통령 비서실이 백악관 비서실보다 크다?

2017년 트럼프 백악관 직원은 377명이었다. 2016년 472명이었으니 체중을 많이 축소했다. 청와대는 2018년 486명(비서실 443명, 국가 안보실 43명)이다. 지금 더 늘였을 것이다. 인구 7배, GDP 12배 많고 세계 곳곳의 분쟁에 개입하는 최강대국 미국보다 100명이나 많다. 대통령과의 직·간접적인 친분 덕분에 고용된 비서(이른바 '어공')들은 법에 따라 신분 보장을 받는 직업 공무원들보다 사고와 행동방식, 윤리 기준이 다르다. 이들은 전문성보다 충성심만 가득하게 되어 이들이 설치면 관료집단(늘공) 전체가 숨을 죽이게 된다. 나라가 키운 전문집단의 보좌를 받지 못한 대통령은 현실을 오판하고 나라를 절벽으로 내몰 수 있다. 중앙 행정 부처는 정책을 개발하고 집행하는 기관이다. 그런데 문 정부 들어서 중앙 행정부처는 청와대 서툰 정책의 집행기관으로 전락 했다.[182]

이들은 대통령의 마음속으로 원하는 의중을 헤아려 울산시장 부정선거에 깊숙이 개입하여 이들 대부분(13명)이 검찰의 조사 대상이 되어 2021년 초 현재 기소한 상태다. 기소하였으나 장기간 소송이 진행되지 않고 있다. 국제 사회에 부끄러운 일이다. 부정선거에 앞장섰던 경찰국장이 옷을 벗지도 않은 상황 속에서 국회에 진출하였다(공직자 신분을 유지한 채 국회의원 입후보는 불법). 정부는 부정선거를 조사하고 기소하였다는 이유로 2~3차에 걸쳐 해당 검사장, 부장검사들을 예외 없이 거의 모두를 좌천성 인사를 하여 수사팀을 사실상 해체했다. 이를 지휘한 검찰총장은 1차로 법무부 장관의 직무정지 처분, 2차로 대통령의 2월 정직 징계처분을 각각 받았으나 법원의 행정처분 또는 징계처분 효력정지 결정(청구인용)에 따라 직무에 복귀했다. 법치주의에 크게 벗어났으므로 이에 대하여 대통령은 대국민 사과를 했다. 이 같은 현실이 대한민국에서 2020년 12월 중에 발생했다. 역사는 평가하

182) 강석주 칼럼, 2020.1.18. "대통령 비서실, 어쩌다 범죄혐의자 집합소 됐나?"

고 기록될 것이다.

■ 입법부

2020년 정기국회에서 여당은 절대다수 의석을 무기로 입법과정에서 타협과 토론을 통하는 기본적인 과정을 무시하고 일방적으로 위헌 가능성이 있는 입법 행위를 하였다. 21대 국회 조직을 의장단 중 부의장 1명을 야당에 배려하던 것과 상임위장을 여야 의석 비례로 배분하던 것과 법사위원장은 야당에 부여하였던 1988년 이후 관행을 무시하고 여당이 모두 독점하였다.

공수처법은 한 번도 시행하지도 아니하고, 공수처장 추천권에 입법과정에서 야당에 인정했던 야당의 거부권을 배제하는 개정을 함으로 공수처의 정치적 중립 확보를 위한 최소의 장치를 제거했다. 공수처는 법률에 따른 행정청으로 대통령, 감사원장, 법관 등 헌법기관의 비리를 수사할 수 있는 기관으로 헌법재판소가 제 기능을 다 할 수 있다면 위헌법률 심사 대상이 될 수 있는 기관이다. 5·18관련법, 대북전단금지법 등은 헌법상 보장된 국민의 기본권인 표현의 자유를 본질에서 제한하는 법률로서 역시 위헌법률 심사 대상이 될 수 있다.

국정원법을 개정하여 대공수사권을 경찰로 통째로 넘긴다고 하는데 정작 경찰은 보안 경찰을 없앤다고 한다. 남북 대치 속에서 북한의 대남전략을 이롭게 할 수도 있어 국가안보를 위하여 심히 우려된다. 상법 개정 '주주권 3%룰'은 헌법상 보장된 국민의 기본권인 재산권을 침해하는 규정으로서 위헌법률 심사 대상이 될 수 있다. 시장경제체제의 선진국에서는 이와 같은 입법례가 없다. 노동조합 3법은 해직자, 실직자도 조합원 가입할 수 있게 되어 기업경영을 긴장시키게 되었다. 이런 입법을 국회는 여당 단독으로 강행 통과시켰다. "입법독재"의 대표적인 예다.

■ 행정부 : 행정입법이 국회 입법권 패싱

문 정부가 중점 정책들을 행정입법[183]을 수단으로 추진하면서 부·처 간의 갈등과 국회의 입법권까지 추월하는 경우가 발생한다. 문재인 정부 2년 4월간(2017.5.10.~2019.9.27) 2,053건[184]의 시행령(대통령령)이 공포되었다. 국회가 제 기능을 하지 못한다고 정부가 입법절차를 우회해 시행령을 중요 정책수단으로 삼다 보면 삼권분립이 흔들리고, 상위법과 모순되거나 아예 법률에 근거가 없는 시행령이 늘어나는 등 법치주의 체계가 흔들리게 된다.

주요 정책이 시행령에 의존할수록 상위법과 모순되거나 법률상 근

---

183) 행정입법: 행정입법에는 법규의 성질을 가진 위임명령과 집행명령(이것을 총칭하여 법규명령이라고 한다) 이외에도 법규의 성질을 갖지 않는 행정명령[행정규칙의 의미로도 쓰인다. 예 : 훈령·준칙·명령(특허명령 등)]이 있다. 법규명령은 다시 제정기관의 종별에 따라서 대통령령(대통령이 발하는 명령), 총리령(국무총리가 발하는 명령), 부령(행정 각부의 장이 발하는 명령), 선거관리, 국민투표관리 또는 정당사무관리규칙(중앙선거관리위원회가 제정하는 규칙)으로 나누어진다. 또 광의의 행정입법에는 자치 입법이 포함되는데 이것은 국가행정권에 의한 입법과는 달리 지방자치단체의 법이다. 자치법에는 현행법상 지방자치단체의 조례와 규칙이 있다.

184) 중앙일보, 2029.11.4. "국회 입법 패싱 '시행령·훈령 정치'"

거가 아예 없는 시행령에 대한 우려가 커지고 있지만, 국회가 행정입법을 통제해야 한다는 법안마저 국회에서 표류하고 있다. 국회 입법조사처 조직을 강화하여 입법안에 대한 검토와 조정이 필요하고, 행정입법에 대하여는 법제처에서 검토와 조정하면 가능한데도 법제처 기능을 제대로 작동되지 않고 있는 실정이다. 현재 법제처는 현행 시행령이 법률이 정한 내용을 넘어서는 것을 알게 되더라도 수정을 요구할 권한이 없기 때문이다. 다만 '그런 우려가 있다'는 검토보고서를 부처에 전달하는 수준이다. 국회의 행정입법에 대한 통제할 수 있는 입법조치가 절실히 필요하다.

■ 경찰은 법집행을 포기하다

성주 '사드 기지'에 군수물자를 공급하는 군용차량 출입을 '폭력시위 조직 꾼들'이 집단으로 가로막고 있는데도 정부는 이를 방관하고 군수물자를 군용기로 공수하고 있다. 이게 국정을 책임진 정부 행태의 단면이다. 국회는 무엇을 하는지 알 수가 없다. 광화문 광장에 세월호 불법 천막은 4년째 서 있다가 철거했다. 이 불법 천막에 대하여 아무도 손대지 못한다. 아파트 단지 내에 민노총의 새벽 확성기를 통한 노상 고성 방송을 경찰은 방치한다. 강규형 KBS 이사를 임기 중인데도 강제 퇴출을 위하여 KBS 민노총이 자택과 근무하는 대학으로 민주노총 조합원 수십 명이 집단으로 몰려가 시도 때도 없이 고성방가하며 집단 시위하며 강제사퇴를 불법적으로 요구해도 정부는 방관한다. 시위대가

전(全)차선을 수십 분 막아도 경찰은 방관한다.

심지어 2019년 10월 18일 친북 성향의 한국대학생진보연합(대진연) 회원들이 대낮에 미국대사 공관(하비브 하우스)을 월담하여도 경찰은 현장에서 방관한다. 그리고 연행한 월담 범죄자를 훈방한다. "월담 침입하여 경내로 들어간 시위대원과 대사관저 직원과 마찰로 직원 2명이 부상을 입혔는데, 우리 정부 당국 누구도 미안함을 표명한 적이 없다"(조선일보, 2020.10.25. 김병관 의원) 고 한다. 더구나 정부 차원의 사과나 재발 방지하겠다는 약속 한마디 없다.

2019년 12월 30일 이들과 합류한 친북·좌파 단체들이 대규모 집회를 열어 경찰 차벽과 그물망을 너머로 미국 대사관에 신발을 던지고, 횃불을 붙여 청와대로 행진했다. '방위비 못 줘, 싫으면 나가'라는 팻말을 흔들면서. 수백 명의 경찰관은 방관하며 현장 체포 또는 연행은 한 명도 없다(2019.12.2. 조선일보). 청와대 앞 불법 천막 철거한 구청 공무원들은 '직권남용' 혐의로 검찰 조사를 받는다. 경찰은 불법 앞에 무장을 해제하고 법집행을 한 공무원은 검찰에 소환되어 조사를 받는다. 민주노총은 온갖 폭력, 파괴, 감금, 업무방해를 해도 방관하거나 곧장 방면한다.

■ 민노총의 행패와 정부(경찰)의 직무유기

2019년 4월 3일 민주노총이 국회 앞에서 시위를 벌이고 있는 과정에서 국회 담을 허물고 집단으로 국회 경내로 침입했고, 경찰관을 집단 폭행하는 일이 벌어졌다. 시위 현장은 무법천지였다. 민노총 시위대 500여 명이 복면으로 얼굴을 가린 채 국회 철재 담장을 흔들자 담장 18m가 무너져 내렸다. 담장이 무너진 자리에 경찰이 차단벽을 세우자 이번엔 밧줄을 걸어 차벽을 당겨 쓰러뜨렸다. 민노총은 시위를 막던 경찰의 멱살을 잡고 흔들며, 뺨을 때리고, 무차별적으로 주먹을 휘둘렀다. 경찰 진압봉과 방패를 빼앗아 휘둘렀다. 경찰 6명이 병원에 실려서 갔고, 취재기자에게는 "죽여 버리겠다"고 했다.

일부 민노총 조합원은 시위대를 조사하는 경찰서로 몰려가 "서장 나오라"고 고성방가하며 행패를 부렸다고 한다. 이들은 노조가 아니라 폭력 집단이다. 경찰서 앞마당에서 취재기자를 폭행했다. 검찰청사, 지방노동청 등 20여 곳 공공기관을 무단 점거했고, 기업노무담당 임원을 피투성이가 되도록 두들겨 패댔고, 경찰이 출동하자 '잡새가 어딜' 하며 비아냥댔다. 건설 회사들은 '우리 조합원을 쓰라'는 민노총에 협박을 당하면서도 경찰 당국에 신고도 못 하고, 신고한다 하더라도 늑장 출동하거나 출동하더라도 방관하는 게 다반사다. 법집행 기관이 불법 폭력 앞에서 스스로 무장을 해제한 것이다. 정권에 잘 보여서 수사권을 좀 얻어 보겠다는 경찰이 정권 편인 민노총을 상전으로 모시고 있다. 조폭 수준의 민노총과 이를 방관 내지 풀어 주고 없었던 것으로 하는 경찰의 행태는 민노총과 경찰이 악순환의 고리를 이어가며 사회적 불안을 가중시키고 있다. '민노총의 폭력'에 대한 정부-여당-경찰-민노총은 한 통속이다.

조폭을 연상시키는 민노총의 불법·폭력 형태는 일일이 열거하기도 힘들다. 2018년 11월 한 자동차 부품업체 유성기업 노무담당 임원이 민노총에 한 시간가량 감금당한 채 피투성이가 될 정도로 집단 구타를 당했다. 민노총이 자기회사 임원을 한 시간 감금해 놓고 두들겨 패댔다는 것이다. 민노총은 경찰을 향하여 "잡새가 어딜 들어오느냐"고 고함을 질렀다. 임원은 진술한다. "맞아 죽을 뻔했다. 저는 지금도 살아 있다는 게 믿기지 않습니다. 죽도록 사건 당일 오후 3시 40분부터 4시 40분쯤까지 한 시간 동안 폭행당했는데 처벌 의사를 말하는 것도 두려워하는 세상이 원망스럽습니다. 일방적으로 개 패듯 맞았고 입과 코에서 피를 쏟는데 폭행은 계속됐다. '니 가족은 무사할 줄 알아' '니 딸은 무사할 줄 알아' 등 폭언이 이어졌다. 폭행이 끝난 후 핏자국을 지운다고 물청소를 하고 피 묻은 종이와 천을 모두 수거해 가는 게 정말 우발적이냐? 지금도 그들이 병원까지 쳐들어오는 것을 상상하면 검은 옷과 모자 차림의 사람을 못 쳐다보겠다. 치밀하고 계획적으로 집단 감금, 폭행한 사실을 그대로 인정한다면 그들에게 기회를 줄 수 있는데 가슴이 아프다."[185] 민노총에 감금 폭행당한 기업 측이 "살려 달라"고 6차례나 112에 신고했는데도 경찰은 주변을 맴돌 기만 한다.

---

185) 조선일보, 2018.12.6. "유성기업 임원 '죽도록 맞았는데 ---처벌 의사 밝히기 어려워'"

공무원이 경찰 80명이 보는 앞에서 민노총에 뺨을 얻어맞았다.

건설공사 현장에선 자기 사람을 쓰라며 수십 일간 공사장을 봉쇄했다. 노조가 서로 자기 사람을 쓰라고 난투극을 벌려도 경찰은 뒷짐만 쥐고 있다. 민노총이 법을 짓밟아도 문 대통령은 침묵한다. 제집 안방 드나들 듯 무단 점거하고 행패를 부린다.

민노총이 이렇게 횡포를 부릴 수 있는 것은 폭력을 휘둘러도 처벌을 받지 않는다는 믿음이 있기 때문이다. 전 대통령의 탄핵 사태와 대선 과정에서 그것을 증명했다. 현 정권은 "민노총은 더는 사회적 약자가 아니다." "말이 안 통한다"고 했지만 마지못해 한마디 한 것뿐일 터다. 오히려 폭력 시위꾼들을 무단 방면한다. 민노총 시위대 25명을 국회 시위 현장에서 연행하였지만 몇 시간 만에 전원 석방했다.[186] 경찰이 조사하는 시늉만 한 것이다. 향후 수사도 흐지부지될 것으로 보는 것이 합리적이다.

대검찰청 정문을 불법 점거 농성을 하여도, 정부 기관장실을 폭력 점거하여도 방관 내지는 방면한다. 그들에겐 법은 무력하다. 법이 살아 있는 나라인지 이 정부 들어 불법 집회가 현저히 증가하고 있다. 그 외에 사례가 너무 많다. '이게 나라냐?'란 탄성이 저절로 난다.

■ 법원

법치주의 원칙을 훼손하는데 법원도 크게 한몫을 담당한다.

---

186) 조선일보, 2019.4.5. 사설, "경찰 폭행 민노총 전원 석방, 이게 바로 '폭력 면허'"

OECD가 37개 회원국을 대상으로 각국 사법부에 대한 신뢰도를 조사해 순위를 매긴 '한 눈으로 보는 정부 2019'에 그 나라 국민 1,000명에게 '법원을 신뢰하느냐'고 물었더니 '신뢰한다'는 응답이 한국 법원이 가장 낮은 것으로 조사되었다. 한국은 헌법상 행정, 입법, 사법 등 삼권 분립 된 국가다. 그런데 좌파 정권하의 사법부는 '사법개혁'을 내세웠지만 사실상 '사법 적폐청산' 주도세력이 진보성향의 판사들로서 대법원장을 배경으로 사법부 신뢰 하락에 적지 않은 영향을 미쳤을 것이란 관측이다.[187]

대법원은 2017년 '댓글공작' 혐의로 구속된 김관진 전 국방부 장관을 구속적부심에서 풀어 준 신광열 전 중앙지법 수석부장판사를, 2019년 1월 문 대통령의 최측근 김경수 경남지사를 '댓글조작' 혐의로 법정 구속한 중앙지법 성창호 부장판사를 각각 재판 업무 배제 전보 조처했다.[188]

공직선거 및 선거부정방지법(이하 "선거법"이라 함)에 의하면 선거일로부터 30일 내에 소를 제기할 수 있고, 소 제기가 있는 경우 수소(受訴)법원은 180일 내에 처리하도록 규정(공직선거 및 선거부정방지법 제225조) 되었다. 2020년 4월 15일 21대 국회의원 총선에 대한 당선무효

187) 조선일보, 2019.11.5. "사법부 신뢰도 OECD 꼴찌, 대법원 발칵 뒤집혔다는데--"
188) 조선일보, 2019.3.9. "검찰 기소 3일 만에---대법원, 김경수 구속한 성창호 판사 재판배제"

및 선거무효 소송에 있어 수소법원인 대법원은 최장 2020년 11월 11일(30일 내 소송제기+ 처리 기간 180일=210일)이 지나도록 한 건도 예외 없이 소송 진행을 보류하고 있다. '당선무효 또는 선거무효 소송'에 대하여 2021년 3월 31일이 되도록 한 건도 재검표한 선거구가 없다. 대법관들이 지연하자고 묵시적 합의를 보았는지 알 수 없는 일이다.

모든 대법관이 직무 유기하고 있다. 일반 공무원이 단합이라도 한 듯 정당한 이유 없이 집단 직무유기하면 징계 대상이 된다. 법관은 탄핵 대상이 된다. 또한, 대법원의 이재명 경기도지사 허위진술 여부에 대한 파기환송 판결과 은수미 성남시장에 대한 파기환송 판결은 일반적인 법의식과 상식과 판례를 벗어난 판결로 비판을 면할 수 없다. 사법독재가 한국 법원에서 만연하고 있다.

2015년 11월 14일 서울 도심 일대에서 백남기를 포함한 불법폭력시위 진압과정에서 백씨는 중상 사고가 발생했고 병원 치료 중 사망하였다. 이를 이유로 정부는 이미 4억9000만 원을 유족에게 지급한 것 외에 살수차 조종 경찰관과 지휘 경찰관 3명의 공무집행자에게 법원은 6,000만 원을 배상하라고 판결했다(2018년 10월 2일, 조선일보). 당일 민주노총 등 53개 단체 6만8000명이 도로를 불법으로 점거하고 쇠파이프와 각목과 대나무 뾰족한 침으로 경찰병력을 공격하고 밧줄로 경찰 차량을 전복을 시도하는 등 격렬한 폭력을 휘둘렀다.

이로 인하여 7시간 광화문 거리 등 도심이 마비되었고 경찰병력 92

명이 부상당하였고 경찰버스 52대가 파손 되었다. 백씨는 자기 몸도 잘 겨누지 못하는 노구를 이끌고 당시 밧줄로 경찰버스를 묶다가 경찰 물대포를 맞고 쓰러진 것이다. 이에 대하여 정당한 공무집행 과정에서 발생하였음이 인정되는 데도 정당한 공무집행을 한 경찰관이 개인 자격으로 배상하란다.

그런데 정부는 시위꾼들에게 대부분 처벌하지 않고 결과적으로 배상을 청구하지도 않는다. 드물게 아주 드물게 검찰이 형사범으로 재판에 회부하여 형이 확정되면 정부는 가지가지 방법을 동원하여 형기를 채우지 않고 가석방하거나 사면으로 풀려난다.

'폭력시위조직꾼'들이 정부의 국가적 대형 프로젝트 현장마다 사업 중단과 진행을 막기 위하여 출전(?)한다. 고속전철 사패산 터널공사 현장, 제주 해군군항 시설공사 현장, 밀양 송전선 시설공사 현장, 성주 군사 '사드'기지 현장 등을 집단으로 몰려다니며 폭력을 다반사로 행사한다. 공사 진행을 힘으로 난폭하게 가로막는다. 그러면 공사는 몇 개월, 또는 몇 년 중단된다. 공사 중단-공사 재개-또 중단 재개가 수개월과 수년간 되풀이된다. 이러는 사이에 공사원가는 눈 덩어리처럼 증액되고 국가의 중요 프로젝트 진행은 지연된다.

또한 도시(주로 서울 시내) 거리에서는 집단시위하며 미리 준비된 쇠파이프, 돌멩이, 밧줄, 장대 등 폭력도구로 거리질서 유지를 위하여 출동한 공권력(경찰)을 공격한다. 경찰병력의 부상자가 수십 명, 또는 수

백 명이 속출한다. 공공용물(경찰버스, 살수차 등)을 파손을 시위현장에서 자주 본다. 경찰이 소지한 방패와 무기 등이 탈취당하기도 한다. 공권력에 그들이 폭력을 행사한다. 그래도 그들은 지극히 예외적 경우를 제외하고 대부분 처벌을 받지 아니한다. 형사 재판을 받는 경우에도 처벌은 대폭 축소되며, 손해배상 등 민사재판을 받는 경우에도 정부는 손해배상을 면제한다.

심지어 폭력시위로 수십 명의 경찰병력이 부상당하고 공공용물을 파손한 책임을 물어 '폭력시위조직' 책임자인 범죄수배자(민주노총 사무총장)가 집권당 당사에 진입하여 숙식하며 몇 날이고 거주하여도 집권당과 정부는 이를 방관하고 상당 시일 후한 접대 속에 유숙하게 하고 적당히 검찰로 하여금 사실상 무혐의 처리하였다. 대통령은 '폭력시위조직 꾼'들의 부상자는 병문안하지만, 부상치료 중 경찰병력은 당국의 위문 대상이 아니다.

제8 전략,
강성노조와 노동 3법 개혁

1. 노동조합 *labor union*

근로자가 주체가 되어 근로조건의 유지·개선 그리고 기타 근로자의 경제적·사회적 지위의 향상을 목적으로 조직한 단체를 노동조합이라 한다.

노동조합은 자본주의사회의 고유한 노동자 조직이다.

자본주의사회에서 출현한 노동조합은 전근대사회의 노동자 조직 또는 노동 조직과는 전혀 다른 사회경제적, 법률적 의미를 지닌다. 첫째, 전근대사회의 신분제적 구속과 불평등을 감내하던 노동자와 달리 노동조합을 결성하는 근대사회의 노동자는 '자유로운 개인'으로서 평등하다고 상정된 계약관계를 통해 임금노동을 한다. 둘째, 노동자는 본질에서 노동의 방식, 노동과정에 대한 자기 결정권을 가지지 못하며, 다만 경제적, 사회적 지위 향상을 위해서 법적 보장과 한계 속에서만 활동할 수 있다. 근대 자본주의사회의 노동조합은 임금을 비롯한 노동조건의 개선을 중심으로 활동한다. 셋째, 근대 자본주의사회에서 노동자와 자본가 간의 임노동 계약이 형식적으로 평등한 관계이지만, 실질적으로 고용자의 우월적 지위와 해고를 비롯한 자의적 결정이 노동자들을 압도한다. 이런 불균등한 관계에서 노동자들을 보호할 수 있는 최소한의 제도로서 거의 모든 현대 국가들은 노동조합의 권리를 헌법과 법률로 보장한다.

현대 노사관계는 기업경영자인 사업자와 근로자 또는 근로자단체인 노동조합을 주역으로 전개된다. 노동관계는 1) 대등관계- 노동관계의 기본인 근로조건은 노사가 동등한 지위에서 자유롭게 결정되며, 2) 종속관계- 결정된 근로조건하에서 취업규칙 등의 룰과 사용자의 업무상 지시에 따라 근로를 제공하며, 또한 3) 사회적 관계- 노사 간에 기업경영의 문제를 대화와 소통을 통하여 풀어나가며, 4) 경제적 관계- 근로의 제공과 임금 지급 등 근로조건의 유지·향상, 고용보장 등을 위하여 근로계약이나 단체교섭을 통하여 해결한다. 노사관계는 산업사회의 특유의 이질적 인간 결합관계다. 생산수단의 소유자인 사용자와 노동력의 주체인 근로자와의 결합관계이므로 대립과 협력이라는 두 가지 측면이 존재한다. 노사관계는 문화적 가치관의 충돌이다.[189]

노동 3권, 즉 1) 단결권- 노동자의 자유의사에 따른 노동조합 결성,

---

189) 김수복 『기업의 노동조합대책』 서울, 중앙경제, 2011, p. 33

2) 단체교섭권- 노동조합을 통한 사용자 혹은 사용자단체와 노동조건 등에 관한 단체 협상, 3) 단체행동권- 노동자의 권익을 위한 집단행동은 1919년 바이마르 헌법에서 처음으로 명문화되었으며, 그 후 세계 거의 모든 국가에서 수용하고 있다.

한국은 1948년 건국 이후 노동 3권을 헌법으로 보장하고 있다. 즉 현행 헌법 제33조에는 "근로자는 근로조건의 향상을 위하여 자주적인 단결권, 단체교섭권, 단체행동권을 가진다"라고 명시되어 있으며, 그 구체적 내용을 노동 3법인 근로기준법, 노동조합법, 노동쟁의조정법 등 노동 관련 법률로 규정하고 있다.

노동조합의 단체교섭 방식은 1) 노동조합과 사용자 간의 개별교섭, 2) 전국적 노동조합과 전국적 사용자단체 간의 통일교섭, 3) 상급 노동조합과 개별기업의 사용자 간의 대각선교섭, 4) 상부노동조합과 개별 노동조합이 사용자와 협상하는 공동교섭, 5) 여러 개의 기업별 노동조합과 사용자단체 간의 집단교섭이 있으며, 2011년까지 한국에서는 주로 1) 개별교섭이 대부분을 차지한다.

노동조합의 단체행동이라고 할 수 있는 노동쟁의도 법률로 명시되어 있으며, 그 종류로는 파업, 태업, 생산관리, 보이콧(boycott), 피케팅(picketing), 준법투쟁 등이 있다.

사업자가 가지는 노동조합 측의 부당노동행위에 대한 대응 조치로서 1) 형사상의 책임 추궁 2) 민사상 책임 추궁 3) 고용상의 책임 추궁이 있다.

■ 단체교섭

노동조합이 조합원의 근로조건이나 대우의 기준에 관해서 조합의 요구를 관철하기 위하여 단체의 힘을 배경으로 사용자와 대화하는 것을 단체교섭이라 한다. 단체교섭은 노동조합 활동의 핵심적 영역이며 단체교섭의 결과 체결된 단체협약은 노사 간의 자치규범으로 실제 근로조건을 결정하게 되어 그 중요성이 크다.

노동조합 대표자 또는 교섭대표노동조합은 그 조합원 또는 노동조합을 위하여 사용자나 사용자단체와 근로조건을 개선하고, 노동조합 관련 사항에 대하여 교섭하고 단체협약 체결할 권한을 가진다. 근로조건에는 임금, 수당, 퇴직금, 근로시간, 휴게, 휴일, 휴가 등과 같은 규범적 효력을 가진 사항이 있고, 노동조합 관련 사항으로는 노동조합 승인 조항, 조직보호, 조합비 공제, 노동 평화, 단체교섭 절차·방법 조항 등에 관한 조항과 같이 채무적 효력을 가진 사항이 있다.

단체교섭 대상이 되기 위해서는 1) 사용자의 처리 가능 사항이고 2) 집단적 성격을 가진 사항이며 3) 근로조건과 관련 사항이어야 한다.

a.정치적·정책적 그리고 타 기업경영에 관한 사항은 사용자의 처분 밖의 사항으로, b.임금체불 해소, 해고자 복직, 징계 철회 등은 특정 근로자에 관한 사항으로서 전체 조합원의 집단적 내용이 아니므로, c.쇠고기 수입 반대, 국산품 애용, 수익금 사회 환원, 사회발전 기금 출연

등은 근로조건과 직접 관련이 없으므로 각각 교섭 대상이 아니다.[190]

근로조건에 관한 사항은 사용자에게 교섭의무가 있는 '의무적 교섭 사항'이 있고, 사용자에게 교섭의무는 없는 '임의적 교섭사항'이 있다. 임의적 교섭사항인 경우에도 교섭에 응하여 단체협약을 체결한 경우에 한하여 구속력이 있게 된다. 또한, 강행법규나 공서양속에 위반하는 사항 등은 단체협약에 체결했더라도 무효이다. 근로조건, 노사관계 등은 대상이 되지만, 시설증설, 공장 신·증설, 최신 기자재 도입, 용역 전환, 신기술 도입, 사업조직의 통폐합 등 경영권에 해당하는 사항과 근로자 채용·전보·인사고과·승진·배치·해고·휴직 등을 말하는 인사권은 원칙적으로 교섭대상이 아니다.[191] 정치·사회·국제문제, 구속자 석방·환경 보호·FTA체결 반대·민주화 등은 사용자가 처리할 수 없는 것으로 교섭대상이 아니다.

■ 쟁의 수단(단체행동)

단체교섭이 원만하게 성립되지 못할 경우 노조 측에서는 쟁의 수단으로 절차를 거쳐서 1) 파업, 2) 태업, 3) 생산관리, 4) 보이콧, 5) 피케팅, 6) 직장점거, 7) 준법투쟁이 있고, 사용자 측에는 1) 직장폐쇄, 2) 대체근로제한제도, 3) 도급·하도급 금지, 4) 파견 근로자 사용금지, 5) 위장폐업 금지가 있다.

---

190) 김수복, 같은 책, pp. 234-235.
191) 김수복, 같은 책, p. 239. 판례, 대법원 2002.2.26. 99도5380

2. 강성노조의 불법행위와 면제처분의 악순환

법치주의 정착과 노동개혁을 지체하거나 방관할 때 이는 엄청난 사회적 비용을 유발할 뿐 아니라 기업이 폐업하거나 살아남기 위해 해외로 탈출한다. 산업은 공동화(空洞化)되고 기업이 떠난 자리에 실업자는 양산한다. 법과 원칙이 무너진다. 이를 대통령과 정부·여당이 소극적으로는 방관, 또한 적극적으로는 앞장서고 있는 현실을 바라보면서 무기력한 야당과 국민의 한숨은 짙어만 간다. 기업은 강성노조에 시달림과 정부의 쏟아붓는 각종 규제로 견디다 못하여 살아남기 위하여 해외 탈출 오프쇼링 한다.

현 정부는 강성노조의 온갖 횡포를 눈감아 주거나 북돋워 주면서 노조와 공생(?)한다. 사회정의가 무너진다. 정부는 권위가 떨어진다. 국민은 정부를 신뢰하지 않는다. 국민은 불편하고 불행해 질 뿐 아니라 일자리는 급속도로 축소된다. 기업의 속성은 부가가치를 좇는다. 반대로 정부가 기업을 한국으로 귀환시키기 위하여 생산성과 세금, 노사관계, 정부의 일관성 있는 친기업 정책 등 다양한 요소를 충족 시켜야 한다. 이들이 하나라도 결여되어 경직되면 기업은 귀환하지 않는다. 그러면 현재 높은 실업문제는 해결되지 않는다. 공무원과 공기업 근로자를 증원하거나 세금으로 임시알바 일자리는 한계가 있을 뿐 아니라 그 부작용이 더 큰 것으로 분석·평가되고 있다.

■ 노동시장의 동맥경화증

정규직과 노조를 과보호하고 있다. 기업이 도산 직전까지도 해고가 거의 불가능할 정도이다. 공장의 순환배치도 노조의 동의를 받아야 하고, 파업 시 대체 근무도 제한된다. 기업의 해외투자도 노조의 동의를 받아야 하고 국내공장 증설도 노조의 동의가 필요하다.

현대자동차 노조는 31년 동안 430회나 파업을 했다. 세계적인 불명예 파업 왕국회사가 되었다. 2018년 세계경제포럼(WEF)의 국가 경쟁력 평가에서 한국은 140개국 중 노사협력(124위), 정리해고 비용(114위) 등 최하위권이다. 현대차 노조 등 대기업 노조의 집단 이기주의가 한국경제의 국제경쟁력을 약화시키고 있다. 현대차 국내공장 급여 수준은 세계경쟁사에 비하여 상대적으로 높을 뿐 아니라, 더구나 같은 현대차 해외 공장보다도 현저히 높다. 그런데도 생산성은 경쟁사보다 또는 같은 현대차 해외 공장보다 현저히 낮다.

즉 급여는 제일 높고, 생산성은 제일 저조하다. 그래서 귀족노조라는 말이 나왔다. 강성 대기업 노조의 빈번한, 그리고 무리한 노사협상 과정에서 대기업과 중소기업과의 임금 격차를 심화시켰고, 그래서 구직자들은 중소기업을 기피하고 있다. 한국의 노사분규는 세계적으로 악명 높다. 민노총은 자사 내에서 노사분쟁이 해결되지 아니하면 거리로 나간다. 국내에서 해결 안 되면 해외로 나가는 등 투쟁방식도 공격적이다.

다국적 인력서비스 기업 아데코(ADECCO)가 2019년 1월 21일 발표한 '인적자원경쟁력지수(GTCI)에 의하면 한국의 노사협력지수는 125

개 국가 중에서 120위로 최하위권이다. 노동시장의 경직성이 우리 경제의 발목을 잡고 있다. 문 정부는 전 정권이 힘들게 노동개혁의 일환으로 추진했던 '쉬운 해고', '취업규칙 완화'라는 양대 지침과 성과연봉제를 폐기하는 등 노동개혁에 역행하고 있다. 노동시장의 유연성을 높이려면 정규직 노조에만 혜택을 주는 노동 관련 법제를 획기적으로 개혁해야 한다. 중소기업은 인력부족으로 외국인 근로자들이 대거 취업하고 있다. 2019년 2월 한국 갤럽 여론조사에 의하면 경제정책과 고용·노동 정책을 '잘못한다'가 각각 61%와 59%로 나타냈는데도 문 대통령은 "경제는 견실한 흐름을 유지하고 있다"고 오진하고 있다.

한국의 노조개혁은 1980년대 이룩한 영국 대처와 '2010 아젠다' 독일 게르하르트 슈뢰더 총리와 같이 국가의 최고지도자가 노조개혁 의지를 가져야 한다. 정부는 한편으로는 노조의 강성활동을 보장하는 현재의 노조법을 유연성이 보장되는 노조법으로 개정하고, 또 한편으로는 노조의 노조활동이라는 미명하에 불법적 노조활동에 대하여 과감하고 일관성 있게 법과 원칙을 지키며 이에 따라 집행해야 한다. 노조는 노동조건에 관한 법의 테두리 내에서 노동쟁의 하는 것이지 경영에 참여한다든가 또는 불법행위를 면제받는 것은 아니다.[192] 정부는 이를 방관하고 있다.

---

192) 박지향, 「중간은 없다. 마거릿 대처의 생애와 정치」 서울: 기파랑, 2007. 박동운, 「대처리즘: 자유시장경제의 위대한 승리」, 서울: FKI미디어, 2004.

민노총 조합원이 폭력배로 전환하여 국회 담을 파괴하고 월담하는 것을 저지하는 경찰관을 두들겨 패도 경찰은 일시 연행했다가 방면한다. 회사의 임원을 죽도록 두들겨 패도, 공공기관을 무단 점거하거나 집단 출입을 해도, 확성기를 틀고 밤과 낮을 구분 없이 대성 방가를 하여도, 상대방의 직장에 집단으로 몰려가 온갖 행패를 부려도, 심지어 관공서에 들어가서 "기관장 나와라"라고 괴성을 불러대도, 조합장 선거에 온갖 부정선거를 해도 경찰은 없다. 방관한다. 무법천지다.

대통령은 야당대표는 만나지 않거나 힘들게 한두 번 만났지만, 민노총 위원장은 특사 대접하며 만난 사진까지 공개한다. 2019년 1월 25일 대통령은 민노총 김명환 위원장을 만나면서 대통령은 친절을 다하다 못해 그렇게 저 자세일 수가 없다(2019.1.26. 사진 공개). 만나는 사진을 보는 국민에게 불쾌하기보다 비굴함을 갖게 하였다. 누가 대통령인지 사진 상황으로는 구분할 수 없다. 대통령의 권위가 땅에 내동댕이친 장면을 연출했다. 김 위원장은 대통령 앞에서 "못한다- 탄력근로 확대, 최저임금 개편, 안된다- 제주 영리병원, 광주형 일자리, 해결하라- ILO 협약비준과 실직자 노조 가입, 전교조 합법화와 해직자 복직" 제 말만 했다. 광주형 일자리 외에는 거의 다 들어 주었다.

3. 노조개혁

스위스 국제경영개발원IMD은 2020년 6월 15일 "2020년 국제경쟁력평가 결과"를 발표했다. 조사 63개 국가 중 한국의 국제경쟁력은 평균 23위(2019년 29위)이다. 10위권에 싱가포르, 덴마크, 스위스, 네덜란드, 홍콩, 스웨덴, 노르웨이, 캐나다, UAE, 미국 순이다. 인구 2,000만 명 이상 29개 국가 중에서는 한국이 8위, 30-50club 7개국 중 미국 1위, 독일 17, 영국 19, 한국23, 프랑스 32, 일본 34, 이탈리아 44로서 한국은 중간 수준이다.

경제성과, 정부 효율성, 기업 효율성, 인프라 4개 분야를 각 분야별 5개 종목씩 20개 종목으로 분류하여 조사하였다. 한국은 인프라 분야는 평균보다 높은 16위로서 경쟁력이 있으나 다른 3개 분야는 경쟁력이 기업규제로 인하여 기업여건(46위), 생산성(38위), 노동시장(28위), 경영활동(36위) 부진한 것으로 나타났다. 정부규제 강화, 강성노조로 인한 생산 효율성 저조가 국제경쟁력 약화 원인임을 알 수 있다. 한편 IMD는 국내 경영진에게 경제의 매력요인 15개 지표를 제시하고 5개를 선택하도록 했다. 중복 투표인데도 10%의 선택도 못 받은 항목은 세금·노사관계 정책의 안정성과 예측 가능성이다. 요약하면 '노사관계가 엉망인 데다 정부정책은 오락가락해 믿을 수 없다. 그 와중에 '조세+준조세' 부담이 늘어나니 기업하기 힘들다'는 것이다.

정부는 2020년 정기국회에서 노조 3법(즉, 노동조합법·공무원노조법·교원노조법)을 개정했다. 이 법 통과로 이제 노조는 막강해졌다. 해고자와 실업자도 노조 가입이 가능하다. 해고된 자가 자신을 해고한 회사를 상대로 임금·단체협상을 벌릴 수 있게 됐다. 노조전임자에게 사용자가 임금을 주지 못하게 한 규정을 삭제함으로 기업이 노조전임자의 급여를 지급하도록 길 터 주었다. 6급 이하 공무원만 노조에 가입이 가능했던 규정을 삭제함으로써 정무직을 제외한 고위공무원도 노조 가입의 길을 터놓았다. 경영계의 국제노동기구ILO 협약 비준의 필요성은 인정하면서 대항권을 부여해 달라는 사용자단체의 줄기찬 요구를 팽개쳤다. 대체근로제를 강하게 요구했으나 허사였다.

노조의 강한 반발을 두려워한 것인지 정부의 반기업적 행태인지는 알 수 없다. 당초 개정안에는 '시설 점거 금지'와 '비종사자- 해고자·실업자의 사업장 출입제한' 조항이 있었으나 국회 심의과정에서 이를 삭제했다. 이제 비종사자 조합원이 사업장을 무상출입해도 막을 방법이 없다. 해직자는 자기를 해고한 회사에 대한 원한이 있기 마련이다. 실업자 노조 가입은 대기업을 상대로 노조 조직률 확대로 이어질 공산이 크다. 실직 상태거나 직장을 구하지 못한 사람들이 기업별 노조에 가입해 투쟁하며 이익을 관철하려 들어도 막을 방법이 없게 되었다. "개정된 노조 3법은 대등성과 균형성을 완전히 허물어졌다. 노동기본권은 보장하면서 불합리한 노사관계를 시정할 기회로 삼아야 했는데 노조 민원해결형 법체계로 흘렀다"(박지순 고려대 교수).

단체협약 유효기간을 2년에서 3년으로 연장, 탄력근로제의 단위 기간을 3월에서 6월로 연장, 연구개발R&D 업무에 한해 선택근로제의 정산 기간을 3월 연장한 것 등 부분은 평가할 만하다.

■ 마거릿 대처Margaret Thatcher와 레이건의 노조개혁[193]

1979년 새해가 밝았을 때 혹한과 더불어 영국인의 마음엔 무거운 어둠이 깃든다. 1978년부터 계속된 자동차·운수·병원·청소 등 사회 각 부분에서 파업이 장시간 계속되었기 때문이었다. 영국인들은 이를 '불만의 겨울Winter of Discontent'이라 불렀던 그 겨울은 참담하기 그지없었다.

운송망의 마비로 경제는 동맥경화에 걸렸고, 청소작업이 중단되면서 골목마다 쓰레기가 산더미처럼 쌓였고, 병원의 파업으로 환자들은 냉방에서 떨거나 아예 쫓겨나기도 했다. 노조원들은 시신의 매장과 화장까지도 거부함으로 죽은 자들의 시체가 병원에 쌓이기도 했다.

1970년대의 영국은 노조의 파업 천국으로 정부는 노조를 달래기에 급급하였고, 기업은 임금인상의 거듭되는 노조의 요구를 거절하지 못하였다. '요람에서 무덤까지'의 과도한 복지정책은 재정적자가 크게 늘었다. 주요기업은 공기업화로 경쟁력이 약화되었다. 경기침체와 인플레이션이 발생하고 실업자는 계속 늘어나 거리를 방황했다.

1976년에는 선진국 최초로 IMF로부터 구제 금융을 받는다. 이를 '영

---

193) 정판영A, pp. 323-325.

국병'이라 했다. 영국병 증세는 높은 실업률과 인플레이션, 바닥을 맴도는 경제성장이었지만, 가장 시급한 것은 반기업적이고 호전적인 형태로 국가 경제발전의 발목을 잡는 노동조합의 '파업열병'이었다. 1970년대 노조파업 건수는 매년 2,000여 건, 파업참가 수 400만 명 초과, 1979년에 재정적자 98억 파운드, 무역수지 적자 34억 파운드, 인플레 13.4%, 실업자 수 130만 명으로, 1985년 실업률 11.2%, 공기업 부분이 GDP 12%이었다.

1979년 5월 실시된 총선에서 영국인들은 마거릿 대처*Margaret Thatcher*가 이끄는 보수당을 선택했다. 보수당 당수 대처는 2차 대전 이후 정부들이 사회주의적 기구에 대한 관용적 태도와 노동조합에 대한 양보 등의 정책 기조를 공격함으로써 국민으로부터 신뢰와 지지를 받아 집권에 성공한다.[194] 그리고 10년간 영국을 바꿔 놓는다. 대처 총리는 여성의 우아한 매력을 지니는 한편, 어떤 남성도 따르지 못할 강한 신념과 의지를 지닌 정치인이었다. 얼굴에는 온화한 미소를 지니면서 손에는 예리한 메스를 들고 영국병의 중병을 앓고 있는 나라를 10년 동안 정열적으로 수술한다. 개혁에는 시간과 고통의 대가를 치렀지만, 결과는 매우 성공적이었다.

그녀는 말한다. "우리가 집권했을 때 영국은 쇠퇴의 길을 가고 있었다. 기업가정신을 살렸고, 법과 질서를 바로잡았다. 전적으로 부당하게

---

194) 송기동 역, 하워드 가드너, 『통찰과 포용』, 북스넛, 2006.

운영되는 노동조합 문제를 해결하였으며, 공기업을 민영화하였다. 그리하여 몰락의 길로 기울어가는 나라를 건져내어 경제성장의 길로 전환했다."[195]

■ 대처의 석탄노조와의 결전

대처는 증언한다. "노사관계 비결은 간단하다. 일반 노조원들은 순진하고 정직하고 부지런하게 일한다. 문제는 노조 지도층인데, 그들이 모든 문제를 일으킨다. 그래서 노조 지도자union boss가 파업을 하려면 노조원 전체의 비밀투표에 의한 동의를 받아야 한다는 법을 개정했다. 그랬더니 대부분 근로자는 가담치 않고, 간혹 파업이 일어나기는 하나 피해가 있으면 그들에게 책임을 지우도록 했다. 노조 지도층의 독재적 권위를 분쇄해야 한다."

영국의 탄광은 산업혁명의 동력을 제공한 역사적 존재였다. 탄광노조는 자기들의 희생으로 산업화가 이뤄졌다는 자부심을 가졌고, 정부와 대중은 일종의 부채의식을 지녔다. 이것이 탄광노조의 규모와 결합하면서 그들의 정치적 영향력은 컸다. 1941년 제1차 세계대전 직전에는 3,000개의 탄광, 100만 명의 광부들이 종사하였고 연간 생산량 2억9200만t이었고, 1946년 노동당 정부는 탄광을 국유화했다. 탄광 980개, 광부 70만 명, 생산량 1억8700만t으로 축소되었다.

---

195) 1984-5년 영국의 가장 강경하고 전투적인 탄광노조와의 1년(363일로서 2일이 부족함)간 투쟁으로 정부가 승리한 드라마틱한 과정과 결과 어타 노조도 정부와 대결에서 득이 될 수 없다는 좋은 선례를 보여 준 사례.

시설과잉, 인원과잉으로 채산성이 악화하였는데도 탄광노조의 반발로 탄광을 정리할 수 없었다. 1973-74년 탄광노조의 총파업 직후 총선(1974년)에서 히스 보수당 정권이 패배했으며 이는 탄광노조의 총파업은 정권을 바꿀 수 있다는 일종의 신화가 생겼다. 윌슨(1969년), 캘러헌(1979년) 초선에서 광부노조가 전복시켰다. 1981년 탄광노조는 강경파 아서 스카길을 위원장으로 선출하였다. 대처는 "노조가 정치적 목적을 가진 집단에 넘어갔으므로 대결은 피할 수 없게 되었다"라고 판단했다. 1984-85년 탄광노조 파업을 '스카길의 스트라이크'라고 이름하였다.

1980년대 초반 세계사적 의미가 있는 파업이 영국과 폴란드에서 일어났다. 자유를 앞세운 바웬사가 주도한 폴란드 파업은 공산 세계를 붕괴시킨 뇌관 역할을 했다. 스카길이 주도한 영국의 탄광노조 파업은 노조가 자멸함으로 대처의 신보수주의적 개혁을 가능케 했다. 두 상반된 노조운동이 전 세계적으로 자본주의를 강화하였고, 한편으로는 공산주의를 패망시키는 방향에서 협력한 셈이다.

노동당 정부도 1974-79년 사이에 32개 탄광을 폐쇄했다. 대처 정부는 탄광 75%가 적자였고, 연간 13억 파운드 국고보조를 받고 있었다. 당시 광부는 20만2000명이었다. 그런데도 노조 반대로 이를 정리할 수 없었다. 1983년 10월 석탄공사가 요구한 연장근무를 거절한 노조가 정부와 대결하기 위해 투쟁 분위기를 조성한다고 판단했다.

탄광이 파업할 때 가장 큰 문제는 석탄발전소의 주 연료인 석탄 공급이 문제였다. 대처는 석탄 소요량을 준비하되 발전소 인근에 야적 비축하도록 동력부 장관에게 지시하고, 오일, 원자력, 가스, 발전소 시설을 최대한 가동하도록 준비했다. 언론의 지지를 확보하기 위한 대책을 강구하였다. 대처는 면밀한 계획과 사전준비 끝에 1983년 9월에 '1984년부터 3년 이내에 광부 6만400명을, 연간 2,500만t 생산 해당분의 시설능력을 폐기하기로 하고, 1차 연도에 20개 탄광을 폐쇄하겠다'고 발표했다. 당시 국내산 석탄 가액은 t당 45~50파운드였는데 수입 석탄은 25~30파운드였다.

드디어 탄광노조는 1985년 3월에 총파업에 돌입했다. 전국적인 총파업은 전체 조합원의 비밀투표로 55% 이상 찬성을 얻어야 가능한데 스카길은 파업 결정에 합법적인 절차를 따르지 않았고, 파업은 조합원들만 참여해야 하는데 그들의 가족까지도 참여하도록 협박 등 강요함으로 국민의 분노를 샀다. 대처 정부가 파업에 대응하여 석탄 비축하는 것 등 만반의 준비에 비하여 스카길은 자만했다. 파업 기간 중 경찰은 불법 시위자 1만1291명을 체포했고, 8,392명이 유죄 선고를 받았다. 시위대원 6명이 사망하였다. 탄광노조는 석탄 수송로를 차단하기 위하여 '기동시위대'를 가동했다. 진압 경찰과 충돌이 발생했고 1984년 5월 29일엔 시위대가 경찰에 투석했다. 경찰은 기마대를 발동하여 이들을 짓밟았다. 시위대 69명이 부상당했다. 다음날 대처는 역사적인 대국민 연설을 했다.

"국민 여러분 어제 TV를 통해서 그 광경을 보셨을 줄 압니다. 어제 광경은 '법치*the rule of the law*'를 '폭치*the rule of mob*'로 바꾸려는 책동이었습니다. 그것을 방관할 수는 없었습니다. 저들의 획책은 실패할 것입니다. 첫째 훌륭한 경찰이 있습니다. 그들은 자신들의 직무를 훌륭하게 용감하게 공정하게 집행할 수 있도록 훈련이 잘되어 있습니다. 둘째 압도적인 다수의 영국인은 명예를 중시하고, 점잖으며, 법을 준수하는 이들입니다. 이들은 그들의 협박에 굴복하지 않습니다. 저는 시위대를 뚫고 일터로 나간 근로자들의 용기에 경의를 보냅니다. 법치가 폭치를 눌러야 합니다." 그는 또 "폭도들은 '내부의 적'입니다. 광부들에게 굴복하는 것은 '의회 민주주의에 의한 통치*the rule of parliamentary democracy*'를 '폭도들에 의한 통치*the rule of the mob*'에 양도하는 것과 같습니다."

대처는 의회에서 탄광노조의 파업을 지지하는 노동당에 대해 맹공을 퍼부었다. "거짓과 불법으로 법치를 무너뜨리는 세력은 민주주의의 적입니다. 국민이 민주적 절차를 통해 선택한 이 정부는 거짓과 폭력에 굴복할 수 없습니다. 공동체를 지키기 위하여 모든 공권력을 동원할 것입니다. 민주주의에서 가장 불의한 것은 법치에 도전하는 것입니다. 민주 사회에서 정의로운 것은 준법하는 것입니다."

■ 파업 결과

대처는 노조의 독점권과 공기업의 방만한 경영이 영국병의 주요 원인으로 정부개혁을 가로막는 가장 큰 장애물로 판단하고 노조에 특권을 부여한 법률규정을 1980년부터 1990년까지 장장 10년에 걸쳐 고용법제정·개정(5회), 노동조합법 개정 등 점진적으로 하나둘씩 고쳐 나갔다. 이로써 노조파워를 무력화[196]시킨다.

파업과 협약체결을 위한 조합원 비밀투표 보장, 노조가 기업의 비조합원 고용거부 행위 금지, 노조의 동조파업·지원파업 등 2차 파업을 주도한 조합 간부의 면책특권 박탈, 고용주의 명령권 강화, 불법 과격 파업참가 근로자에 대한 사용자의 해고권 부여, 파업참가로 해고된 노조 근로자에 대한 부당해고 구제신청권 박탈 등을 단행했다. 공기업을 적극적으로 민영화한다. 집권 5년째 영국병의 가장 큰 원인을 제공하는 탄광노조와의 장장 363일간의 국가 운명을 건 혈투는 결국 탄광노조의 굴복으로 종료된다. 이로써 대처를 '철의 여인'으로 불리게 된다. 11년간의 최장수 총리직을 역임하였고, 영국을 세계 경제 4대 강국으로 회복시켰다.

그 결과 영국은 실업률이 2003년 3.1%, 규제가 가장 약한 나라, 외자 투자국 2위, 노동시장의 유연성이 높으며 노조 천국에서 벗어났고, 물가상승률 2~3%, 공기업의 GDP 2% 미만으로 감소, 공공 임대 주택

---

196) 영국 마거릿 대처 총리는 탄광노조와의 363일간의 대결에서 탄광노조를 굴복시킨다. 이로써 영국노조는 강변 일변도에서 유연한 노조활동으로 전환되는 계기가 되었다.

은 세입자들이 매입하게 되어 수백만 명의 세입자들이 주택보유자가 되었다. 근로자 생산성이 향상하였고, 제품과 서비스 품질의 우수성이 인정 되어 국제경쟁력 있는 국가가 되었고, 전화 개통에 수개월 소요되었으나 1주일 내로 축소되었고, 신규 일자리가 집권 기간 내에 332만 개가 증가하였다.

1978년 재정적자 GDP의 4.4%에서 1989년 흑자 1.6%로, 1980년 국가 부채 GDP의 54.6%에서 1989년 40.1% 감소했다. 단순 노동직 종사자의 생활 수준이 개선되었다. 1979년~1994년 사이에 단순 생산직 근로자 실질 임금이 25.8% 증가하였다. 같은 기간 독일은 2.5%, 프랑스는 1.8% 증가했다.

외환 통제와 국가의 자본 이동 감시를 폐지하는 등 런던 시티가 국제 자산관리 및 금융 중심지로 회복하였다. 금융 분야에서만 수만 개의 일자리가 창출되었다. 각종 탈규제정책은 세계 경제 4대 강국이 되었다. 영국 사람들은 성공적인 경제정책을 추진한 대처 총리에게 감사의 마음을 갖고 있다. 대처는 재선에 성공하여 20세기 영국의 최장수 수상으로 11년 동안 집권하였다.[197] 한국도 규제를 혁파했더라면 2020년 홍콩 금융시장 자유화의 역행에 따라 서울 시티의 국제 금융센터의 기회를 잡았을 것이다. 정부는 그런 감각조차 관심이 없는 듯하여 안타깝다.

---

197) 라이너 지텔만, 같은 책, pp. 134-149.

■ 레이건의 관제사 파면

불법파업 관제사 1만1000명을 파면한 레이건 대통령은 파면된 관제사들의 재(再)고용도 영구적으로 금지했다.

미국의 레이건 대통령은 1981년 공항의 관제사들이 임금인상을 요구하면서 불법파업에 들어가자 직접 기자회견에 나와 그 불법성을 명쾌하게 설명하고 '파업자들이 48시간 이내에 복귀하지 않으면 전원 파면하겠다'고 선언하였다. 연방법원도 불법 파업 하루 당 100만 달러의 벌금을 노조에 물리겠다고 거들었다.

레이건 대통령은 자신이 할리우드 배우 노조의 조합장으로서 파업을 지도한 적이 있다고 소개하면서 '그러나 법에 따라 공무원들은 파업을 할 수가 없다. 파업을 하지 않겠다고 서약을 하지 않았는가'라고 공격하였다.

레이건 대통령은 대체인력(代替人力)을 신속하게 투입하여 혼란을 수습하는 한편 선언한 대로 48시간의 시한(時限)이 지나도 직장에 복귀하지 않은 1만1000명의 관제사*air traffic controllers*를 파면하였다. 레이건 대통령은 이에 머물지 않았다. 그는 파면된 관제사들의 再고용을 영구적으로 금지시켰다. 미국의 제정신 가진 언론과 시민들은 아무도 레이건 대통령을 노조 탄압이라고 비난하지 않았다.

밀턴 프리드먼은 말한다. "평등을 자유보다도 앞세우는 나라는 결국 평등도 자유도 달성 못 하는 나라가 될 것이고, 자유를 첫째로 내세우는 나라는 더욱 큰 자유와 더 큰 평등을 달성할 것이다"라고.

4. 현대·기아차와 불법노조활동

최근 10년간 자동차산업의 노조 파업 일수를 보면 현대·기아차 172일, 미국GM 40일, 폭스바겐 2시간, 도요타 0시간이다. 정부가 법과 원칙을 지키는 법치주의를 확립했다면 이런 현상을 상상이나 할 수 있을까? 상황이 이런데도 정부는 강성노조인 민노총의 기득권을 강화하고 있다.

현대·기아차 노조는 2012~2018년 7년간 연속 파업을 벌여 15조 원의 생산 피해를 줬다. 한국GM 노조는 같은 기간 103일 파업을 벌였다. 반면 도요타는 1962년 '노사 선언' 이후 60년간 무파업이다. 파업이 전무했다.[198] 신뢰를 쌓은 노사관계는 생산성 향상에 기초가 되었다. '회사의 이익이 나의 이익'이라는 인식을 가진 도요타 직원들은 생산성을 높이는 아이디어가 떠오르면 제안을 했고 회사는 이를 수용하여 생산현장에 사용한다. 제안 채택자에게는 대응되는 인센티브를 제공한다.

---

198) 한국자동차산업협회 2019.10.30. "자동차 선진국과 노사관계 비교평가" 포럼.

"매 1년 임금협상과 파업을 반복하는 나라는 선진국에서 찾아볼 수가 없다. 이는 한국의 기득권 노조만이 누릴 수 있는 특권"[199]이다. 현 정부의 노동 정책이 강성 노조(노조 가입률 10%)의 기득권만 강화하는 방향으로 적용해, 결과적으로 전체 노동자 (비노조원 90%)의 이익을 훼손하고 있다. 기업하기 너무 힘든 나라가 되는데 강성노조와 각종 규제를 양산하는 정부가 앞장서고 있다.

독일은 파업 요건으로 조합원 75% 찬성으로 강화되어 있으나 한국은 전체 노동자 중 10%도 안 되는 강성노조가 조합원 최소 과반의 찬성만 얻으면 파업에 들어갈 수 있다.[200] 더구나 자동차 산업인 경우 급여는 세계에서 가장 높고, 생산성은 제일 낮고, 심지어 현대·기아차의 경우 국내공장의 생산성은 해외 공장에 비하여 훨씬 낮다. 그런데도 '덜 일 하고, 더 달라고' 한 해도 거르지 않고 강성 파업은 '연중행사'로 자리매김(?)했다. 마케팅 전략에 따라 라인 증설과 인력전환 배치도, 파견근로도, 대체근로도 불가하고, 국내외 공장 증설 등 경영에도 참여한다. 해외 공장에서 벌어서 국내공장 강성노조원을 먹여 살리고 있다면 과장일까.

■ 한국 자동차산업 현황

자동차산업 5개 완성차 업체와 1·2·3차 협력사 9,000여 개 업체

---

199) 김준규 이사 한국자동차협회
200) 조선일보, 2019.10.31. A1, 3쪽.

고용인원은 39만 명(2018.8. 현재)이며 1인당 4인 가족으로 계산하면 160만 명의 생계를 책임져온 셈이다. 주유·운송·판매·생산자재 등 전·후방 산업 고용까지 포함하면 177만 명[201]의 일자리를 제공하고 있다. 한국 자동차산업은 제조업체의 6.76%, 직접 고용인원 11.8%(39만 명), 생산액 13.55%(193조6140억 원)를 점유하고 있다(한국자동차산업협회).

지난 10년 동안 일본은 3개의 자동차공장을 신설했는데, 한국은 1997년 완공된 한국GM 군산공장(2018년 공장 폐쇄하였음)이 국내에 세워진 마지막 자동차공장이다. 현대차·기아차는 23년 동안 해외에 11개의 공장을 세웠다. 한국 자동차산업의 고비용, 저생산성에 갇힌 환경을 탈피하여 자동차산업의 경쟁력을 구축하기 위하여 해외에서 공장을 세운 것이다.

한국과 일본의 자동차산업의 생산성과 임금 비교

구 분	1대 생산 시간	연봉수준	매출대비임금비중	비 고
한국 5사 평균	26.8시간	9213만원	12.2%	
일본 도요타	24.1시간	9104만원	7.8%	
차이	2.7시간	109만원	4.4%	

자료: 한국자동차산업협회

자동차산업은 자국에서 일정 생산량을 유지하느냐에 사활을 좌우한다. 글로벌 자동차회사들은 자국 생산을 기반으로 세계시장에서 경

---

201) 한국자동차산업협동조합 · 업계

쟁할 체력을 확보한다. 국내에서 일정량을 생산·판매하지 않으면 기본적인 연구·개발과 새로운 설비투자가 쉽지 않게 된다. 도요타는 엔화 강세 시대에도 '일본에서 연간 300만대를 생산한다. 300만대는 도요타가 고용을 유지하면서 기술 개발을 진행하고 협력업체를 끌고 나가기 위한 최소 기준으로 삼고 있는 마지노선이다. 차량 한 대를 생산하는데 드는 시간이 현대차가 도요타보다 길면서 임금은 도요타보다 더 많이 받는다. 글로벌 경쟁에서 뒤처질 수밖에 없는 구조다.

한국의 완성차·협력업체 간 지나친 임금 격차도 문제점이다. 도요타는 협력업체의 직원 급여가 도요타의 7~80% 정도인데 한국에서는 그 차이가 60% 수준이다. 이 같은 임금 구조 차이는 협력업체에 필요한 인재들이 부족하게 되고, 이직도 심화되어 완성차 업체에 경쟁력 악화로 이어질 수 있다. 일본 학자들은 한국 자동차 업체의 노사 간의 임금협상 기간이 길고 노조파업으로 생산라인이 멈추고 있는 상황에서 이익을 내는 것을 신기하게 여긴다. 임금협상 때문에 생산라인이 멈추는 장면을 일본에서는 상상할 수 없다.[202]

---

202) 박태후 일본 간사이대학교 교수: 일본 자동차 산업의 최고 권위자로 불리는 도쿄대 후지모토 다카히로 교수의 뒤를 이어 한국과 일본의 자동차 산업 비교 연구하는 학자로 인정받고 있음(조선일보, 2018.3.17).

자동차산업 노동쟁의 등 국제 비교표

구 분	현대·기아차	미국GM	독일 폭스바겐	일본 도요타
파업규모	171일/2010~19 12~18; 7년연속	40일/2019 12년 만에 처음	2시간/2018,년12 년 만에 처음	없음
피해액; 생산차질	14조8628억 원	$20억	없음; 연장근무회복	피해 없음
임금체계	호봉제	직무 및 성과급	직무 및 성과급	직무 및 성과급
근무전환배치	노조와 사전합의	자유롭게 가능	자유롭게 가능	자유롭게 가능
파견 근무	불가	허용	허용	허용
파업시 대체근무	불가	허용	허용	허용
파업 찬성률	50% 이상	66.6% 이상	75%	50% 이상
위원장임기/ 교섭	2년/1년	4년/4년	4년/1년, 조정가능	연임/1년, 조정가능
매출액 대비 임금비율	12.2%		10.5%	7.8%

자료: 한국자동차산업협회

미국 등 선진국은 임금·단체 협상을 노사 자율에 맡겨 2~4년에 한 번씩 하지만, 한국은 법으로 1년에 한 번 임금협상 한다. 한국은 파업 하려면 노조원 50% 이상 동의만 받으면 된다. 선진국들은 폭스바겐은 75%, GM은 67% 이상 동의를 받아야 한다. 특히 한국처럼 공장을 점 거하고, 파업이 사용자 측의 대체인력 투입을 금지하는 나라는 찾기 어렵다.

"도요타는 1950년대 위기 이후 '회사가 없으면 노조도 없다'는 인식이 공고해졌다. 한국 노조는 1998년 IMF 구제금융 이후 노조위기를 같이 겪으면서 '회사는 언제든지 우리를 버릴 수 있으니 최대한 얻어 내자'는 단기적 이기주의가 크게 작용한 면이 있다"(조준모 성균관대 교수).

한국 노조의 특권은 세계적이다. 대기업 노조원은 웬만한 징계 사유가 없는 한 해고 당하지 않는다. 현대차는 지역사회(울산) 단체장을 역임하고 돌아온 노조원의 휴직과 복직을 수용한 사례가 있다.

기업이 시장 수요 변화에 유연하게 대처하지 못한다. 성과가 낮아도 연공서열대로 임금을 받는 연봉 호봉제는 한국 노조의 특권이다. 미국·독일에서는 나이나 입사 순위가 아니라 직무 성과에 따라 급여를 지급한다. 노조전임자에 대한 급여를 회사가 지급하는 나라도 한국식이다. 선진국에서는 회사가 노조전임자 급여를 지급하면 부당노동행위가 된다. 무노동 무임금은 강행규정이 있음에도 사실상 임의 규정이되어 파업 기간에도 사실상 임금을 지급하고 있는 실정이다.

코레일 자회사 코레일네트웍스 노조가 임금인상 등을 요구하며 60일이 넘게 파업 중이었다. 노조가 회사 설립 후 최장기 파업을 할 수 있는 것은 실세 정치인 보좌관 출신 전임 이른바 '낙하산 사장'이 써준 합의서에도 이유가 있다는 것이다. '파업 조합원의 생계 보장'을 위해 노조가 사용자 측에 파업 참가자 명단을 주면 이들에게 임금의 70%를 지급하겠다고 문서로 약속했다는 것이다 (파업 기간 2020.11.10.-2021.1.12. 현재 파업 계속 진행 중).[203]

203) 조선일보, 2021.1.12. "낙하산 사장 오니 '파업해도 월급 70%'" 조선일보, 2021.1.13.

공장 간의 물량 조절과 근로자 전환 배치조차 회사 뜻대로 못하도록 단체협약을 맺고 있다. 이는 한국에서만 있는 사례다. 현대차는 주문 6개월 밀린 신차를, 노조 동의 없이 증산을 못 하는 사례가 허다하다. 세상에 자기가 몸담은 회사가 경쟁력이 있고 자사 제품에 시장에서 시장성이 있는 수요가 있다면 발 벗고 나서서 증산에 뛰어들어야 한다는 것은 지극히 상식적인 일인데 현대 노조는 다르다는 데 문제의 심각성이 있다. '일은 덜하여' 효율성이 경쟁업체보다 현저히 떨어지면 자기들이 얼마나 게으르고 행패를 부렸는가에 대해 반성을 하고 더 열심히 근로에 임해야 하는데 이들의 의식구조는 다르다. 그러고도 '임금은 더 달란다.' 매년 연중행사 파업한다.

2004년에 투싼 시간당 생산 대수 증대 요구에 노조의 거절로 6개월간 증산하지 못했다. 2006년 NF쏘나타 생산 공장 추가 증설 계획을 2년간 노조 반대로 포기 하였다. 2006년 아반떼 생산라인 전환 배치 노조 반대로 무산 하였다. 2012년 제네시스 시간당 생산 증대 계획 노조 반대로 70일간 생산 차질 있었다. 2017년 코나 비인기 차종 생산라인 인력 전환 배치 요구에 노조 반대로 이틀간 파업했다. 2019년 울산 4공장에서 혼류생산(한 라인에서 여러 차종 생산 방식) 중인 팰리세이드와 스타렉스 생산 비율을 조정하는 차선책을 놓고 노조와 협의해야 했다.[204] "신차 효과는 6개월 정도라 초반에 팔려야 한다. 모처럼 팰리

사설, "파업해도 월급 70% 준다" 약속해준 공기업 낙하산 사장"

204) 조선일보, 2019.2.16. "주문 6개월 밀린 신차, 노조 동의 없인 더 못 만든다니———"

세이드로 좋은 기회를 잡았지만, 노조가 또다시 발목을 잡는 모습이 안타깝다(이항구 산업연구원).

■ 현대차 근로자의 도덕적 헤저드*moral harzard*

노조원들은 회사가 노조원들의 해고가 어렵다는 것을 인지하고 그들의 근무 태도는 도덕적 해이가 만연한 상황이다.

생산 공장에서 신차를 무단으로 공장 내에서 카풀 용도로 사용하여 직원 2명에게 정직 3개월 징계처분했다. 울산 공장 내에서 할당된 업무를 일부 직원에 몰아주고 나머지 직원은 일하지 않는 이른바 '묶음 작업' 사례가 적발되어 현장 노동자와 관리직 등 50여 명이 정직·감봉·견책 등의 징계를 받았다. 묶음 작업은 관행처럼 이뤄오던 일이기도 했다. 두 사람 몫을 한사람에게 몰아주는 것을 '두발 뛰기' 세 사람 몫을 몰아주는 '세발 뛰기'라고 한다. 묶음 작업은 품질 결함 등 사고로 이어질 수 있고 사규에 어긋난다. 2020년 7월에는 근무지 이탈하거나 조기 퇴근자 300여 명에 대한 감봉 등의 징계처분했다.

울산 공장에서는 이른바 '와이파이 투쟁'으로 토요일 특근 거부 파업이 있었다(2019.12.14.) 현대차 감사팀이 안전 문제로 '작업시간 와이파이 차단'을 통보한 뒤 일어난 것이다. 다수 직원의 작업 중 휴대폰 동영상에 몰입하면서 생산성이 떨어지고 사고위험까지 생길 수 있다는 판단에서였다. 그들은 동영상을 보면서 작업하곤 했다. 현대 외에는 범용 와이파이 설치한 공장이 없다. 울산 공장의 편성효율은 55% 수준으로 100명이 할 일은 200명이 하는 수준이다. 현대차의 미국·인도·체코·터키 등 다른 해외 공장들의 편성효율은 90%가 넘는다. 100명이 할 일을 110명 정도가 한다는 이야기다.

"동영상을 보면서 작업하는 곳이 세상에 어디 있느냐, 현대차 국내 공장은 전 세계에서 찾아보기 어려운 '기이한 공장'"이라 말한다.[205]

5. 노조개혁 없이는 산업 경쟁력 없다.
   ## 자동차산업을 중심으로

매출액 대비 인건비 비중이 경쟁국 자동차산업에 비하여 가장 높은 한국 자동차산업,

노동생산성은 세계에서 가장 낮은 한국 자동차산업,

매년 파업을 제일 많이 하는 한국 자동차산업,

그래서 손실일수가 최장인 한국 자동차산업,

물량 수급에 따라 생산라인도, 인력전환 배치도 노조가 반대하면 못하는 한국 자동차산업,

파업을 가장 쉽게 할 수 있는 한국 자동차산업,

파업 중 대체인력 배치도, 파견 근로도 못하는 한국 자동차산업,

성과와 관계없이 근로 기간에 따라 정해지는 호봉제 급여를 지급해야 하는 한국 자동차산업,

---

205) 조선일보, 2019.12.11. "와이파이로 축구보다가 車 조립--- 접속 끊자 현장 탄압"

정부의 규제왕국에서 제조업을 경영해야 하는 한국의 자동차산업,

강성노조에 한없는 시혜를 베푸는 정부의 친노조 편향적 정책(?)에 시달리는 한국의 자동차산업,

여기에 2020년 정기국회에서 이른바 '기업규제 3법- 상법, 공정거래법, 금융감독법과 노조 3법- 노동조합법, 공무원노조법, 교원노조법, 중대재해처벌법 등 개악으로 더 시달리게 되었다.

첫째, 호봉제와 상여금 체계로 지급하는 임금체계를 직무급, 성과급 등 개인의 직무 그리고 성과와 연계된 구조로 바꿔야 한다.

둘째, 근로와 고용의 경직되어 있는 고용체계를 근로자 개인별 탄력 근로제, 전환 배치, 외부 아웃소싱, 파견 근로제, 임시 근로자 활용 등으로 생산에 유연성 있는 경영 방어권을 인정해야 한다.

셋째, 노사 간의 협상력이 노조에 일방적인 것을 노조의 파업 요건을 노조원의 비밀투표 보장과 67% 혹은 75% 찬성으로, 노조 간부 면제특권 폐지, 파업 시 대체근로자 투입이 자유롭게, 전환 배치의 자유, 물량 수급에 따라 사업자의 요구에 긍정적인 조정, 파업 시 무노동 무임금 원칙 강제적 적용, 1년 주기 임·단협을 4년 주기 연장, 직접적인 근로조건 이외에는 노동쟁의 대상이 되지 않음, 불법 파업 및 폭력 행사에 대한 엄격한 법치주의 적용 등의 개정이 필요하다.

넷째, 해고자와 실업자의 노조 가입 규정 삭제, 노조전임자의 급여지급 삭제, 사업장(공장) 내 집단 파업행위 금지, 노조에 대한 정기 회계감

사제를 실시해야 한다.

다섯째, 노동시장의 유연화, 창업 활성화, 실업자 복지 축소(이상 2002년 독일 하르츠 개혁), 노조 임금 인상 억제(1982년 네델란드 베세나르 협약)해야 한다.

제9 전략,
포퓰리즘-건건 복지정책

1. 포퓰리즘(populism)이란?

포퓰리즘이란 정책의 현실성이나 옳고 그름과 같은 본래의 목적을 외면하고 일반 대중의 인기에만 영합하여 목적을 달성하려는 정치 행태를 말한다. 대중주의라고도 하며, 인기영합주의 또는 대중영합주의와 같은 뜻으로 쓰인다. 문헌상 서양에서 포퓰리즘이 최초로 등장한 것은 기원전 2세기경 로마 시대로 거슬러 올라간다. 당시 호민관이 된 그라쿠스 형제가 시민에게 땅을 분배하고 옥수수를 싸게 팔게 하는 등 개혁에 나섰는데, 이것이 포퓰리즘의 기원으로 보고 있다.

또한, 근대에 와서는 1891년 미국에서 공화·민주 양대 정당에 대항하며 나타난 '포퓰리스트 당*populist party*'이 경제적 합리성을 고려하지 않고 노동자와 농민 등 지지층의 표를 의식한 정책을 남발한 데서 비롯됐다. 현대 정치에서 포퓰리즘의 부정적인 면을 설명할 때 빠짐없이 등장하는 인물은 1950년대 대중 인기영합주의로 한 때 경제 대국이었던 아르헨티나를 망쳐 놓았다고 평가받는 후안 페론 대통령과 그의 부인 에바 페론이다. 그리고 나라를 완전히 몰락의 길로 달리게 한 베네수엘라의 차베스를 거론한다.

포퓰리즘은 정치나 경제, 사회, 문화 측면에서 본래 가진 목적보다 대중성을 중시해 인기를 얻기 위한 수단으로 행하는 정치형태 즉, 확고하고 명료한 정치적 가치관이나 합리성을 가진 정책과 경제성을 충분히 고려하지 않고 대중의 지지를 얻기 위한 대중 인기정책을 뜻한다. 대중을 전면으로 내세워 이를 지지하는 정치체제로 권력을 유지 또는 장기집권 목적으로 애쓰는 모습을 뜻한다. 포퓰리즘의 어원은 대중과 인민을 뜻하는 라틴어인 포퓰루스(Populus)에서 연원한다.

민중주의와 대중주의, 인민주의라고 해석되는 이런 포퓰루스는 현재 포퓰리즘으로 불리면서 사회적으로 많이 사용하게 되었다.

이런 포퓰리즘이 전 세계적으로 알려지기 시작한 것은 제2차 세계대전이 진행된 이후에 노동자들의 지지를 얻음으로써 대통령에 당선된 아르헨티나의 페론 정권이 대표적이다.

해당 정권이 선심정책을 사용한 뒤에 국가 경제에 파탄을 주었기 때문에 이때로부터 부정적인 의미가 짙게 되었다. 사실 대중에게 호소하면서 다수를 위한 정책을 마련하고 시행하는 것은 민주주의와 같은 이념으로 해석된다. 그러나 기득권의 정치세력 확장만을 위한 도구로 대중의 목소리에 귀를 기울이는 행위는 방만한 재정운영과 선심정책, 편파적인 재정집중 등 수많은 부작용을 낳았을 뿐만 아니라 국가를 부채국가, 폐쇄국가, 독재국가로 이어져서 결국 나라가 거덜 나게 되어 망하게 된다.

포퓰리즘은 국가재정 낭비-파탄 자체가 치명적일 뿐 아니라, 그 낭비를 가져오는 제도가 일시적이 아니고 벗어날 수 없는 의식화로 제도화된다는데 문제의 더 큰 심각성이 있다. 보편 복지를 시작하면 되돌릴 수가 없다. 무상의료, 무상급식, 무상보육, 반값 등록금, 전세자금 대출 등 제도가 자리 잡게 되면 정치인들은 끊임없이 새로운 복지 수요와 대상을 찾아 발굴하여 다른 분야로 복지가 확대된다. 현재 대한민국의 경우를 보더라도 급속히 무상복지가 확대 적용되는데 걸리는 시간이 수년이 채 걸리지 않았다. 무상급식에서 무상보육으로 그리고 무상(반값) 대학교육, 또 무상의료까지 정치인들은 창조적이었다.

의료보험이 '보험'이 아니고 '무상'이 되어야 한다는 목소리는 갈수록 커지고 있다. 그리고 '무상(공짜) 복지'가 사회 전 분야에 퍼지게 되면 '무상(공짜) 복지'는 이제는 '시혜'(施惠)가 아니라 '권리(權利)'가 되고 '인권'(人權)이 된다. 그래서 좌파 사회주의자와 포퓰리즘 정치인에게 복지는 모든 이의 '권리'가 되고 '인권'이 된다. 정부가 인간의 권리를 충족시켜 주는 행위를 하는 것이므로 국채를 발행하여 후대에 부담을 물려주는 행위도 부끄러운 행위가 아니며 정부라면 당연히 해야 하는 의무가 된다고 그들은 주장한다. 그들은 이를 미끼로 장기집권을 꾀한다. 그들은 국가의 내일에는 관심이 없고 자기만을 위한 장기 독재정치에 운명을 던진다.

자본주의 체제에는 강력한 개혁이 필요한 때가 있다. 사람들은 자본주의가 성공할 수 있었던 이유를 잊기 때문이다. 민주주의 국가에서 정치인들은 선심성 공약으로 유권자들의 표를 얻어 선거에서 승리한다. 어디에서나 정치인들은 '사회적 불평등'을 찾아낸다. 일반적으로 정치인들은 사회적 불평등을 해결하는 수단으로 '사회보장 프로그램'을 내놓고 필요한 자금은 국가 부채를 늘려 충당한다. 더구나 정치와 국가 관료제에서 경제생활에 개입하는 경향이 강해지고 있다. 정치인들과 공무원들은 시장 보다 자산들의 경제 조정 능력이 우월하다고 생각한다. 이러한 믿음은 사회주의 계획경제 지지자들과의 공통점이다.[206]

포퓰리즘이라는 용어에 경멸의 뜻이 담겨 있다. 오랫동안 이 용어는 정치인들이 경쟁자를 깎아내릴 때 사용해 왔다. 부정적인 뜻이 함축되어 있으므로 스스로 포퓰리스트라고 자처하는 정치인은 하나도 없다. 포퓰리즘을 "정치인이 저소득층에게 혜택을 주겠다고 약속을 남발함으로써 대중의 환심을 사서 권력을 잡으려고 애쓰는 현상이다. 포퓰리

---

206) 라이너 지텔만(김영옥 역) 『부유한 자본주의, 가난한 사회주의』 서울, 봄빛서원, 2018. p. 134.

스트들은 사회 변화나 경제 개혁을 위한 일관된 정책을 가지고 있지 않다"(Edwin Williamson). "표퓰리즘 정책은 사회주의 정책과 자주 겹친다"(Michael L. Conniff). "표퓰리즘이란 지속이 불가능할 정도로 심한 재정적자와 통화 팽창 정책을 구사하는 한편, 생산성 향상과는 아무 상관 없는 공공부문 근로자들의 임금을 인상함으로 소득을 재분배하는 경제정책이다."[207] "표퓰리즘은 언제나 엄청난 희열과 함께 시작하여 급격한 인플레이션(또는 초인플레이션)과 실업률 증가, 임금 하락으로 끝났으며, 매번 실패했고 혜택을 기대했던 빈민층과 중산층에게 피해를 주었다."[208]

라틴아메리카에서 포퓰리즘 원조는 1950년대 아르헨티나의 후안 도밍고 페론Peron이다. 1970년대 브라질의 제틀리오 바르가스Vargas, 멕시코의 루이스 에체베리아Echeverria와 호세 로페스 포르티요Portillo가 대표적인 인물이다. 칠레의 살바도르 아옌데Allende, 니카라과의 다니엘 오르테가와 산디니스타 민족해방전선도 포퓰리즘 정책을 밀어붙인 대표적인 사회주의 정부다.[209] 우파, 혁명 정부, 좌파를 가리지 않고 독재와 퍼주기 정책을 추진하였다. 이들은 공통적으로 초반에 폭발적 인기를 누리다가 국가 경제를 망쳐왔는데 이는 포퓰리즘의 속성이 되었다.

---

207) 세바스티안 에드워즈, 같은 책, p. 268–269
208) 세바스티안 에드워드, 같은 책, pp. 269–270.
209) 세바스티안 에드워즈, 같은 책 p. 27.

지난 20세기 동안 각국의 경험과 학문적 연구들은 지출을 늘리는 것만으로는 일시적인 경기진작이나 심리적 부양은 가져올지언정 지속성 성장을 견인할 수 없다는 것을 보여 왔다. 케인스식 처방의 대표적인 뉴딜 정책마저도 경제사 연구들에 의하면 실제의 효과가 없고 불경기를 연장하였을 뿐이라는 주장이 있다. 하이에크의『노예의 길』, 프리드먼의『자본주의와 자유』, 뷰캐넌의『적자 속의 민주주의』에서 주장한다.[210] 이들 세 분은 모두 노벨 경제학상 수상자들이다.

케인스식 유효수요 진작 정책이 공황 당시에는 매우 신선하게 받아들여졌기에 국민으로 하여금 낙관적 기대를 하게 한 부분적 의의를 가질 뿐이라는 것이다. 인위적으로 시장 임금을 올리고 소득을 나눠줌으로 성장을 기대한다는 것은 현실에 맞지 않을 뿐 아니라 그간의 역사에서 찾기도 어렵다. 소득을 창출할 수 있는 역량과 기회를 확대한 것이 왕도이다.

라틴아메리카 국가 지도자들은 페론의 실패를 그들 생애에 목도하였음에도 거의 포퓰리즘 정책에 의하여 집권하고 집권한 뒤에도 포퓰리즘 정책을 고수하다가 나라를 거덜 내고 있다. 그들은 한 사람도 예외 없이 나라의 장래보다 자기의 장기집권을 우선시하는 자들이다. 남미 국가들의 경제 자문으로 오랫동안 활약해온 재프리 삭스 컬럼비아대 교수는 "남미 지도자들은 포퓰리즘 정책이 초래할 심각성에 대한 정책이 초래할 결과의 심각성에 대한 정치가들의 무지와 정부 차원의

---

210) 다케나카 헤이조, 같은 책, p. 207. 안재욱, 같은 책, pp. 186-188.

기억*institutional memories* 상실"로 꼽았다.

"포퓰리즘은 반자유주의적일 뿐만 아니라 반민주주의적이다. 이는 대의정치의 영원한 숙적이다"(이반 크라스테프). 그들은 자유민주주의를 폐지하려는 태도와는 전혀 다르게, 광범위한 국정 개혁을 희망한다는 국민 여론이 형성되는 것을 열렬히 환영한다. 포퓰리즘 지도자들이 일단 대중의 뜻을 가로막는 자유주의적인 차단막들을 다 없애버리고 나면, 그들 자기 뜻과 대중의 뜻이 충돌할 때 대중을 무시하기에 들어간다. 그들 의지대로 순치된 대중을 향하여 마음껏 독재한다. 언론에 재갈을 물리고, 사법부를 독점하고, 입법부를 통법부로 만들고, 국가채무 누적으로 '헬리콥터 머니'를 뿌리고, 마음껏 독재로 이행하는 것이다.[211]

2. 베네수엘라의 비극

수도 카라카스를 비롯하여 총 25개 주 중 24개 주에 정전이 계속되어 전기와 통신이 두절됨에 따라 전철 운행이 멈추고, 신호등이 작동되지 못하여 교통이 혼잡하고, 병원 의료가 작동이 되지 아니하여 병원 치료가 불가능하고, 관공서, 공장, 학교도 줄줄이 문을 닫았다. 무선 통신 네트워크 96%가 먹통이고, 정전 발생 2일 후에 절대량이 부족한 냉장고 식료품이 부패하고 있다. 의료는 인접 국가 콜롬비

---

211) 야스차 뭉크, 같은 책, pp. 48-49.

아 병원의 도움을 받는 실정이다. 주부들은 모유와 머리카락을 팔고, 교사, 변호사, 경찰 같은 전문직 종사자들은 가족의 생계를 위해 몸을 팔러 인접 다른 남미로, 또는 스페인까지 성매매 원정을 떠나고 있다.

석유 나라가 화력 발전도 못 돌려 3,000만 국민을 '암흑 지옥'으로 몰아넣었다. 나라가 거덜 나자 베네수엘라 부유층은 재산을 정리하여 같은 언어를 사용하는 스페인으로 탈출이 이어진다. 스페인에 거주하는 베네수엘라인은 28만 명으로 추산하고 있다. 스페인에 베네수엘라 부자들이 몰려드는 이유는 2013년 '황금 비자' 제도가 결정적이었다. 50만 유로(원화 6억5000만 원) 이상 부동산을 구입하면 외국인에게 스페인 정부가 즉시 영주권을 주는 제도다(NYT, 2018.7.29. 보도). 남미 국가 중 대부분 좌파 정권이 득세하는 동안 다른 남미 국가들과 달리 콜롬비아와 칠레 두 나라만 우파정권이 계속 집권하며 복지 포퓰리즘을 거부하고 친서방 정책을 추구하였고 OECD[212] 가입국이 되었다.

■ 베네수엘라, 차베스 등장과 결과

베네수엘라는 전 세계 석유매장량 1위, 면적 91만 ㎢, 인구 3,238만 명, 남미 북동쪽에 있는 나라다.

미국 헤리티지재단은 1995년부터 해마다 세계 180개 국가의 '경제

---

212) OECD 가입조건: 자유민주주의, 시장경제, 인권이 보장되고 1인당 GDP가 일정 수준 된 나라. 2020년 현재 37개 회원국이 가입되었으며, 경제·군사 강국이며 인구가 많은 중국, 러시아, 브라질, 인도, 인도네시아 등은 가입국이 아니다. 한국은 1997년 가입하였다.

자유지수*Index of Economic Freedom*, IEF'를 발표해 오고 있다. 독일의 사회학자 에리히 베데*Erich Weede*는 "경제자유지수는 자본주의 척도"라고 했다. 경제자유지수를 보면 자본주의와 경제 번영 간의 상관관계를 바로 파악할 수 있다.[213] 베네수엘라의 경제자유지수(2020년 기준)는 쿠바 178위, 베네수엘라 179위, 북한 180위로서 세계 최하위권을 기록하고 있다. 베네수엘라는 인플레이션, 경제적 몰락, 정치 탄압 등 온갖 악재에 시달리고 있다.

베네수엘라는 라틴아메리카 국가 중에서는 가장 가난한 나라였으나 1960년대 말부터 경제발전을 가져와 1970년대 후반부터 라틴아메리카 국가 중 제일 잘 사는 나라가 되었고 세계 20대 경제 강국이 되었었다. 1인당 GDP는 지난날의 종주국 스페인보다 높았던 시절도 있었다.

우고 차베스는 1999년부터 2013년까지 14여 년을 집권한다. 20세기 말엽부터 세계 최고의 포퓰리스트 대명사로 알려진 인물이다. '21세기 포퓰리즘의 미래를 보려면 베네수엘라를, 포퓰리스트의 미래를 보려면 우고 차베스를 보면 된다'라는 별명을 얻었다. 베네수엘라는 사실상 국가가 파산했다. 주요 지표는 모두 최악이다. 2019년 경제성장률 -39%(IMF 추산), 10년 전 $1만가 넘던 1인당 GDP는 $2547로서 4분의 1로 반의반 토막 났다. 10년 전 GDP 대비 25%였던 국가 부채는 182%(2019년), 2018년 실업률 35%, 물가상승률 20만%, 국가 경쟁력 141개 국가 중 133위다. 현재는 통계 발표도 없는 나라가 되었다.

---

213) 라이너 지텔만, 같은 책, p. 211.

2019년 경제고통지수Misery Index(=실업률+물가상승률)는 조사 대상 62개 국가 중 단연 1위(블룸버그 통신 및 케이토연구소), 극심한 식량난 2020년 2월 현재 인구 3분의 1인 930만 명이 아주 극심한 식품 불안전 상태 '(UNDF), 국민 체중이 평균 2016년 8kg, 2017년 11kg이 줄었다(베네수엘라 주요 3개 대학 조사). 2020년 5월 난민·이주민을 510만 명(UN 난민기구)이 발생했다.

차베스는 세계 석유매장량 1위 국가로서 석유 하나만 믿고 터무니없이 퍼주기를 밀어붙인 결과다. 차베스가 2013년 암으로 사망하자 마두로가 포퓰리즘 정권을 승계했다.

■ 차베스 포퓰리즘

집권 초기 1999년에 국제 유가는 배럴당 $10.53이었으나 계속 고공행진하여 집권 말기 2013년에 $115까지 10배 이상 상승했다. 페트로 포퓰리즘(공짜 휘발유 시대: 1L당 1센트)을 시작한다. 2000년~2012년 간 석유 수익 $7800억을 올렸다. 무상교육, 무상의료, 저소득층에게 보조금 지급 등 정부의 과잉 복지를 만연시켰다. 대외적으로는 반미를 입에 달고 다녔다. 부시를 '악마'라 했고, 오바마를 '사기꾼'이라 비판했다.

미국을 적으로 돌리고 나니 베네수엘라에 위기가 왔을 때 살아갈 수 있는 길이 어디에도 없었다. 차베스는 석유와 감성팔이로 국민을 포퓰리즘 포로로 만드는 데 성공한다. 차베스에 잡힌 국민은 포퓰리즘에서 벗어나지 못한다. 나라가 망할 때까지, 아니 나라가 망한 뒤에도 포퓰리즘 노예로 끌려다닌다. 한국 좌파에게도 차베스는 인기였다. 노무현 정권 시절(2003-8년) 차베스 배우기 열풍이었다. '베네수엘라 국민에게 길을 묻다'(한겨레신문)를 연재했고, '신자유주의를 넘어서, 차베스 도전'(KBS 도전) 방영했다.

차베스는 집권하자마자 차례로 사법부를 사유화, 차별화한다. 판사 4,700명에 대한 성분을 일제 조사하여 반정부적인 판사는 파면한다. 대법원 판사를 대부분 친정부 인사로 채우고 배로 증가시켰다. 개헌으로 5년 단임제를 6년 중임제로 한다. 국회를 장악한다(의석수 90%). 선관위 5명 중 4명을 친정부 인사로 임명한다. 군부를 장악한다. 언론을 탄압하고 장악한다. 껄끄러운 라디오와 TV 방송 34개사를 패쇄한다. 정부규제 강화, 주요산업인 통신·철강·전력·은행·식품·석유회사를 국유화한다.

■ 국영석유회사PDVSA

국영석유회사PDVSA는 1990년대에 해외민간기업과 협력관계를 체결하였다. 직원 수는 차베스 집권 직전의 6배인 14만 명이 되었고, 매일 석유생산량이 300만 배럴 이상으로 증가했다. 민간 회사와 유사한 이윤 추구방식을 취했고, 세계에서 경영능력이 가장 우수한 석유회사로 평가받은 회사였다. 그런데 정부가 석유산업의 경영권을 접수하면서 원유 공급이 줄었고 빈곤의 씨앗이 뿌려졌다.[214] 차베스는 경영을 알지도 못하고 석유산업에 무지한, 그러나 이념을 같이하는 장군들을 이사회 임원으로 임명한다. 노동자들의 2개월간 전면 파업에 이르자 석유산업은 마비되었고 1만8천 명을 '국가의 적'으로 몰아 해고한다. 경영진과 엔지니어, 고급 기술 인력 2,300명을 해고한다. "PDVSA는 사회주의를 추구한다. 노동자들이 사회주의 혁명에 동참하지 않겠다면 이곳을 떠나 마이애미로 가라!"라고 했다. 정권이 회사를 인수하고 전문 기술자들의 씨를 말렸으니 석유산업의 붕괴는 자연스러운 수순이었다. 회사 수익은 더는 준비금이나 투자가 아니라, 국가의 사회보장 프로그램, 적자기업 보조금, 극빈층 건축 지원금으로 사용되었다.

차베스는 전 세계 사회사업가를 자처하고 나섰다. 미국 대도시 보스턴의 빈곤층에게 동절기에 정가에 40% 할인된 가격으로 난방용 석유를 공급했고, 특히 미국 극빈층 15만 가구에는 2005년부터 8년간 겨울 난방용 유류를 무상 공급했다. 허세를 부린 것이다. 이는 120만 배럴 지원 프로그램이었다. 사회주의 국가 쿠바를 비롯한 우방국에 할인 가격으로 석유를 공급하였다. 외국계 석유회사들의 지분을 강제 매각하게 하였고, 이를 거절한 미국의 석유화학 기업인 엑손모빌 등과는 강제로 관계를 단절했다.

---

214) 줄리안 아도니(이병태 감수) 『왜, 결정은 국가가 하는데 가난은 나의 몫인가?』 서울, 지식발전소, 2019. p. 163

베네수엘라는 석유 단종 산업국가다. 원유 수출이 경제에 절대적이다. 사회주의를 이상으로 삼았던 차베스는 석유를 팔아 돈을 쉽게 벌게 됨에 따라 끊임없이 돈이 잘 벌릴 것으로 착각하고, 사회복지 예산을 쏟아부으며 사회주의 체제로 재편했다. 유가 상승은 기회일 수 있지만, 유가 하락을 위하여 준비금을 조성하지 않는다거나 재정에 여유가 있을 때 사업 다각화 등 대비를 하지 않을 때에는 오히려 '자원의 저주 *curse of resources*'가 될 수 있다.

배럴당 $110가 넘던 유가가 2016년에 배럴당 $40까지 계속 하향 곤두박질쳤다. 경영 부실로 생산량이 부진함에도 경제에서 원유 의존도는 낮아지지 않았다. 매일 300만 배럴 생산체제가 120만-140만 배럴 체제로 대폭축소 생산에 들어갔으며, 이마저도 30만 배럴은 차관을 제공한 중국으로, 90만 배럴은 국내 소비용으로 무상 공급되었다. 농업 및 산업 생산량은 계속 감소했다. 공무원과 국영기업 종사자 수는 계속 증가했고 전체 근로자 중 3명 중 1명(33%)이 공무원이었다. 노조는 계속 보조금을 받았다. 정리해고는 금지되었다. 육류를 포함한 식료품 가격은 생산원가보다 싸게 팔게 제한했다. 그러니 생산량은 계속 감소했다.

고유가만 유지 되었다면 사회주의가 내리는 축복은 계속될 듯했다. 그런데 베네수엘라 출신 이코노미스트 미스트 다니엘디 마르티노는 "베네수엘라 경제와 석유산업이 저유가 때문에 망가졌다고 하는데 엄밀히 말하면 사실이 아니다. 국유화와 이로 인한 고급 인력의 상실, 정치적으로 기업을 마구 휘두른 사회주의 정책, 그 자체가 원인이다"라고 말한다. 국유화 사회주의 정책의 폐해는 2020년 현재 지금도 발목을 잡고 있다. 국유화 조치로 손해를 입은 외국 석유 기업들이 베네수엘라 정부를 상대로 제기한 국제 소송에서 잇따라 승소하면서 PVDSA가 생산한 원유를 압류하고 있다.

2013년 차베스가 암으로 사망하자 뒤를 니콜라스 마두로가 승계했다. 마두로는 차베스를 철저히 따라 한다. 정치·경제·외교·철학과 정책을 물려받았다. 차베스가 설계자라면 마두로는 열렬한 추종자요 시행자였다. 차베스를 열렬히 추종하였던 한국 주류 좌파에게 경각심을 주었을 것이다. 그러나 그들은 나라의 장래 보다 그들의 장기집권을 우선하기 때문에 실질적인 영향은 기대하기 어렵다. 마두로는 차베스 때 못다 한 기업의 국유화 추진에 속도를 낸다. 경영에 무능력한 자들이 이념을 같이 한다는 이유로 경영에 참여하였으나 경영능력의 결여와 기업 내 무질서 노조의 행패 등이 어우러져 생산 능력에 과부하가 걸려 생산이 완전 중단된다. 비효율적인 사회주의 체제에 엄격한 가격 통제를 할 경우 생산축소 또는 중단은 자연스러운 현상이다. 차베스의 사회정책은 치명적 결과를 초래할 수밖에 없다. 모든 산업 시스템에 고장이 난 것이다.

산업 생태계가 파괴된 것이다. 가격 통제는 인플레이션을 촉발했고, 급여는 통화 증발로 메꾸게 되어 더욱 심화 된다. 2주에 한 번씩 보잉 747기로 해외에서 150~200톤의 지폐를 들여와야 했다. 2017년 식비는 전년 대비 481% 상승, 15개월 치 임금 모아야 한 달 식비 조달이 가능했다. 택시기사가 의사나 건축가보다 수입이 높았다. 2014년에 최고 전문 인력 20만 명이 미국이나 유럽으로 이민 떠났다. 유아 사망률 33%, 산모 사망률 66% 증가했다. 2017년 10월 정부에 저항해 시위를 벌이다가 200명이 목숨을 잃었다. 사회주의 실험은 1990년 전후 동구권 사회주의 국가들의 실패에 이어 또 한 번 실패했다.[215]

■ 차베스 14년, 마두로 6년; 에르난데스 교수 증언(2019.4)

베네수엘라 중앙대학교UCV 에르난데스 정치학 교수는 증언한다. "무상복지 20년, 남은 것 국가 몰락이었다. 2018년 인플레이션 170만%, 국외 탈출 난민 340만 명에 이른다. 차베스가 주도한 '볼리바르 혁명Bolivar Revolution'[216]이 공화국을 파괴했다. 집권 직전 민간 기업 1만2000곳이 20년 만에 4,000곳 이하로 줄었다. 고유가에 힘입어

---

215) 라이너 지텔만, 같은 책 pp. 162-174.
　　　조선일보, 중앙일보 각종 기사, 특집, 칼럼, 사설 등

216) Bolivar Revolution: '남미의 조지 워싱턴'이라 불리는 볼리바르는 19세기 초 스페인에서 베네수엘라, 콜롬비아, 에콰도르, 페루, 볼리비아 지역을 독립시켰다. 차베스는 볼리바르 이름을 붙인 자신의 정치·사회운동이 자본주의·공산주의와는 다른 '제3의 길'이라 주장하면서 과격한 반미주의와 국유화 등 포퓰리즘적인 사회주의 정책을 밀어붙였다.

사회주의 경제 모델로 빈민층에게 집과 땅을 나눠주고, 무상교육·의료·저소득층 보조금 지급 등 무상복지 정책을 확대했다. 그 결과 집권(1999~2013년) 초기 49%에 달하던 빈곤율은 2012년 25%까지 낮아졌다가 지금은 90%까지 높아졌다. 국영석유공사PDVSA는 '악의 뿌리'다. 국유화 이후 누구도 그 내부를 파악할 수 없는 정부의 밀실이 되었다. 수익은 사업 다각화에 사용하지 않고 모두 포퓰리즘 정책과 부패로 흘러들어 갔다. 차베스는 주권 확립과 석유 수익의 국민 환원을 약속하며 국유화했지만, 실상 석유 수익은 정권 연장 수단으로 낭비하는 '페트로petro 포퓰리즘'이었다.

자본이 있을 때 사업 다각화에 투자해 유가에 휘둘리는 경제 구조를 바꿔야 한다는 국내 전문가들의 지적이 많았지만, 차베스·마두로 정부 누구도 듣지 않았다. 석유 이외에 통신·은행·철강·전력 등 주요 산업을 국유화하였고 임원 자리는 경영과 전문성 없는 낙하산 인사로 채웠다. 경영 실패와 생산성이 저조할 뿐이었다. 전기료를 동결하고 이는 인건비 70% 수준 충당에 그쳤다. 정부 보조금으로 유지했다. 자동차 조립 생산도 년 15만대에서 2016년에는 3,000대로 추락했다. 아시아 네 마리 타이거 중의 하나인 한국과 북한을 비교해 보면 확연히 알 수 있다. 베네수엘라가 살 수 있는 길은 독재가 아니라 자유민주주의다."[217]

217) 조선일보, 2019.4.19. "무상복지 20년, 남은 건 파괴뿐— 민간 기업 1만2000개 400개로 줄어"

국가 부채 누적 증가, 시장을 통제했고, 해외 투자기업 P&G, 클로락스, GM 등 투자 재산 몰수했다. 베네수엘라의 재산권 보호 순위가 127개국 중 126위다(국제재산권 연대 발표). 함께 저유가를 겪은 중동 산유국들은 유가 상승기에 쌓아 놓은 적립금으로 위기를 버텼다. IMF에 따르면 걸프협력회의GCC 6국(사우디·쿠웨이트·UAE·카타르·오만·바레인)의 국부펀드 규모는 $1조8000억에 달했다. 미국 국채, 세계 각국의 인프라 투자와 부동산에 투자수익으로 유가 하락에 따른 피해를 상쇄한 것이다. 이들 국가는 베네수엘라의 전철을 밟지 않기 위하여 산업 다각화에 국가정책을 쏟고 있다.

차베스는 입만 열면 평등한 세상을 이야기하고 일반 대중을 결집시키기 위하여 부유층을 공격하는 카리스마가 있는 선동형 지도자다. 대의 민주제를 경멸하고, 문제가 있으면 직접민주제인 국민투표에 부쳤다. 물가를 통제하고, 기업을 국유화하고, 중앙은행 임원에 정치인을 임용하고, 통화량을 마음대로 조절하고, 빈민층을 돕기 위해 소득 재분배계획을 수립하고, 토착민과 실업자를 지원했다. 대외적으로는 반미 종족주의를 선동하며 라틴아메리카 국가들을 지원하며 라틴아메리카 종주국 행세를 했다.

볼리비아와 니카라과에 대규모 원조를 제공하였고, 아르헨티나에도 재정지원을 했다. 콜롬비아무장혁명군FARC 게릴라들에게 자금 지원한 것인지는 확실치 않다. 그러나 콜롬비아 반란군을 정치적으로 지원하고, 테러리스트 명단에서 그들을 빼달라고 서구 민주국가들을 설득했던 것만은 확실하다. 언론 매체에서 '놀라운 반전'이라 불렸던 2008년 6월 8일, 차베스는 콜롬비아 혁명군에게 무기를 내려놓고 몇 년간 붙잡고 있던 인질을 풀어 주라고 요청했다.[218]

■ '베네수엘라 참상 실태 UN 보고서'

'인도주의적 지원 우선순위 검토보고서'란 제목의 UN 보고서에 의하면 마두로 정부는 2015년부터 중앙은행과 함께 통계를 일체 발표하지 않는다. 베네수엘라 국민은 '국가 기능의 총체적 실패에 따른 재난의 만성화 국가' 국민 생활의 가장 기본적인 치안·의료·의약품·물·전기조차 제대로 공급받지 못하는 '인도주의적 대위기에 처한 국민'이다. 사실상 국가 전체가 재난 지역이다. 국민 94%가 빈민층이고, 60%는 극빈층이다.

극빈층은 '식량을 살 돈이 없어서 자다가 배고픔에 잠이 깰 정도'인 사람을 말한다. 국민의 24%인 700만 명은 인도적인 지원이 없을 때 생존이 위협받는 상황이며 최근 수년간 체중이 11kg이 줄었다. 고기와 채소를 적절히 섭취하지 못할 뿐 아니라 우유 소비량이 2014년부터 3년간 77%가 감소했다. 370만 명이 영양실조이고, 5세 이하 어린이 22%가 만성적 영양실조 상태다. 깨끗한 물이 부족하여 B형 간염 환자

---

218) 세바스티안 에드워즈, 같은 책 pp. 306-307.
　　2008.6, Wall Steel Journal 참고.

가 급증하는 추세다. 최근에 하루 5,000명이 베네수엘라를 떠나고 있다. 의사 전체의 33%인 2만2000명이 해외 이주로 심각한 의료파괴 수준이 되었다. 마두로는 저유가 시대임에도 퍼주기식 포퓰리즘 정책을 거두지 않고 있다. 화폐 대량 발행으로 인한 통화량 폭발적 증발, 초인플레이션으로 민생은 파탄 냈다. "베네수엘라 위기는 이미 구소련이 붕괴하던 수준을 넘어섰다."[219]

■ 한국과 베네수엘라 '바람'

전 세계 반자본주의자들은 차베스의 사회주의 정책에 감동되어 그 독창성에 열광했다. 한국에도 노무현 정권(집권 기간 2003-8년) 시절에 그 열광에 합류한 인사들이 다수였다. 차베스는 오일머니의 대부분을 국민의 지지를 받아 장기집권하기 위하여 사회보장비로 지출되었다. 가난한 계층에 배분하였고, 국가는 식사, 주거, 수도, 전기, 전화 요금 등 보조금으로 마구 쏟아부었다. 주유비는 거의 공짜였다. 부실한 국영기업들은 정부 보조금으로 인력 추가 고용비로 충당하고 그들은 일감이 없이 빈둥빈둥 놀면서 급여를 제때 받았다.

불과 10여 년 전에 한국 좌파 정치권에서는 한쪽만 보고 '베네수엘라 바람'이 거셌다. "베네수엘라가 인류를 다른 세상으로 안내하고 있

---

219) 중앙일보, 2019.3.30. "석유 믿고 20년 포퓰리즘 --- '국민 94% 빈민층'만 남겼다."

다." "노무현 대통령은 차베스에서 배워야 한다"(현재 서울시 교육감 조희연). 한겨레신문(연재), KBS(특집) 등 언론도 공범이었다. '베네수엘라 모델로 신자유주의에 맞서자'라고 주장하였다. 그러나 베네수엘라는 지도자의 오판·오만과 위선, 국민의 이기심과 무지가 빚어낸 '국가의 자살'(미국 포린어페어스)이 현실로 확인되었다. 그런데 2020년 총선에서 절대 다수당이 된 한국 정부·여당은 차비쯤(차베스주의)을 끌어드리고 있다. 부동산(주로 아파트)이 천정부지로 상승하니 세계에서 유일하게 베네수엘라에만 있는 '부동산감독기구'에 대한 출범 이야기가 나온다. 방만한 재정지출에 의존한 복지 확대가 대표적이다. 2021년 연초부터 기본소득 지급 논의, 코로나 이익공유제(이낙연 민주당 대표), 방역손실보상 법제화(정세균 국무총리), 재난지원금(이재명 경기도지사), 부산과 광주에 신공항 건설 등 천문학적 재정투입 프로젝트를 경쟁적으로 주장하는 포퓰리스트들이 등장한다.

차베스는 1999년 집권 이후 14년간 '서민생활 향상'을 최우선 과제로 무상복지 확대에 올인했다. 집권 전 14년간 총예산 대비 36%이던 '사회 복지비' 비중이 집권 기간 평균 61% 수준이었다. 유가 하락으로 재정적자임에도 복지비를 축소할 수 없었다. 왜? 특히 포퓰리즘에 젖어 경로 의존증에 걸려 있는 빈곤층의 지지기반을 잃어 장기 독재 정권의 붕괴가 두려웠다. 입법부, 사법부, 헌재, 선관위, 군인, 경찰, 기업 등을 그리고 언론을 장악한 차베스는 두려울 것이 없었다. 견제와 균형이 깨진 독재 정권의 말로는 독재자 본인도 죽고 나라는 망하는 것이다. 2013년 차베스가 불치병 암으로 사망했기에 본인 자신에게는 다행인지도 모른다. 그러나 망가진 나라와 국민을 생각하면 지도자 한 사람 잘못 만나면 역사의 물결은 걷잡을 수 없는 풍랑으로 변하여 국가는 벼랑으로 떨어지는 것이 역사다. 히틀러가 그랬고, 스탈린·모택동·김일성 3대가 그랬다.

차베스는 2000년 144볼리바르였던 최저임금을 2010년에는 1,224볼리바르로 8.5배를 올렸다. 노동 계층을 우군으로 만들기 위하여 '신노동법'을 공포해 주 40시간 근로시간으로 축소하였고, 최고노동위원회 기구를 만들어 친차베스 인사를 포진시켰다. '기업은 착취의 근원'이라며 대안으로 '협동조합형 기업'을 장려해 26만 개가 우후죽순처럼 설립됐다. 당연히 경영 적자로 부실기업이 되자, 이제는 정부 보조금으로 기업을 살려서 사실상 놀고먹는 협동조합을 유지시켰다. 민간 기업에는 세금 폭탄을 안기자 해외로 빠져나갔고, 직장이 위태로워지니까 전문 인력 100만여 명이 썰물처럼 해외로 탈출한다.

"토지는 개인의 것이 아니라 국가 재산이다"라고 2001년 차베스는 선언한다. 이어 '토지개혁법' 제정, 개인은 5,000ha 넘는 토지 소유가 금지되었고, 상당량의 토지가 압수되어 빈곤층에 배분되었다. 2,000만 가구 주택 무상 공급했지만, 부동산 시장은 극도로 혼란했다. 석유 왕국이 화력발전소 하나 제대로 가동하지 못하는 지경까지 이르러 단전된 지 오래되었다.

반시장정책은 가격을 통제하였고, 위반 시에는 기업 자산을 정부가 몰수하는 '소비자보호법'을 발동하였다. 복지집행에 필요하다는 이유를 내세워 공무원 숫자를 마구잡이로 늘렸다. 2014년 공공부문 공무원이 노동인구의 29%에 달했다. '경제적·생산적 혁명 추진을 위해 불가피하다'며 기업을 국유화한 뒤 '노동참여경영제'를 도입하였고, 민간기업에도 인센티브를 제시하며 노동참여경영을 독려했다. 포퓰리즘의 속성인 반엘리트주의는 차베스 정부와 문재인 정부와 공통점이다. 엘리트가 빠진 빈공간을 차베스는 '차베스타'와 '문빠'로 지칭 되는 열성 지지층이 파고드는 형국이다. 차베스주의는 권력의 독점과 재생산을 위한 체제에 불과하다. "권력을 독점한 뒤 약자에게 혜택을 베풀며 온정주의적 관계를 형성해 지지를 매수했다"는 차비즘에 대한 카터센터의 혹평이다.[220]

문 정부 들어와서, 급속한 최저임금 인상, 주 52시간 근로제 획일적 추진, 오일 한 방울 안 나오는 나라가 탈원전정책, 반법치주의와 친노조정책, 그리고 반기업 정책과 규제 천국, 국가채무 고속 증가와 이에 대한 둔감, 실정에 대한 대국민사과 인색, 청와대 주도 울산시장 부정선거와 이에 대한 검찰 수사팀 해체작업, 범죄 백화점 조국에 대한 정권 차원의 수사방해, 기업규제 3법 개정으로 재산권 보장이 핵심인 자본주의 이탈, 노조 3법 개정으로 해직자·실업자 노조 가입 확대로 노조 횡포 확대, 공공기관 성과연봉제와 저성과자 해고요건 완화 폐지,

---

220) 한국경제, 2020.8.19. "베네수엘라 따라가나— 닮은 게 부동산 정책만은 아니다"

임대차 3법(전·월세 상한제, 전·월세 신고제, 계약갱신청구권)제정, 포퓰리즘 대표국가 진입, 최고 책임자의 끝없는 약속 불이행, 언론 장악, 삼권 분립 형식적으로 제도는 살아 있으나 통합하여 국가권력 기관 장악,---'토지공개념 도입', '부동산감독원' 설치계획, '자유민주주의'를 '자유'를 뺀 '민주주의'로 하자는 등을 주장한다. 정부·여당이 카터센터의 '차비즘에 대한 평가'에서 자유로울 수 있을까?

3. 아르헨티나의 비극

포퓰리즘 대명사가 베네수엘라 차베스로 알고 있는데, 라틴아메리카의 원조 포퓰리즘 정책 시행자는 아르헨티나 후안 페론(1차 집권 1946~1955년, 2차 집권 1973~1974년)과 에바 페론(집권 1974~1976년) 부부 대통령 시절이었다. 페론은 남미 역사에서 가장 혹독한 포퓰리스트 독재자였다. 1기 집권 9년 동안 극심한 포퓰리즘 독재자 페론은 임기 중 군사 쿠데타에 의하여 실각·망명했다가 거의 20년 만에 귀국하여 재집권에 성공하였으나 1년도 못되어 사망함에 따라 그 부인 에바 페론이 권력을 승계하게 된다. 포퓰리즘은 국가채무를 재원으로 하는 복지비 과다 지출, 통화 급격한 팽창과 고인플레이션, 고실업, 저임금의 심화 등 실패작으로 막을 내린다.

포퓰리즘 정책은 혜택을 기대했던 빈곤층과 중산층을 번번이 실망시키고 더 비참하게 만든다. 규제가 많고(규제천국), 수입 물품에 대한 철저한 보호무역주의, 형식적 절차가 많고, 과도한 세금에 시달리게 된다. 삼권 분립은 형식적으로만 존재하고 실제는 3권을 통합 독재를 한다. 언론을 장악한다. 제도가 부실하고, 재산권은 보호받지 못하고, 채권회수가 어렵고, 부패가 만연하며, 법치주의가 작동되지 않고, 정부는 독점을 보호하고 진입장벽은 높기만 하다.[221]

■ 네스토르 키르치네스(집권 2003-7년)와 크리스티나 페르난데스 데 키르치네스(집권 2007-15년) 포퓰리즘 정책

아르헨티나 역사에 부부 대통령이 두 쌍이 있었는데, 공통점은 혹독한 독재와 포퓰리즘 정책에 의하여 나라를 거덜 냈다는 점이다. 공공일자리 창출(플란 아르헨티나 트라바하) 정책은 직업이 없는 실업자 상당수를 학력이나 기술 등 구체적인 기준 없이 공무원으로 채용한다. 2001년 공무원 230만 명을 2014년에 390만 명으로 증원 되었다. 세금으로 늘린 공무원은 출근 않고 월급을 타는 유령공무원이 21만 명으로 추산한다.

아르헨티나 인구 4300만 명이다. 연금 지급 대상자를 30년 이상 가입자를 20년 이상으로 완화하여 360만 명을 2015년에 800만 명으로 증가하였다. 전기·가스·수도·통신비를 정부가 보조한다. 대중 교통비를 지원하는 등 보조금 증가율이 세계평균의 4배에 달했다. 정권의 과잉복지 재원은 패소화를 찍어 충당하였다. 인플레이션은 연 31.2%가

---

221) 세바스티안 에드워즈, 같은 책, pp. 28-29.

되었고, 대외 부채 $2537억은 디폴트 선언을 했다. IMF 구제신청을 했다. 통계 조작은 수도 없이 하였기에 통계를 신뢰하지 않는다. 심한 인플레이션으로 페소화는 선호도가 없고 소지하고 있는 $를 메트리스 아래 숨겨두는 게 일상화 되었다. 2000년대 국가 디폴트 선언 이후 '집단약탈' 사건이 다반사였으며 한마을 주민이 동네 슈퍼마켓을 약탈하는 현상이 자주 일어났다.[222]

12년 만에 다시 IMF 구제 금융을 신청한 아르헨티나에선 지금 공무원들 시위가 연일 벌어지고 있다. 국가 부도를 막으려 정부 부처를 절반으로 통폐합 계획을 발표하자 반발하는 것이다. 노동부 직원 수백 명이 노동부 청사를 인간 띠로 에워싸는가 하면, 국공립 병원 종사자 수천 명이 보건부 주변을 장악했다. 공무원들이 나라 사정은 아랑곳하지 않는다. 공무원 문제는 아르헨티나 부도 위기의 주요 원인 중 하나가 되었다. 좌파 포퓰리즘으로 12년을 집권했던 키르치네르 부부 대통령 시절 '일자리 만들겠다'면서 공무원 수를 2배 가까이 늘려 근로자 다섯 명 중 한 명이 공무원이 됐다. 일은 하지 않고 월급만 타가는 유령 공무원들에게 준 국민 세금이 매년 200억 달러다.

복지 지출도 급속하게 늘렸다. 18세 미만 청소년 360만 명에게 수당을 지급하고 전기·수도요금에 정부 보조금을 쏟아부었다. 20년만 일

---

222) 조선일보, 2018년. 9.11. "세금으로 늘린 공무원— 출근 않고 월급 타는 '유령 직원' 21만 명"

하면 연금을 받을 수 있도록 기준을 완화해 연금 수급자를 두 배로 늘렸다. 대중교통 등의 공공서비스 요금을 낮추려 민간 기업에 주는 보조금을 GDP 대비 1%에서 5%까지 늘렸고, 공립학교 학생들에게 노트북 컴퓨터 500만대를 공짜로 지급했다. 이 덕에 12년 동안 집권에 성공했으나 나라는 거덜 났고 거의 망해가고 있다. 나라가 절망의 낭떠러지 앞에 서 있는 꼴이 되었다. 그래도 국가 지도자는 나라와 국민에 대하여 괘념치 않는다. 하루라도 권좌에 더 앉아 있으면 그것으로 그들은 족한 존재들이기에.

4. 그리스의 비극 *Greek' Tragedy*

그리스 재정위기는 지난 30년 넘게 지속되어온 포퓰리즘 정치에 기원한다. 안드레아스 파판드레우 총리는 "부유층은 세금을 탈세하고, 공무원들은 뇌물을 받고 곳간을 열어 주는" 정치를 만들었고, 그러한 기반으로 부유층과 공무원들의 지지를 받아 정권을 유지했다.

이러한 역사적 비극을 뉴욕타임즈(NYT)는 아버지가 지은 죄의 대가를 아들이 받는 '그리스 비극*Greek tragedy*'에 빗대었다. 아직도 어떤 이는 '정치권, 기득권층의 부패'를 꼽기도 하고, 현 총리 말대로 '현재 그리스의 고통은 유로존의 긴축처방이라는 외부요인에 기인한다'라고 한다.

원래 그리스는 1929년부터 1980년까지 50년 동안 연평균 경제성장률이 5.2%를 기록함으로써 실질 1인당 국민소득 세계 1위, 그리고 평균 경제성장률 2위를 기록했던 경제 우등생 국가였다. 더구나 2차 세계대전 이후 전후 극심한 인플레이션을 극복하였다. 이는 1968년에 시작되어 1974년까지 계속된 군부독재 정권 등과 같은 비정상적인 상황에서 얻은 결과이다.

그리스는 1981년 열 번째 유럽공동체EU 회원국에 가입할 때만 하더라도 국가 부채는 국내총생산(GDP) 대비 28%, 재정적자는 일인당 국민소득(GNP)의 3%, 실업률도 3%에 지나지 않았다.

1981년 10월, 하버드대학교 경제학과 교수 출신인 안드레아스 파판드레우는 급진좌파성향의 정당 '범그리스 사회주의 운동(PASOK: Panhellenic Socialist Movement, 파속)당'을 결성하여 선거에서 승리를 거둔다. 그는 보편적 복지 강화, 공공부문 확대, 정부 개입 강화, 보호와 온정주의 정책으로 그리스의 정치체제를 바꾸었다. 이는 그리스만의 특별한 것이 아니라 대중 선동가들이라면 누구든지 유혹을 느낄 수 있는 정책들이며, 일반 시민들도 즐거워할 만한 정책들이었다.

그리스 문제를 극명하게 드러내는 실상은 공공부문의 비중이다. 1960년대 후반기부터 1970년대 전반기까지 그리스의 GDP에서 공공부문이 차지하는 비중은 25% 정도였다. 이 비중이 1970년대 중반 이후부터 서서히 증가하기 시작하는데, 마침내 2009년에는 53.1%나 된다. 결국, 나랏돈으로 먹고사는 사람들이 그리스 전체의 50% 이상을 차지하게 되었다. 점점 그리스는 다양한 지출 프로그램을 유지하기 위해서 외국에서 돈을 빌려서 계속 재정을 지출하게 됨에 따라 국가 부채 규모가 점점 커지면서 원금 상황은 고사하고 이자 지급을 위해 다시 국가채무를 져야 하는 악순환에 빠지게 된다.

1980~1990년대 안드레아스 정부에서 일했던 테오도르 스타리스는 한 인터뷰에서 "국민에게 더 많은 월급과 서비스를 제공하려 했지만 결국 돈은 국민이 아닌 관료들 손에 들어갔다"라며, "우리는 지출을 감당하기 위해 계속해서 돈을 빌려 와야만 했고 이는 끔찍한 실수였다"라고 전한다. 그런데 우리가 눈여겨봐야 할 부분은 좌파 정권의 등장 이후에 전개되는 정치 상황이다. 정책 선명성 경쟁이 일어나면서 정부의 재정지출과 관련해서 보수와 진보, 그리고 좌와 우 정당이 실종되었다는 사실이다. 이에 대해 아테네 대학교 아리스티데스 하치스 교수는 "좌파 정권인 파속당과 명목상 우파 정권인 '새로운 민주주의 ND: New Democracy Party'의 포퓰리즘 경쟁으로 현재의 참담한 결과가 발생했다.

당시 두 당을 대체할 정당은 '공산당'과 '극좌당' 밖에 없었지만, 이 당들도 극단적인 포퓰리즘을 표방했다"라고 지적한다. 의도하지 않은 정치적 결과는 전통적인 보수당이었던 '새로운 민주주의당'도 오히려 사회당 정책보다 더 사회주의적인 포퓰리즘 정책을 쏟아내게 된다. 파판 드레우 집권 기간 그리스의 경제성장률은 뚝 떨어져 유럽연합의 평균보다 낮은 1.5% 수준에 머물고 만다. 엄격한 해고 제한과 각종 조세 그리고 준조세 부담이 늘어나면서 기업에 의한 고용자 수는 내리막길을 걷게 된다. 결국, 늘어나는 것은 공무원 수이고 그리스는 거대한 관료국가가 되어버렸다.[223]

5. 터키 에르도안의 포퓰리즘

집권에 성공한 포퓰리스트들의 다음 행보는 공식이 있다. 오로지 장기 독재집권 존속이다. 장기 또는 영구 집권의 시나리오는 힘을 과시하면서 진행한다. 영구 집권을 위해 포퓰리스트들은 제일 먼저 사법부와 언론을 장악한다. 입법부를 장악하여 삼권 분립을 무색하게 한다. 여기엔 좌우가 따로 없다. '21세기 사회주의'를 내세운 차베스가 사법부와 미디어를 장악하였고, 후계자인 니콜라스 마두로에게 대통령직을 승계시킨 것을 좌파 측의 모범 사례라면, 우파 쪽엔 '21세기 술탄'으로 불리는 레제프 에르도안 터키 대통령이 있다.

2011년 최초의 3선 총리가 된 에르도안은 거칠 것이 없었다. 이번엔 개헌으로 대통령제 헌법에 따라 대통령 권한을 강화하는 직선제 전환, 2014년 대통령에 당선되더니 2017년에는 대통령 5년 중임제 개헌,

---

223) 출처: https://londonboys.tistory.com/174 [The fever drives you]

2018년 조기 선거에 의하여 대통령에 당선된 후 이제 2033년까지 장기집권의 길을 열어놓았다.

17년째 집권 중인 에르도안은 '2071년 이슬람 국가 복귀'를 목표로 내걸었다. 그가 창당한 정의개발당AKP은 겉으로는 보수주의로 포장하지만, 이슬람주의 정당이다. 터키의 국부 아타튀르크가 세운 정·교 분리의 원칙, '세속주의' 시계를 거꾸로 돌리는 중이다. 에르도안의 터키는 민주주의에서 권위주의로, 1인 독재로 달려가고 있다. 민주주의 쇠퇴는 시장 경제와 보수의 가치를 내걸었던 집권 초기에 잘 나가던 경제가 뒷걸음치고 있다. 2003년 집권 후 경제는 성장하고 국민의 지지가 열광적이었다. 3선 총리가 되니까 오만과 권력에 대한 집착이 강해졌다.

에르도안은 터키 역사상 화려했던 옛 오토만제국을 그리게 되었다. 1차 세계대전 패배로 광대한 영토 아라비아와 레반트(지금의 이라크·시리아·요르단 및 이스라엘·팔레스타인)를 열방에 넘겨주었다. 이는 터키 역사의 굴욕이었다. 젊은 지도자 케말 파샤의 영도 아래 술탄을 폐위하고 공화국을 세웠다. 케말은 어떻게 하면 새로운 터키로 거듭나 유럽에 당한 수모를 극복할 수 있을지 성찰했다. 결론은 하나는 이슬람을 극복하는 것이요, 둘은 서구 근대화 발전 경로를 수용하는 것이었다. 정·교 분리에 의해 세속화와 근대화를 통해 이슬람 제국을 현대 공화국으로 바꾸는 혁명적 프로젝트였다. 중동을 떠나 서방을 지향하는 터키 노선은 냉전과 함께 절정에 이르렀고, 목표는 선명했다. '유럽 되기'였다.

1990년 전후 소련을 비롯한 동유럽권 사회주의 국가들은 예외 없이 모든 나라가 자유민주주의 국가로 레짐체인지했다. 따라서 냉전이 끝난 후 터키에 대한 서구 입장에서의 본 전략적 가치는 하락했다. 서유럽은 터키보다 소련에서 떨어져 나온 동유럽에 대한 더 큰 관심을 끌게 된다. 터키의 EU 가입은 지지부진했고, 국민의 자존심은 상처를 입었다. 2001년 9·11테러 사태는 세계 각처에서 이슬람에 대한 경계 심리가 최고조에 달했다. 터키의 유럽 프로젝트에 먹구름이 끼었다. 이때 치고 나온 지도자가 있으니 그가 에르도안이다.[224]

이스탄불 시장이었던 에르도안은 정의개발당AKP당을 조직하고 중앙 정치에 등장한다. 그는 대중이 원하는 정곡을 찔렀다. 이슬람 복원, 그리고 옛 터키 자존심 회복이었다. 그에겐 운이 따랐다. 유례없는 경제성장 여건이 수반 되었다. 국민의 삶은 나아졌고, EU 가입 없이도 잘 살 수 있다고 믿기 시작했고 에르도안을 지도자로 신뢰하게 된다. 거듭 3선 총리가 된다.

터키는 국토면적 77만 제곱킬로미터, 인구 7,852만 명, 1인당 GDP $7715/73위(2020)의 나라다. 1인당 GDP가 2001년 $10,582 국가에서 2004년 최고 $12,406을 성장함에 따라 오만이 튀어나와 장기집권 직선 대통령제 개헌을 추진한다. 경제는 2004년을 피크로 내리막길을 걷고 있으며, 2018년 $9,442, 2020년 $7,715 국가가 된다. 국가 경쟁력

224) 인남식, 조선일보, 2019.10.28. "에르도안의 꿈 --- 옛 오토만제국을 넘어 중앙아시아까지"

은 2012년에 38위였다가 2019년에는 51위, 2020년에는 73위로 하락했다(WEF 자료).

에르도안 폭압정치는 2016년 대통령을 겨눈 쿠데타 발발 후 더욱 거칠어졌다(스톡홀름 자유센터는 에르도안 권력 강화를 위한 자작극으로 보고 있다). 검찰·언론인을 포함 15만 명이 넘게 투옥·해임했다. 국경 없는 기자회는 언론자유지수를 180개국 중 154번째로 보고 있고, 국제신용평가사 무디스는 신용등급을 '투자주의'로 강등했다. 개헌을 단행하여 사법부를 정부·여당의 인물로 바꿀 수 있게 했다. 헌법재판관 수를 11명에서 17명으로 증원하고, 판·검사 최고회의 위원을 7명에서 22명을 증원했고 일부 임명권을 의회와 정부가 갖게 된다. 이로써 사법부를 정부가 장악한다.

당시 터키 사법부는 정부·여당 중점 법안에 대한 위헌 결정을 했고, 이에 대한 정부의 불만이 극도로 커졌다. 사법부 장악을 구체화·본격화로 판사 3분의 1을 쿠데타 연루혐의로 해임했고, 헌재 재판관 2명을 포함 판·검사 2,750명을 직위 해제했거나 체포했다. 언론 탄압도 사법부 장악과 함께 본격화했다. 쿠데타 무산 이후로 130여 곳의 방송·신문·뉴스 매체가 폐쇄됐다. 국가 모독과 대통령 모독죄로 기소된 자가 2,000여 명에 달한다.[225] IMF는 2020년 경제성장률 5%, 인플레이션 12%. 실업률 17.2%로 발표했고, 2018년 금융위기를 겪은 바 있다. 2019년 지방선거에서 수도와 대도시 앙카라와 이스탄불에서 AFP당

---

225) 중앙일보, 2020.12.29. "포퓰리즘 최종단계는 '자유 뺏기'––– 언론 탄압은 필수"

이 패배한다.

■ 포퓰리즘으로 망한 나라 3종 세트:
공무원 증원, 복지 과속, 통계 조작

포퓰리즘 정권은 세금만으로 선심 쓰는 데 한계가 있자 돈을 찍어낸다. 그러자 물가상승률이 연간 30%를 넘게 된다. 이 숫자가 부담되자 정권은 물가상승률을 10%라고 조작하기 시작했고, 통계와 현실 차이를 숨기기가 힘들어지자 일부 통계는 발표를 중단시켜 버렸으며, 지금은 아무도 이 나라 통계를 믿지 않게 되었다.

아르헨티나뿐만 아니다. 공무원 증원, 복지과속, 통계조작의 '3종 세트'는 대부분 포퓰리즘 국가들에게 공통적인 공식이다. 9년 전 국가부도위기를 맞았던 그리스는 노동자 4명 중 1명이 공무원이었고, 고갈된 재정을 감추려 그리스 정부는 적자 규모를 축소 발표했고, 사실상 국가 파산 상태인 베네수엘라도 중앙은행이 경제지표를 마구 조작했다.

나라와 국민은 포퓰리즘을 쉽게 끊지 못한다. 아르헨티나 새 정부가 재정과 복지를 줄이려 하자 공무원과 노조 등이 격렬하게 저항한다. 많은 시민이 포퓰리즘 '3종 세트'가 우리나라 현실과 비슷하다는 사실에 놀라고 있다. 한 번 늘어난 공무원과 복지는 다시 축소한 국가가 정상국가에는 예를 찾기가 어렵다. 급격하게 늘어난 공무원들이 데모하고, 복지비 축소에 반발하고, 정부통계는 아무도 믿지 않는 것은 정말 우리와는 상관없기를 바랄 뿐이다.(조선일보 2018.9.11.)

6. 한국 정부 포퓰리즘 정책

■ 문 정권 중간 실적 분석(2017.5.9~2019.11.8)

건전한 복지정책이 필요하다. 한국은 복지 대상자와 복지규모 확대 속도가 감당할 수 없는 한계를 넘으면서 사실상 포퓰리즘 정책 국가가 되었다. '감당할 수 없는 한계란' 기초 복지를 초과하여 건전한 재정운영을 넘는 재원을 국가채무에 의하여 방만한 재정운영을 포퓰리즘이라 한다. 포퓰리즘은 빈곤층 국민을 위한 것이 아니고 정권의 선거를 위한 것이다. 가장 위험한 사상으로 공산주의 또는 사회주의도 있지만 포퓰리즘은 더 위험한 것이다. 국민과 나라는 자신도 모르는 사이에 몰락하는 제도이다. 개구리가 찬물 속에 있을 때 서서히 물이 뜨거워지지만, 개구리는 뛰어나올 줄 모르고 탕 안에서 서서히 죽어가는 것과 다름없는 격이다.

포퓰리즘은 초기에 그리고 단기적으로는 대중의 열렬한 지지를 받지만, 반드시 나라는 몰락한다. 개인이나 국가는 자기가 번 것 이상 낭비하면 당연히 망하는 수순을 밟게 된다. 더 무서운 것은 국민을 타락의 길로 유도하고 독재자는 이를 즐기며 독재자 본인이 운이 좋으면 그가 죽은 후에 나라가 망하고, 국가가 운이 남았으면 국민이 정신을 차리게 되어 독재자를 몰아내고 재기하기도 한다. 포퓰리즘에 물들게 되면 헤어나는데 장기간이 걸릴 뿐 아니라 힘든 과정을, 즉 쿠데타 또는 선거 등을 통하여 정권이 교체된다.

한국의 문 정권은 급격한 최저임금인상, 재정 능력을 초과하는 의료확대, 용돈 주는 세금알바 양산, 무상교육 확대, 근로장려금, 주 52시간 근로제 획일적 적용, 현금 복지비 등 2,000여 종에 달하는 복지비 등을 국가채무를 재원으로 지급하고 있다(제2편 제2장 재정건전성 유지 참조). 한편으로 실업자를 양산시키고 기업은 각종 규제로 폐업 또는 축소하게 하거나 해외로 탈출하게 한다. 그러면 정부는 포퓰리즘으로 달래며 선심정책의 달인 역할을 하고 있다.

2021년 정부 예산은 전년 513조5000억 원보다 8.6% 증가한 558조 원이다. 현 정부 집권 초기 2017년 405조3000억 원보다 37.7%인 152조7000억 원 증가한 예산이다. 보건·복지·노동예산 199조8000억 원, 일자리 30조6000억 원 등 광의의 복지예산이 230조4000억 원으로 41.49%이다. 통합재정수지 적자 75조4000억 원이고, 국가채무는 958조 원이다. 현 정부 집권 전에는 국가 예산 300조 원에서 100조 원이 증가한 400조 원이 되는 데 6년(2011~2017년) 걸렸으며, 문 정권은 3년 만에 108조 원이 증가하여 500조 원을 돌파했다. 전 정권 예산 폭보다 갑절이 증가했다는 계산이다.

■ 포퓰리즘과 부패

역사상 가장 유명한 포퓰리즘으로 나라를 망친 페론 치하의 아르헨티나나, 차베스 치하의 베네수엘라는 부패수준 역시 압도적 수준이었다. 포퓰리즘과 부패는 항상 손을 잡는다. 정권과 야합한 노조는 부패의 온상이 되기도 한다. 나라의 앞날을 생각하지 않는 것이 포퓰리즘의 본질이니 법과 제도를 무시하고 핵심 측근을 챙기는 것도 또한 같다. 포퓰리스트들의 문제는 개인 주머니로 들어가는 부패를 넘어 제도의 부패까지 몰아간다는 것이다. 나라가 감당하지 못할 정도로 국가재정을 뿌려가면서 권력을 탐하는 이들에게 국가 제도를 망가뜨리는 것은 그들에겐 염려의 대상이 아니다. 그들은 통계를 조작하다가 그 규모가 커지면 통계를 아예 발표조차도 하지 않는다.

그런데 2017년에 비하여 2019년에는 취업난은 전 정권에 비하여 비정규직 비율이 32.9%에서 36.4%로 악화했고, 소득 격차는 소득 5분위 배율이 전 정권에서 4.73배에서 5.3배로 계속 벌어지고 있다. 현 정부는 최저임금 급속한 인상, 근로시간 획일적 단축, 비정규직 제로 달성 등 손대는 정책마다 극심한 파열음을 내고 있다. 문 정권의 임기 반환점(2019.11.9.)에서 성장·분배·일자리·재정과 관련된 주요 지표 10가지(성장률, GDP갭, 설비투자 증가율, 소득 5분위 배율, 중산층 비율, 취업자 수 증가, 비정규직 비율, 단시간 근로자 비율, 국가채무 비율, 관리재정수지)는 모두 역대 정권 중 최악을 기록하고 있다.

경제성장률은 연평균 1% 수준으로 경제는 주저앉고 있는데 재정을 매년 8~9%(2018년: 7.1%, 19: 9.5%, 20: 9.5%, 21: 9.3%)씩 증가했다. 가덕도 신공항처럼 경제성이 나빠도 표 계산을 앞세운 선심성 예산이 급증한 탓이다. 여당은 여기에 대구공항도, 광주공항도 검토한다고 야단이다. 더 절망적인 것은 정부와 여당이 선심성 예산으로 재미를 보자

야당은 견제는커녕 정부 예산 나눠 먹기에 동참하고 있는 현실은 암담하기만 하다. 예산 집행에 앞서 예비타당성을 먼저 분석·평가해야 하는데, 이에 대한 완화·면제 법안을 쏟아내기에도 가세한다. 호의가 계속되면 수혜자는 어느덧 자신도 모르게 권리인 줄로 안다. 이를 경로의존성이라 한다.

■ 여 대선 주자들 '빚내서 돈 풀기'

이낙영 대표는 정 총리의 자영업자 '손실보상' 법제화 구상에 반대한 기재부를 '개혁 저항세력'이라고 질타한 정세균 총리에 대해, "기재부 곳간지기를 구박한다고 무엇이 되는 게 아니다"라고 비판했고, 이재명 지사의 일괄 '재난지원금'에 대해 "당·청간에 얘기하면 될 일이지 언론 앞에 비판하고 다니는 것이 온당한가"라고 비판했다. 이 대표 본인은 '이익공유제'를 강력하게 밀어붙이고 있다. 그 일환으로 은행들의 자영업자 이자를 감면하거나 아예 받지 못하도록 특별법 제정을 검토하고 있다. 처음엔 '자발적'이라고 하더니 점점 팔을 비틀고 있다.

위 세 사람은 2022년 대선을 노리는 집권당의 차기 주자들이다. 각각 특별 포퓰리즘 상품을 내 걸고 경쟁하고 있는 지경이다. 포퓰리즘에 들어가는 것은 자기들 주머니에서 나오는 것이 아니고 국민이 갚아야 할 나랏빚이고, 민간 기업들에서 갈취하는 준조세다. 이런 포퓰리즘은 시장경제는 왜곡되고 자연스러운 시장생태가 무너지는 것이다. 곳간에 쌓여있는 잉여재원이 있는 경우에도 재정을 그렇게 무질서하게 '헬리콥터 머니'하면 시장경제가 무너지는 것인데, 국가채무로 충당하면 국가재정은 더욱 망가지게 된다. 대선 주자들이 제정신인지 묻고 싶다.

정부는 재난지원금을 4차에 걸쳐 국가채무를 재원으로 충당하여 51.4조 원을 선별 또는 보편지원했다. 포퓰리즘의 대표적인 예이다. 자영업자에게 선별지원은 재난지원금을 뿌리기보다 재정지원이 전혀 들어가지 않는 최저임금제, 주 52시간제 등 규제를 푸는 것이 더 효과적이다.

재난지원금 지급현황

구분	지급시기	지급금액	지급대상	비 고
1차	2020.5.	14.3조 원	전 가구에 100만원씩, 보편지원	
2차	2020.9.	7.8조	자영업자,100만~200만원, 선별지원 65세 이상~통신비2만원	
3차	2021.1.	9.3조	자영업자,100~300만원, 선별지원	
4차	2021.4.	20.0조	전국민,자영업자, 선별 · 보편지원	
합계		51.4조 원		

■ 아! 한국, 아! 한국 대통령, 아! 한국 국민

량치차오(梁啓超, 1873~1929)는 중국의 혁명가·사상가다. 20세기 초에 애국자 박은식, 신채호에게 영향을 끼친 인사다. 그는 당시 '중국이 조선의 길을 걸으면 나라가 멸망할 수밖에 없다'는 것을 가르쳐 중국인들에게 분발을 촉구했던 인물이다. 그는 1907년 10월 7일 논설에서 "조선은 완전히 망했다. 온 세상은 일본이 한국을 망하게 했다고 한다. 그러나 어찌 그것이 가능하겠는가? 조선은 조선 황제가 망한 것이요, 조선 인민이 망하게 한 것이다. 조선 황제와 꼭 닮은 황제, 조선 인민과 꼭 닮은 인민이 있는 나라는 그 말로가 조선과 다를 수 없다. 그런 뜻에서 조선의 황제는 중국의 거울이자 스승이다". 현재 동북아 3국(타이완을 포함하면 한·일·중 4국) 가운데 한국은 남미 국가의 길을 걷고 있는 유일한 나라다. 정권은 현금을 뿌리며 국민을 베네수엘라 차베스 방식으로 국민을 사육(飼育)하고 있다. 권력을 더 오래 잡겠다고 100여 년 전 량치차오가 지적했듯이 국민을 '나라를 망하게 하는 인민'으로 퇴보시키는 것이다.

동북아 역사의 법칙은 국가 지도자가 '혁명'이라는 단어를 들먹이는 횟수가 잦아질수록 국민은 더 가난해졌다. 과거 1위는 개혁·개방 전 중국이요, 현재 1위는 북한이다. 한국이 그 뒤를 따르고 있다. 중국 경제·금융 전문가들이 만드는 궁푸차이징(功夫財經)은 '한국, 내부 분탕질로 죽어간다'는 제목으로 '경제민수주의(民粹主義·포퓰리즘)'가 황폐시킨 한국경제 모습을 현장 중계한다고 한다. 나라의 안보·외교 정책은 도끼로 제 발등을 찍고, 경제·교육·복지 정책은 제 살 뜯기 방향으로 몰고 온 대한민국 선장실이 물에 잠기고 있다면 과장일까.

배는 바닥부터, 나라는 꼭대기부터 샌다는 법칙은 어김없다. 항로를 벗어나 다른 길로 배를 모는 것이 선장의 운전 미숙이라고 생각하였던 것은 오판이었다. 배표를 팔 때(선거) 승객에게 행선지를 속인 것이다.[226] 아니 "한 번도 가지 않는 길을 가겠다"는 말을 승객이 무슨 말인지 몰랐던 것이다.

학생은 줄어드는데 2024년까지 국립대 교원 1,800명 증원, 교사증원, 한전은 원격검침인프라(AMI)를 2022년까지 완료 예정이고, 따라서 현재 검침원 5,065명 중 2,453명은 2년 뒤 할 일이 없게 되는데도 정부의 권고로 정규직 전환, 청년 수당을 서울·전남은 300만 원, 대구는 150만 원 등 차별 지급한다. 세종·충남·충북·전북·경북은 아예 없다.[227]

공무원이 늘면 실업률은 상승한다. 한국경제연구원(한경원) 조경엽 경제연구실장은 주장한다. "올해(2020년) 공무원 수가 1% 늘어나면 실업률은 약 0.2% 포인트 상승할 것이다. 정부가 공공일자리 81만 개 창출 목표로 지난 4년간 85조3000억 원에 추경 예산 41조5000억 원을 추가하면 총 126조8000억 원에 달하는 재정을 투입했지만, 결과는 고용 대란과 분배 참사였다. 공무원 수를 늘리면 민간 부문 일자리가 감소하고, 구직자가 증가해 오히려 실업률이 상승한다.

우리나라의 공무원 수의 증가율이 OECD 국가 중 5위를 기록하는 등 높은 증가세를 보이고 있다. 국가 재정지출의 증가로 재정 건전성이 악화하고 있다. 정책의 부작용을 부족한 재정을 메꾸기 위하여 지난

---

226) 강천석 칼럼, 조선일보, 2019.12.7. "아! 한국, 아! 한국 대통령, 아! 한국 국민"
227) 조선일보, 2019.8.6. "청년 수당 천차만별---"

3년간 국가채무는 107조6000억 원 증가했고, 현 정권 집권 전에는 재정지출 증가율과 경제성장률이 유사한 수준이었지만 2017년 집권 이후부터 재정지출이 더 빠르게 증가해 2019년에는 격차가 10.6배까지 벌어졌다."[228]

■ 누가 포퓰리스트인가?

얀 베르너 뮐러 프린스턴대 교수는 포퓰리스트의 특징을 크게 6가지로 나누고 있다.

첫째, 편 가르기: 차별적 법치주의다. "내 편이면 무죄고, 네 편이면 유죄다."

둘째, 내로남불: 불법과 범죄에 대하여 야당일 때만 반대하고, 집권하면 문제 삼지 않는다. 남의 국민에겐 인권이 없다. 아이들 앞에서 압수 수색을 당한 변창훈 검사, 포승줄에 묶인 채 법정에 선 이재수 사령관은 스스로 생을 마감했다.

셋째, 희생자 코스프레: 집권 후에도 희생자처럼 행세한다. 주류면서 비주류처럼, 다수이면서 학대받는 소수자처럼 군다. 권력의 정점에 있으면서 핍박받는 사람처럼 약자 행세한다. 이런 자세가 적의 예봉을 피하고 반격하는 데에 유리하다.

넷째, 영구집권을 꿈꾼다. 국민의 정당한 대표는 자신뿐이므로 영구집권을 당연하게 여긴다. '법보다 국민이 우선'이라며 그것에 맞게 선거

---

228) 조경엽 한경원, 2020.7.15. "포스트 코로나, 경제·사회의 변화 전망"

제도를 바꾸고 헌법을 고치려고 한다. 개헌도 한다. 여당 대표가 '100년 집권' 공공연히 말하는 이유다.

다섯째, 반엘리트주의: 포퓰리스트는 기득권에 반대한다. 이 정부는 '주류 세력 교체'라 한다. 하지만 권력을 잡으면 똑같이 부도덕한 일을 한다. 다만 죄책감이 없이 뻔뻔스럽게 한다는 것이 다르다. 정실 인사도 당당하게 한다.

여섯째, 후견주의: '국가가 개인의 삶을 책임진다'고 한다. 지지받는 대가로 반대급부를 지급한다. 문 정부는 '국가가 국민의 삶을 전 생애 주기에 걸쳐 책임져야 한다'고 말한다. 이를 위해 3년 동안 100조원 이상 예산을 집행했지만, 불평등은 커졌고, 중산층은 줄었으며, 나랏빚은 늘었다.[229]

포퓰리스트들은 대의 민주주의의 유용성을 믿지 않는 경향이 있고, 자신은 기존 정치 제도와 싸울 수 있는 권한을 대중으로부터 직접 받았다고 생각한다. 그래서 의회·사법부·관료 조직을 민주주의 기구의 권위와 법치를 종종 훼손한다. 민주주의가 안정적이지 못한 국가는 포퓰리즘으로 민주주의가 크게 후퇴할 수 있다. 중남미 포퓰리스트 대통령들은 삼권분립의 민주주의 기구를 약화시키고, 야당, 언론 등 비판세력을 가혹하게 탄압 폐쇄한다. 그리고 편법으로 헌법을 고쳐서 장

---

229) 얀 베르너 뮐러 『누가 포퓰리스트인가』 이정재, 중앙일보, 2019.10.3. "포퓰리즘 덫에 빠진 대한민국"

기집권을 꾀한다.

포퓰리즘 경제정책은 단기 이익에 초점을 두고 장기에 발생할 폐해를 무시하는 '단기주의short-termism'의 특징을 갖는다. 국가부채의 증가와 인플레이션으로 심한 경제 불안정을 초래한다. 급진적인 재분배정책, 과도한 기업규제, 노동시장 유연성 저해 정책 등으로 장기적으로 생산성을 하락시킨다.

7. 포퓰리즘 어떻게 극복하나?

포퓰리즘 정책을 쓰는 나라는 예외 없이 장기독재를 하고 경제는 망하고 나라가 거덜 나는 것은 현대사의 역사가 입증하고 있다. 그런데도 집권자는 대중영합주의에 빠지도록 적극적으로 속도감 있게 추진하여 나라의 내일은 생각 없이 장기독재 정치에 함몰되어 스스로 '국가자살'을 초래하고 있다. 이에 국민은 나라의 내일을 위하여 포퓰리스트 정권의 재집권을 막아야 한다.

부패하고 포퓰리즘 정부의 공고화를 막기 위해 시민들은 민주주의 규칙과 규범의 위반을 적발해야 한다. 포퓰리스트가 전체 국민을 대변하지 않는다는 것을 증명하기 위해 거리로 나와야 한다. "자유란 중단되지 않는 집회다. 심각한 정치적 위기 속에서, 자유를 수호하기 위해서는 다양한 형태의 중단 없는 집회가 있어야 한다"(프란체스카 폴테나).

집권세력에 저항한다는 것은 쉽지는 않지만, 대부분의 정치학자는 계속적·집단적 저항이야말로 포퓰리즘 정부의 수명을 단축할 수 있다고 확신한다. 괴로움을 인내하며 끈질기게 저항한다면 잘 알려지지 않던 정부정책에 대중의 관심을 돌릴 수 있게 되어 법안의 처리 속도를 늦추거나 포기할 수 있게 할 수 있고, 반헌법적 법률을 판사가 폐기할 수 있도록 독려할 수 있다. 언론을 도와주며 정권 내부의 온건파들의 입장을 변화시킬 수 있게 된다. 외국 정부와 국제 조직들이 독재로 탈바꿈하려는 집권세력을 저지할 수 있게 할 수도 있다.[230]

포퓰리즘의 위협에 대한 해결책, 그 첫 단계는 먼저 어려운 상황에 똑바로 마주 서는 것이다. 포퓰리즘 지도자가 초법적 권력을 행사할 때마다 자유민주주의 수호자들은 떠들썩하게, 그리고 많이, 아주 많이 거리로 나가 커다란 경종을 끊임없이 울려야 한다. 저항할 이유가 자꾸 늘어만 가고, 저항의 효과가 슬프게 나타나지 않더라도 자유민주주의 수호자들은 반드시 용기와 확신을 갖고 맞서야 하고 표출시켜야 한다. 재집권을 막아야 한다.[231]

첫째, 자유민주주의자들의 단결이 매우 중요하다. 포퓰리스트 집권 또는 재선에 성공한 것은 야당의 과도한 분열이 결정적인 역할을 하였다. 최근 헝가리, 터키, 인도, 미국에서도 야당이 분열됨으로써 포퓰리스트들이 집권하거나 재선에 성공했다. 한국도 예외는 아니다.

---

230) "Confidence in Institutions" Gallup Poll, 2017. http/www gallup.com/poll/1597

231) 야스차 뭉크(황규진 역) 『위험한 민주주의』서울, 와이즈베리, 2018. pp.239-242.

둘째, 대중의 언어로 설명하고 유권자들의 관심을 모아야 한다.

셋째, 포퓰리스트들의 흠잡기에 열중하기보다 긍정적인 메시지 전달에 더 초점을 두어야 한다. 자유민주주의 수호자들은 그들만의 실현 가능한 공약을 내세워야 한다.

넷째, 자유민주주의 수호자들은 현상 유지를 선호하는 것처럼 보이면 포퓰리스트들과 싸워서 이길 수 없다.[232]

---

232) 야스차 뭉크 같은 책, pp. 244-250.

제10 전략,
노블레스-오블리주 시민운동, 기업의 사회적 책임

권력power, 재산property, 위세prestige(즉 고위직, 지식인 등 파우어 엘리트power elite 그룹) 계층들은 가진 자들로서 책임을 다하고 모범을 보이는 사회가 되어야 하겠다. 정부가 먼저 모범을 보여 이 비상한 시국에 예산집행 비상체제로 돌입하여 활동비 등 예산집행을 절감하고, 공기업 임원급여를 예외가 있겠지만 연봉 2억 원을 실링으로 하여야 하겠다. 사기업체 임원급 연봉이 5억을 넘는 것은 자제하고 권면하는 사회운동이 요구된다. 상류계층의 소득이 지나치게 높을 때 빈부격차가 심화되어 사회 갈등으로 확산된다.

1. 비지니스 라운드 테이블 BRT, 기업의 사회적 책임 선언

1997년 이후 20여 년 동안 '기업은 주주에게 봉사하기 위해 존재한다'라고 밝혀 온 Business Round Table, BRT[233]가 2019년 8월 19

---

233) 비지니스 라운드 테이블(BRT, Business Round Table): 미국의 초대기업 CEO 188명이 만든 친목단체. 여기에 제이미 다이먼 JP모건 CEO, 아마존의 제프 베이조스, 애플의 팀 쿡, GM의 메리 바라 등이 가입했다.

일 '기업의 목적이 더 이상 주주의 이윤 극대화가 아니다'라고 선언했다. 자유주의 경제이론의 태두 밀턴 프리드먼이 1970년 "기업의 사회적 책임은 이익을 올리는 것"이라고 주장한 이후 50년 동안 영·미식 기업경영의 철칙으로 여겨온 가치를 BRT 멤버 CEO들이 앞장서서 부인한 것이다.

"고객에 대한 가치 제공, 종업원에 대한 투자, 협력업체와 공정하고 윤리적인 거래, 지역사회에 대한 지원, 장기적인 주주가치 창출 등 모두가 기업의 필수적인 목적"이라 성명서를 발표했다. BRT 188명의 멤버 중 181명이 참석 서명하였다. "오늘날 많은 미국인은 고된 노동에 제대로 보상받지 못하고 있으며, 급속한 경제변화에 적응할 충분한 대책 없는 상황에 놓여 있으며, 이런 현실 속에서 기업의 역할을 감안하여 원칙을 현대화하기로 했다"라고 밝혔다. BRT 다이먼 회장은 "아메리칸 드림이 살아 있지만, 닳아 없어지고 있다. 새로운 원칙은 모든 미국인에게 혜택을 주는 경제를 계속 추진하겠다는 재계의 변함없는 의지"라고 말했다.

그동안 고액 연봉을 챙겨오며 미국식 주주자본주의 수혜자로 꼽혀온 CEO들이 기업의 목적이 '주주 이익을 넘어 사회적 책임'이란 주장을 스스로 들고나온 것이다. '주주자본주의'란 기업의 주인은 주주이고, 대리인인 CEO는 주주를 위해서 일해야 한다는 이론이다. 오로지 실적에 근거해 주주가 이익(단기 이익)을 얻으면, CEO는 주주총회에서 고액의 연봉으로 보상받는 구조이다. 그런데 이런 성과지상주의 속의 과로에 시달리는 저임금 근로자, 을의 입장에서 적자를 무릅쓰고 거래해야 하는 협력업체와 그 근로자, 계속되는 노조의 강성 노동쟁의, 황폐화되는 자연 등을 외면해 왔다.

이에 BRT의 선언에 대하여 "근로자의 임금과 환경에 대한 영향 등 다양한 이슈에 영향을 미칠 수 있는 주요한 철학적 전환"(WSJ), "포플리즘, 기후변화에 대한 우려가 커지는 상황에서 자본주의를 개혁해야 한다는 요구가 이 같은 변화를 이끌었다"(FT). "대기업들이 시대정신에 반응한 것으로 예전과 같은 경영방식이 더는 용납되지 않는다는 것을 감지한 것"(NYT, 낸시 코언 하버드대 교수)이라는 등의 평가를 하고 있다.[234] 한국의 CEO들은 반면교사로 삼기를 바란다. 임원들의 연봉을 합리적인 수준으로 인하조정 공표할 때 천정부지의 한국 대기업 노동자들의 임금 상향을 위한 노동쟁의(주로 파업과 폭력)는 유연성이 있게 되어 합리적인 연봉 인하조정이 가능할 것이다. 생산성을 초과하는 임금인상 노동쟁의는 정당성을 잃게 된다.

2. 한국인의 윤리의식

■ 병장 급여 61만원

군 사병급여 중 병장급여 61만원은 지나치게 높다. 국민소득 수준

---

234) 조선일보, 2019.8.21, 〈미국식 주주자본주의 시대의 종말?〉

이나 정부 예산에서 사회복지예산 증가 폭과 속도가 너무 빠르다. 청년들과 저소득층 중에서 정부에 지나치게 의존하는 '복지 증후군'이 일부 일어나고 있다. 한국인의 미덕이자 개발경제 선진화를 이루는 데 형성되었던 자조·자립정신이 급속도로 해이해지고 있다. 적극적이고 긍정적인 사회 문화 기풍이 엷어지고 있다. 공짜 잔치는 집권층의 표를 얻는 데 도움이 될지언정 나라의 곳간은 거덜 나게 되는 것이다.

■ 공무원 병역필

송복 교수는 한국의 고위층은 무역사성(無歷史性), 무도덕성(無道德性), 무희생성(無犧牲性), 무단합성(無團合性), 무후계성(無後繼性) 5무(無)가 있다고 질타한다.[235] 고위공직자(4급 이상) 병역면제율은 9.9%로 10명 중 1명이 병역면제자다. 이는 일반 시민들 비율 0.26%보다 38배가 높은 수치이고, 그의 아들들의 면제율은 4.4%로 17배가 높다(2016.9.12. 중앙일보). 고위공직자와 그 아들은 일반 시민보다 38배 혹은 17배가 불구자나 불치병 환자가 많다는 것인가? 국민은 그들에게 신뢰를 주지 않는다.

■ 한국전쟁 당시 미군과 한국군

미국은 6·25 한국전쟁에 병력 연인원 480,000명이 참전하였다. 전

---

235) 송복 『특혜와 책임』 서울, 가디언, 2016. pp. 258-271.

사자 54,246명, [236]부상자 85,978명, 포로와 실종 15,317명이다. 미군 장군 아들이 142명 참전하였고 그중 35명이 전사하였다. 참전 장교 중에 아이젠하워 대통령 아들도 소령으로 전투병을 직접 투입 전투한 기록이 있다. 그는 대통령 당선인 자격으로 전쟁 중인 한국을 방문하였을 때 전장에서 전쟁 중인 아들을 만나는 것을 거절하고 그냥 돌아갔다. 그는 "내가 한국전쟁 상황을 시찰하러 방문한 것이지 전투 중인 아들을 면회하러 온 것 아니다"라는 말을 남기고 한국전선 시찰을 마치고 떠났다. 벤 플리트 미8군 사령관의 아들 지미 밴 플리트 2세는 공군 중위로 참전하여 전투 중 실종하였다.[237] 북한에서는 적군이었지만 중공군에 모택동의 아들 모안영(毛岸英)이 참전하여 전사하였다.

---

236) 6 · 25 한국전쟁 당시 미군 사망자 54,246명(국방부, 한국전쟁 피해 통계집, 워싱턴 D.C 한국전쟁기념공원) 전장 전사자 36,940명+부상병 치료 중 사망자 17,306명=54,246명

237) 6 · 25 영웅 밴 플리트 2세: 6 · 25 당시 미8군 사령관을 지낸 제임스 밴 플리트 장군의 외아들 밴 플리트 2세가 B-26 폭격기 조종사 공군 중위로 아버지와 함께 한국전쟁에 참전하였다. 1952.4.4. 북한 순천 지역 임무 수행 중 대공포에 격추되었다. 북한군에 끌려갔고, 이후 중국과 소련 강제수용소에서 생을 마감했을 것이라는 증언이 나왔다. 당시 밴 플리트 사령관은 아들 밴 플리트 2세의 임무 중 실종 보고를 받고 동요 없이 임무를 수행했고, 생존이 확인되지 않자 "그 정도면 충분하다"며 공군의 수색작전을 중지시켰다. 국가보훈처는 2014년 밴 플리트 장군 부자(父子)를 '6 · 25전쟁 영웅'으로 선정했다. 이는 밴 플리트 장군 외손자 조 맥크리천이 2020.9.16.(현지시각) 로스앤젤레스 한국 총영사관(총영사 박경재) 주최 '한국전쟁역사' 세미나에서 밝힌 것이다. 그는 미 육군 정보국 참모차장을 지낸 그의 아버지(밴 플리트 장군 사위)가 확인한 정보라고 소개했다. 그는 북한, 중국, 소련은 외삼촌을 포로로 잡았다는 것을 공식 인정한 적이 한 번도 없다"며 "아마도 외삼촌은 시베리아 수용소에서 사망했을 것"이라고 증언했다(조선일보, 2020.9.16).

당시 한국인에게는 어떤 일이 벌어졌을까? 시골 면장, 경찰, 군, 도청 계장급 이상의 아들이나 시골 동네 밥술이나 먹는 집 아들은 병역을 대부분 기피했다. 임모랄러티immorality의 극치다. 필자(1938년생)가 소년 시절 직접 목격한 사실fact이다. 2019년 7월 이후 각종 매스컴을 도배하는 법무부 장관 조국과 그 가족의 불법, 부정, 부조리 등은 한국 상류층의 단면을 보여 씁쓸하다. 최고 지도자와 함께 반성의 기미도 없고 뻔뻔하기 그지없다. 박정희 대통령 집권 후 조금 나아진 것이 이 정도 수준이다. 그러니 그때부터 무도덕성이 지금까지 우리 민족의 DNA로 이어 오는지도 모르겠다. 세계 경제 10위권 나라 한국인의 부끄러운 자화상의 현장이다.

경제와 정치, 안보, 국방, 외교, 교육, 문화는 따로따로 별개가 아니고 한 국가 사회가 발전하는데 복합적으로 어우러져서 같이 돌아가는 것이다. 오케스트라에서 유능한 단원들이 각 파트별로 최고의 연주를 할 수 있도록 지휘하며 하모니를 이루는 지휘자의 역량과 같이 종합적으로 나라를 잘 이끌어 갈 수 있는 리더 즉, 국가 최고 지도자 리더십이 절실히 요구되는 때이다.

3. 기업의 사회적 책임이란?

기업의 사회적 책임CSR, *Corporate Social Responsibility*이란 임의의 경영 프랙티스와 내부 자원의 기부활동을 통해 지역사회의 복지를 향상시키는 의무를 말한다.[238] 여기서 핵심 요소는 '임의 *discretionary*'라는 단어다. 즉 법률이나 윤리적 기준에 의하여 강제성이 띤 것이 아니라 기업 스스로 자발적으로 실천하는 의무임을 강조하는 것이다. 기업의 사회 참여가 잠재적인 소비자, 투자자, 애널리스트, 주주, 언론, 그리고 국회, 법정까지도 좋은 기업 이미지를 전달할 수 있고, 내부 고객인 직원들에게는 애사심과 일에 대한 의욕을 북돋우는 동기가 되며 이사회 멤버와 소속 지역사회로부터 지지를 끌어내는 요인이 되기도 한다. 기업의 사회적 참여를 통하여 실질적인 이득을 얻었다는 것은 일반적으로 인식하고 있다.

> 판매율과 시장점유율 증가
> 브랜드 이미지 제공
> 기업 이미지와 영향력 강화
> 인재 확보 및 유지 매력 증가
> 회사 운영비용 감소
> 투자 매력도 및 위험 회피율 증가

기업의 사회적 책임은 기업 시민 정신, 기업의 지속가능성, 기업윤리 같은 다양한 개념과 함께 혼용한다. 기업이 경제적 개발, 훌륭한 경영, 이해관계자 대응성, 환경 개선을 통한 사회에 공통의 가치를 창출하려는 노력을 말한다. 즉, CSR은 경제 자존, 사회자본, 인간 자본, 자연 자

---

238) 필립 코틀러 · 낸시 리(남문희 역) 『착한 기업이 성공한다』 서울, 리더스북, 2006. p. 21.

본을 잠식 및 파괴하는 것이 아니라, 이들을 구축하려는 기업이 취하는 통합적이고 시스템적 접근방법이다.

현대 기업들은 성숙 수준에 따라 네 가지 유형 중 하나를 실행한다. 그것은 순응 주도의 위험에 근거한 방어적CSR, 이타주의 주도의 자선에 근거한 자선적CSR, 이미지 주도의 홍보에 근거한 판촉적CSR, 제품 주도의 규범에 근거한 전략적CSR이다.[239]

▓ 기업의 사회적 책임 사례

대부분의 사람들은 기업경영인이 돈을 벌면 당연히 사회에 환원해야 한다고 생각한다. 기업의 사회적 책임을 못다 한 무책임 기업가 F 씨와 책임을 다한 기업가 S 씨 이야기를 들어 보자.

F 씨: 자기가 모아둔 돈과 친척에게 빌린 돈으로 음식점을 창업했다. 그러나 얼마 안 가서 음식점을 계속하지 못하고 문을 닫았다. 밀린 종업원의 급료가 체불되었고, 건물 임대료도 못 냈고, 식재료 외상값도 못 갚았고, 친척에게 빌린 돈도 못 갚았다. 자식은 대학을 중퇴하고 입대했다. 부인의 파출부로 생계를 유지할 정도가 되었다. F 씨는 사업가로서 책임을 다한 것이 아니다. 자신, 가족, 종업원, 건물주, 식자재 납품업자 등 사회에 막대한 피해를 주었다. 무책임한 사업가가 된 것이다.

---

239) 요르겐 랜더스(김태훈 역)『더 나은 미래는 쉽게 오지 않는다』서울, 생각연구소, 2013. p. 314.

S 씨: 성공한 S 씨는 음식점을 경영하여 엄청난 돈을 벌었다. 종업원 봉급도 잘 주고 명절 때는 특별 보너스도 주고, 임대료도 제때 지급하고, 빌린 돈에 대한 원리금도 지급하고, 식자재 대금도 지급하고, 자녀들 학비도 잘 대 주고, 성공한 경영자가 되었다. 사회적 책임을 다한 것이다.

■ 기업의 사회적 책임 내용

첫째는 기업의 사회적 책임은 이윤의 극대화다. 노벨경제학상 수상자인 시카고대 밀턴 프리드먼 교수의 주장이다. 이윤이란 능률향상, 혁신, 위험부담에 대한 대가다. 즉 이윤을 많이 낸다는 것은 능률적으로 일하고 혁신하며 위험부담을 감수해 내고 있다는 것이다.

둘째 기업이 사회 구성원인 이상 사회에 대하여 생산 활동 이외에 책임을 져야 한다는 것이다. 그런데 최근에는 두 견해에 대하여 절충한 주장이 설득력을 얻고 있다. 영국의 경제·경영학자 찰스 핸디의 주장이다. "기업은 부와 능률을 위한 것이지만 인류 문명 발전을 위해 이윤과 동정심의 밸런스를 맞춰야 한다." 현재 지배적인 견해는 기업이 사회적 책임을 다하는 것이 기업의 장기적인 경쟁력을 높이는 길이라는 것이다.

기업의 사회적 책임은 경제적, 법적, 윤리적 및 자발적 책임이 따른다.

a. 경제적 책임: 계속 경영을 잘하여 좋은 제품을 만들어 수출도 많이 하고 나라 경제가 잘 성장할 수 있게 하는 것이다. 종업원들이 신바람 나게 일할 수 있는 터전을 마련해 주고 급여도 두툼하게 주며 복지 시설도 좋게 하며 협력업체도, 거래처도 서로 경쟁하며 참여하기를 자랑으로 아는 기업경영이 요구된다. 이 나라 재벌기업들 대기업들의 가장 중요한 책임이 경제적 책임이다. 학교의 사회적 책임은 유능하고 올바른 인재양성이다. 병원의 사회적 책임은 환자를 잘 치료해 주고 의사, 간호사들의 일자리 만들기 위한 조직이다. 사회는 수많은 기업으로 구성되어 있다. 현대는 글로벌 경쟁사회다. 글로벌 경쟁력이 강한 제품을 생산하는 기업들은 사회적 책임을 잘하는 기업들이다.

b. 법적 책임: 기업은 개인과 달리 법인이다. 법인으로 지켜야 할 법적 책임이 있다. 이는 국가 사회의 법이나 국제 사회의 법을 잘 준수하는 것이다.

c. 윤리적 책임: 대기업뿐만 아니라 소규모 문방구, 음식점도 최소한의 윤리적 책임이 있다. 윤리적 책임을 가장 많이 져야 하는 그룹이 있다. 사회의 각계각층 지도자급은 더욱 무거운 윤리적 책임이 따른다. 노블레스 오블리주다.

d. 자발적 책임: 장학재단 설립운영, 스포츠팀 운영, 불우이웃돕기 등이 그 예이다. 자발적 책임은 강요하는 것이 아니다.[240]

---

240) 송병락, 같은 책, pp. 201-206.

■ 기업의 사회적 책임의 최우선은 계속된 이윤profit창출

기업가란 기존의 자원에 새로운 부(富)와 가치를 창출하는 능력을 갖추고 있는 사람을 말한다. 기업가의 가장 최우선의 책임은 미래의 비용을 보상하기 위해 충분히 이익을 창출하는 것이다. 이런 사회적 책임이 충족되지 못하면 다른 사회적 책임도 충족될 수 없다. 쇠퇴하는 기업은 좋은 이웃으로서 혹은 좋은 고용자로서 또는 사회적 책임을 질 수 없다. 기업이 적절한 사회적 책임을 수행하는 과업은 용을 길들이는 일만큼이나 어렵다. 기업인이 경영관리를 하지 않으면 성공한 기업가가 될 수 없고, 기업가가 기업가정신이 없이 경영관리만 한다면 그저 집단 관료가 되어버릴 위험이 있다.[241]

20세기 초 두 미국인이 독자적으로, 그리고 서로 알지도 못하는 사이에 기업가로서 최초로 지역사회의 주요개혁을 시작하였다. 앤드루 카네기 무료 공공도서관의 중요성을 인정하며 자금을 공급하였고, 줄리어스 로젠월드는 카운티 농업지도소 시스템의 창시자로 초기 4H club을 도입하였다. 미국에서 20세기 초 사업가들은 새로운 기념비적 업적으로 박물관, 오페라하우스, 대학 등 문화적인 것이었다. 리렌트 스탠포드, 헨리 헌팅턴, J. P. 모건, 헨리 프릭, 그리고 앤드루 멜런이 있다.[242]

---

241) 피터 F. 드러커(이재규 외 역) 『프론티어의 조건』 서울, 청림출판, 2010. pp. 480-486.

242) 피터 F. 드러커, 같은 책, pp. 453-454.

강철왕 카네기는 도서관 2,509개 건립, 카네기대학, 교육진흥재단, 평화재단, 카네기 재단 등에 총재산의 90% 이상 기부하였다.

석유왕 록펠러는 시카고대 설립, 록펠러재단을 설립하고 재단을 통하여 의학연구소, 뉴욕 현대예술박물관, 교육 사업으로 수천 개의 고등학교, 농업학교, 의대를 설립 또는 지원하고, 교육, 장학사업, 전문학교 개혁 표준화 작업 지원, 24개 종합대학과 전문대학 지원했는데 예일대학, 하버드대학, 컬럼비아대학, 시카고대학이 포함된다. 그는 생애를 통하여 24개 대학, 4,928개 교회를 지어 사회에 헌납했다.[243]

4. 기업이윤은 사회에 환원해야 하나?

자본, 토지, 노동, 및 기업가적 역량 그리고 지식이 합쳐져서 제품이 생산된다. 기업은 생산요소별 대가를 지급해야 하는데 노동자에게는 임금소득을, 자본가에게는 이자소득을, 토지 소유자에게는 지대소득을, 지식 제공자에게는 로열티 또는 기술 사용료를, 기업가 역량에 대하여는 이윤을 지급한다. 이윤은 정상이윤과 초과이윤으로 구분된다. 업종별로 평균적으로 올릴 수 있는 이윤을 정상이윤이라 하고, 기업인이 능률향상, 혁신, 위험부담 등에 대한 대가를 초과이윤이라 한다. 어떤 사람이 회사에 취직하지 않고 패가망신을 무릅쓰고 새로운 사업(벤처사업)을 경영하는 것은 돈을 벌기 위함이다.

---

243) 정판영A, pp. 347-352.

이런 이윤을 사회에 환원되어야 한다면 임금, 지대, 이자소득도 함께 환원되어야 한다. 기업가들이 이윤소득을 마음껏 차지할 수 있어야 우리가 사용하는 각종 제품의 성능이 좋아지고, 더 새로운 제품이 계속 생산되고, 일자리와 정부의 세금 수입이 계속 늘어나게 된다. 이것이 자유 시장경제를 움직이는 핵심이다.

■ 결론

위에 열거한 '한국경제 10대 전략'은 대부분 집권 대통령과 정부·여당이 의지만 있으면 재정지원 한 푼 안 들이고 6월에서 1년 이내에 실현할 수 있다.

기업이 신바람 나게 사업으로 일자리를 창출하여 실업자를 줄이고 경제성장이 잘 되어 국가 재정이 튼튼해지며 선진국답게 우리를 필요로 하는 개도국 또는 후진국을 도우며 먼저 대접해주고 대접받는 대한민국의 국민으로서 삶을 후손들에게 남겨 주자는 내용이다.

중단기적으로 본격적인 유연성이 보장 되는 노동개혁, 국·공기업 대폭 민영화, 작은 정부가 절실히 필요하다.

국민은 다음 선거만을 노리는 정상배 폴릭티션(politician)을 원하는 것이 아니고, 다음 세대(second generation)를 위한 정치인 스테이츠멘(statesmen)의 등장을 기대한다.

모든 국민은 각자가 자기 분야에서 최선을 다해야겠다.

국가가 굳건히 안정적으로 성장 발전하게 될 것이다.

통일(Hard unification)을 앞당길 수 있고,

통일 후 완전한 통일(Soft unification)도 굳건히 이룩할 수 있다.

에필로그

———

자유민주주의와 시장경제체제!

이 둘의 체제는 국가 번영의 길에 구분하여 따로 볼 것이 아니고 다르면서 같고, 같으면서 다르게 보아야 한다. 학문적으로 자유민주주의는 정치학 분야이고, 시장경제는 경제학 분야다. 정치학과 경제학이 따로 존재하는 것이 아니고 같이 보아야 한다는 뜻이다. 학문 간의 융합이라고도 하고 통섭이라고도 할 수 있다. 그래서 '정치경제학 *Political Economics*'이다. 정치·경제를 함께 본 아담 스미스『국부론*The Wealth of Nations*』으로 돌아가서 국가경영에 임할 필요가 있다. 정치와 경제의 단순한 통합이 아닌 보다 다각적인 상관관계다. 정치경제학은 경제행위와 경제현실 그리고 경제문제 등을 단순히 경제원리가 아닌 정치적 영향력을 함께 고려하여 파악하는 개념이다. 희소한 자원 배분을 위하여 경제학자들은 시장의 원리(수요와 공급)를 통해 경제문제를 풀어내려고 주장한다. 그러나 현실적으로 시장의 원리를 조정하고 규제하는 주요역할은 정부(정치)가 한다.

자유는 정치적 문제이고, 물질적 복지는 경제적 문제이며, 정치와 경제는 서로 밀접한 연관이 되어 있다. 경제적 자유는 정치적 자유를 성취하기 위한 필수불가결한 수단이다. 경쟁적 자본주의는 정치적 자유를 촉진시킨다. 정치적 자유는 분명히 자유시장과 함께 그리고 자본주의 제도의 발전과 함께해 왔다. 자유주의자들은 인간을 불완전한 존재로 본다.[244]

한국경제가 잘 풀려서 국제경쟁력 있는 나라가 되었다 하자, 그런데 정치가 자유민주주의를 떠나서 포퓰리즘 정책에 의하여 독재국가 또는 사회주의 국가가 되어 인간의 기본적 자유가 박탈된다 든가 또는 극도로 제한된다면 문화 국민적 삶이라고 볼 수 없다. 우리 안에 갇혀 배부른 돼지와 다를 바가 없게 되는 것이다. 인간은 본능적으로 자유를 향유하며 인간다운 삶을 희구하는 존재로서 다른 동물과 구별된다. 한편 자유를 만끽하는 국가일지라도 배고프며 극빈생활을 강요당하는 삶이라면 문화시민의 삶이랄 수 없게 된다. 인간은 미국의 건국 정신인 자유, 생명, 평등, 행복 추구권을 본능적으로 갈구하고 있으며,

---

244) 밀턴 프리드먼(심준보 외 역) 『자본주의와 자유』 서울, 청어람, 2007, pp. 34-41.

이들이 충족된 삶을 살 권리가 있고 정부는 이를 침해해서도 안 된다. 그들이 장기 독재집권을 위하여 이를 파괴할 권리까지 부여한 것은 아니기 때문이다.

첫째, 한국경제 10대 전략은 대통령과 정부·여당이 의지만 있으면 가능하다.

둘째, 더구나 이를 시행하는데 정부는 이익공유제, 손실보상제, 일괄 재난지원금 등의 포퓰리즘적 천문학적인 재원이 필요하지 않다. 재정 추가투입이 없으니 세금을 추가 징수한다 든가 국가채무를 증가할 필요가 없다.

셋째, 특별 재정투입 없는 작은 정부가 정답이다. 시장을 통해 이루어지는 활동의 범위가 커지면 커질수록 명확한 정치적 결정이 필요한, 따라서 합의를 이루어야 할 쟁점들은 더욱 작아진다. 합의를 이루어야 할 쟁점들이 적어질수록 자유로운 사회를 유지하면서 협의를 이끌어낼 가능성은 더욱 커진다.[245]

---

245) 밀턴 프리드먼, 같은 책, p. 60.

넷째, 정부가 일자리 창출하겠다고 '헬리콥터 머니' 뿌릴 생각을 아예 하지 말라.

다섯째, 대통령은 청와대 비서진을 통하여 직접 정책 개발하고 집행하려 들지 말라. 큰 지침만 내리고 각 부처에서 정책을 개발하고 집행하며 사전에 보고하고 사후 보고받으며, 조정역할 정도를 할 일이지 시종 다하겠다고 각 부처를 직접 수하의 행동대 정도로 여기지도 말라. 인사도 맡기며 권한에 따른 책임을 묻는 정도로 하는 것이다. Top down 결정이 필요할 때도 있지만, bottom up style이 더 능률적이고 책임감 있게 공직을 수행하는 시스템이 우월하다는 것이 입증되었다. 이게 선진국 스타일이다. 어공(어쩌다 된 공무원)이 늘공(전문직 공무원)을 지배하면 만사가 불통인 것이다.

한국의 관료들은 사명감과 훈련이 잘된 숙련된 공무원이다. 공직은 언제나 선공후사여야 한다. 어공에게 이를 기대할 수는 없는 것이다. 더구나 좌파 운동권에 젖어 있는 자에게 기대할 수는 더욱 없다. 그들 자칭 "진보 세력들이라는 주로 운동권 출신이다. 군사정권하에서 주

사파 혹은 사회주의 혁명론에 젖줄을 댔던 사람들이다. 그들은 선진국 진보처럼 민주주의에서 자란 진보가 아니다. 냉전 시대 이후, 그들의 사고는 아직도 냉전 시대의 페러다임에 갇혀있다"(2021.1.25. 조선일보, 김형석 교수). 선진국 진보·보수는 상호 공존하며 경쟁한다. 상대는 무조건 적이고 내편은 무조건 무오(無誤)라고 감싸지 않는다.

여섯째, 삼권분립을 제대로 회복해야 한다.

일곱째, 한국 대통령은 미국 링컨 대통령, 남아공 넬슨 만델라 대통령에게 배움이 많아야겠다.

링컨은 자기를 인격적으로 무시했던 정적인 뉴욕주 상원의원 월리엄 H. 슈어드를 국무장관에, 오하이오 주지사 새언 p. 체이스를 재무장관에, 대법관 에드워드 베이츠를 법무장관에 임명하여 초대내각을 조직하였다. 이들 모두 출신도, 학력도, 경력도 링컨에 비하여 훨씬 우위에 있어 입각을 거절하였으나, 링컨의 간곡한 권유로 수락하였다. 그러나 입각 동기가 입각 후 대통령을 허수아비로 만들고 자기들끼리 작당하여 정권을 휘두르려 했으나, 입각 두 달도 못 되어 링컨의 인격과 리더십에 감동되어 자존심이 가장 강한 슈어드로부터, 6월쯤 체이스가, 이어서 베이츠가 적극적으로 협조하게 되었다. 미국 남북전쟁*Civil War*을 승리로 이끄는 버팀목이 되었다.[246]

　넬슨 만델라는 진실화해와 인권운동을 이유로 1993년 노벨평화상을 수상했다. 남아프리카 공화국에서 평등선거가 실시된 후 뽑힌 최초의 대통령(집권기간 1994~1999년)이 되었다. 아프리카 민족회의 지도자로 반아파르트헤이트 운동을 전개하다가 투옥되어 26년을 감옥에서 지냈다. 세계 인권운동의 상징적인 인물이 되었으며, 대통령이 된 후 진실과 화해위원회를 설치하여 과거사를 청산하고 흑백갈등이 없는 국가를 세우기 위해 노력했다. 반성하는 자에게는 정치 보복을 하지 않았다. "용서는 하되 망각은 하지 않는다"라는 말을 남기고.

246) 도리스 컨스 굿윈 『Team of Rivals: The Political Genius Of Abraham Lincoln』
　서울, 21세기북스, 2005.

■ 한국의 미래

역사는 성장·발전사에도 일직선으로 고공행진으로 달려가는 것이 아니고 고저(高低)의 포물선을 그리며 성장한다. 조선역사를 보면 초기 14세기 왕자의 난과 왕권과 관료와의 갈등과정을 거치고 4대 세종 때 왕권이 확립된 후 발전하다가 선조 때 16세기 말 임진란, 17세기 초 인조 때 병자호란을 거치면서 나라가 기울기 시작하더니 서서히 망하는 길에 벗어나지 못하고 고종 때 무능하고 부패한 왕이 나라를 멸망(1910년)하게 했다. 따라서 성장 발전하는 상향 길에도 고저의 포물선을, 하향길에도 고저의 포물선을 그리며 역사는 흘러가는 것을 볼 수 있다.

2020년대 대한민국 오늘의 역사를 어떤 역사의식으로 볼 것이냐가 문제이다. 한국의 오늘은 상향 포물선의 잠시 아래에 머물면서 고통을 안고 있는 형국이다. 아래에 있다가 다시 상승하는 것이다. 한국은 높은 경제 잠재성장률을 갖춘 나라다.

윌리엄 번스타인William Bernstein은 그의 저서 『부의 탄생』에서 주장한다. "국가의 부를 창출하는 4가지 요소가 있는데, a.재산권 보장, b.과학적 합리주의, c.건전한 자본시장, d.빠르고 효율적인 통신과 수송이다. 이 네 가지가 정착되기 전에는 어떤 나라도 번영을 누릴 수 없다. 네 가지 요인은 16세기 처음으로 네덜란드에서 동시에 나타났고, 영어권에서는 1820년경에 확고히 자리를 잡았다. 그 뒤 다른 곳으로 확산하였다. 이 네 가지 요인 중에서 하나라도 빠지면 경제적 진보와 인류의 복지가 위태로워지고, 이 네 다리 중 하나라도 뒤틀리면 국부(國富)라는 테이블은 쓰러진다.

역사에서 여러 곳에서 이런 현상이 나타났는데 18세기 네덜란드에서 영국의 해상봉쇄로 인해, 공산권에서는 재산권의 결여로 인해, 중동의 많은 곳에서는 자본시장과 서구적인 합리성 부재로 인해 발생했다. 이보다 더 비극적인 것은 아프리카의 경우 이 네 가지 요인 모두 결여된 나라가 대부분이다".[247]

---

247) 윌리엄 번스타인(김현구 역) 『부의 탄생 The Birth of Plenty』 서울, 시아, 2005, pp. 34-37, 138-277.

한국은 네 요소를 모두 거의 갖추어졌었고 국가는 번영의 가도를 달려갔었다. 그 번영의 가도에서 OECD 회원국이 되었고, G-20멤버도 되었고, 20-50Club과 30-50Club 멤버도 되었고, 10위권 경제 강국이 되었다. 우리 국민은 앞으로 꽃길만 걸을 줄 알았다. 비록 남북 분단의 아픔을 살고 있었지만. 그런데 2017년 문재인 좌파 포퓰리즘 정권 집권 후 국민은 불안과 긴장과 초조 속에서 살고 있다. 문이 집권 후 정부는 부의 조건 네 요소 중 a.재산권, b.과학적 합리주의와 c.자본시장을 공격하며 파괴하는 것이다. 그것도 속도감 있는 행태로 알 듯 모르듯 집행하는 것이다. 절차도 무시하고 마구잡이로 휘두르는 것이다. 언론을 장악하고, 법원을 장악하고, 입법부가 절대 다수당이 되더니 대통령의 행동대원으로 전락하여 야당과는 물론 여당 내에서도 숙의 과정 없이 '입법독재'를 쏟아 놓는 횡포를 서슴없이 자행하고 있다. 그리하여 무너진 산업 생태계가 더 잔인하게 무너지고 있다.

기업은 국내에서 경영을 못 하고 이역만리 낯선 곳으로 해외 탈출이 이어지고 있다. 정부는 대국민 약속을 지키지 않고 국민의 신뢰는 땅에 떨어져 만신창이가 되었다. 사회주의 체제로 몰고 가고 있다. 위헌법률을 쏟아 놓아도 야당은 없다. 법원도 없다. 헌법재판소도 없다. 그들도 옆에 끼어서 같이 한몫하잔다. 안타까운 일이다. 제대로 된 그리고 국민으로부터 지지받는 보수정당이 집권하는 정권 교체가 절실하다. 필자는 오늘의 현실을 역사의 길에서 상향 포물선 아래 골짜기라고 본다. 다시 계기가 있으면 독수리 올라가듯 치고 올라가게 된다.

아직 남아 있는 긍정적인 산업 생태계를 중심으로 새롭게 자본주의 4세대에 맞게 복원하는 것이다. 뼈저린 시련과 연단은 꿈의 나래를 활짝 펴고 날아 갈 수 있게 된다. 소프트파워 *soft power*인 두터운 중산층, 건전하고 능력 있는 테크노클라트, 인적 자본이 포진하고 있다. 21세기는 지식산업 사회다(드로커). 한국의 두터운 최고의 지식인 인적자원이 풍부하다. 하드파워 *hard power*인 국가 경쟁력 있는 산업시설과 자원이 있다. 우리 국민은 세계적으로 열정 *passion*이 있는 민족이다. 재능이 있다. 5000년 역사의 굴곡과 수난 속에서 살아남았고, 일어난 민족이다.

■ 골드만삭스 2005년 예측

골드만삭스는 세계적인 투자회사다. 2005년 「대한민국 2030」 보고서를 발표했다. 2025년에 G7 수준에 근접할 것이고, 2050년에 세계 최고 부자의 나라 중 하나가 될 것이다. 잘사는 나라가 된다.

인플레이션과 재정적자, 해외차입·투자·대외개방 등 거시경제 변수, 전화·PC·인터넷 보급률, 교육 정도, 평균수명, 정치적 안정, 부패지수, 경제활동과 관련된 법제화 정도 등 13개 요인 등을 데이터 분석하여 성장잠재력지수 *Growth Environment Score*, GES를 개발하여 예측한다.

1인당 GDP 2010년 $26,028, 2025년 $51,923, 2050년 $81,462 예측했다.

■ 조지 프리드먼

"한국은 2030년이 되기 훨씬 이전에 통일될 것 같다. 내가 볼 때 통일 한국의 인구는 7,000만 명으로 일본에 그리 뒤떨어지지 않는다. 한국은 현재 세계 경제 12위의 국가로서 2030년이 되면 위상이 더 높아질 것이다. 한국은 그 자체로 만만한 나라가 아니지만, 한국의 실질적인 중요성은 미국이 한국을 일본의 힘을 견제하기 위한 평행추로 활용할 것이다. 한국은 분명 부상하는 일본에 맞서기 위해 미국의 지원을 원할 것이며, 이로써 반일연합이 등장할 가능성이 있다".[248] 중국은 티베트, 위구르, 만주, 마카오, 홍콩, 내몽고로 분열될 것이며, 만주지역은 한국에 편입될 것이다. 2040년대에 한국은 태평양 중심 국가가 될 것이며, 중국에 대한 경제, 사회, 문화에 영향권 국가가 될 것이다.

■ 포린 아페어스

2040년대 세계 4대 강국은 GUTS[249]가 될 것이다.

GUTS란 Germany-G, United States-U, Turkey-T, South Korea-S를 대문자로 이니시열한 문자다. 2040년대에 GUTS가 세계 4대 강국이 될 것이다.

---

248) 조지 프리드먼(손민중 역)『100년 후Next 100Years』서울, 김영사, 2009. pp. 215-217.

249) 『Foreign Affaires』 2010년.

미국의 세계적인 국제정치·경제에 관한 권위를 인정받는 격월간 잡지 2010년 Foreign Affaires호에서 한국이 2040년대에 GUTS에 포함된 이유를 분석했다.

첫째, 한국 국민의 국민성*Korean Character*이 열정*passion*과 근면*hard work*, 신바람 나게 지칠 줄 모르게 일하는 민족이다.

둘째, 한국의 교육열이 세계에서 가장 높은 나라다.

셋째, 한국인의 기술력과 전문 인력*technologies & technocrats* 등 능력 있는 인적자원이 풍부하다. 조선, 반도체, 자동차, 원자력, 철강 등 국제 경쟁력 있는 산업체들이 많다.

넷째, 세계 186개 국가에 교포 700만 명 거주하며, 이들은 상호 Net Work화하여 상호 영향력을 끼치고 있는 단결력 있는 민족이다.

다섯째, 한국에는 1,000만 명 프로테스탄트*Protestant* 개신교 신자들이 있다. 그들이 국가발전에 영적, 도덕적, 정신적 저변 역할을 한다.

■ 짐 로저스*Jim Rogers* 예측

짐 로저스[250]는 2019년에 『큰 그림: 왜 한반도는 다음 10~20년 동안 세계의 가장 뜨거운 장소가 될 것인가?, *Big Picture: Why Han Ban Do is Going to be the Most Exciting Place in the World for the Next 10-20Years*』 긴 제목의 공동저서를 백우진과 출판했다.

"오늘날 동북아의 작은 반도에서 일어나고 있는 지정학적 사건들을 보며 '작은 파도를 보지 말고 바다 밑에서 흐르는 해류를 파악하라. 나무를 보지 말고 숲을 보라. 큰 흐름을 느끼며 큰 그림을 그려보면 변화의 줄기를 볼 수 있다. 한반도를 중심으로 일어나는 국제 사회 변화의 흐름은 무엇인가? 역사와 경제를 뒤흔드는 변화의 진원지가 북한이며 그 배경에 김정은 체제 등장이다. 그가 추진하고자 하는 경제 개발은 북한의 자본주의와 경제 개방으로 귀결될 수밖에 없다. 북한의 핵 문

---

250) 짐 로저스Jim Rogers: 세계적인 투자자로서 워런 버핏과 조지 소로스와 3대 투자자로 불린다. 그는 예일에서 역사학을, 옥스퍼드대학에서 철학·정치학·경제학을 전공했다. 컬럼비아대학 경제학교수, 세계 168개 국가 35만km를 여행했다. 다가올 세시는 아시아의 시대가 될 것이라고 예견한다.

제는 이런 흐름 속에서 해결되리라 본다. 한국과 북한사람들이 화합하는 것은 두 나라의 손에 달려 있다. 남북한 정부와 모든 국민이 지혜로운 최선을 다하기를 기대한다. 나는 부산에서 런던으로 향하는 열차표를 끊는 날이 오기를 고대한다."[251]

"한국에선 38선이 사라질 것이다. 한국에 새로운 프론티어가 생긴다. 잘 교육받은 값싼 노동력이 있고 많은 자원이 있는 북한이라는 프론티어가 있다. 북한은 빚이 없다. 누가 김 씨 일가에 돈을 꾸어 주겠는가? 경영능력과 자본을 갖춘 한국에 북한이라는 새로운 프론티어가 열리지만, 일본에는 없다. 한국은 세계 10대 경제 강국이다. 이젠 한국은 가난한 나라가 아니다. 남북통일을 일본이 반대한다. 중국과 러시아는 찬성한다. 남북한도 통일을 찬성한다. 그래서 통일은 이루어질 것이다. 통일되면 남북이 다시 교역하고 교류하게 된다. 한국은 통일의 비용보다 더 큰 이익을 누리게 될 것이다. 미군의 철수를 바라지 않는다. 지도를 보면 한반도는 미국이 중국 국경과 러시아 국경에 군을 배치할

---

251)Jim Rogers · 백우진, 『Bib Picture』 서울, 비즈니스북, 2019

수 있는 유일한 곳이다. 미국과 중국 혹은 러시아 사이에 분쟁이 벌어지면 중국이나 러시아는 우선 한국을 침공할 것이다. 내가 한국의 대통령이라면 38선 DMZ에서 K-Pop 콘서트를 할 것이다. 그리고 규제를 완화할 것이다. 나는 세계 여러 곳에 투자한다. 한국이 세계에서 규제가 가장 심한 나라 중의 하나다".[252]

위 석학들의 한국 미래에 대한 예측의 달성 가능성은 1986년 사세휘 교수와 1992년 피터 드러커 석학의 예측보다 달성할 개연성이 훨씬 높다고 판단한다. 왜냐하면, 한국은 경제 선진국이 될 수 있는 하드웨어와 소프트 인프라를 튼튼히 구축하였기 때문이다. 한국은 결국 2030년 전에 통일이 된다는 것과 2040년대에 세계 4~5등 경제 선진국이 된다는 것은 지극히 합리적인 기대다.

---

252) Jim Rogers, 2019.5.18.−9. "인구 줄고 빚 많은 일본은 쇠퇴, 남북 융합 땐 새 프론티어 생겨"

If winter comes, spring be far behind!

겨울이 오면 어찌 봄이 멀었으리오!

19세기 영국의 낭만파 대표적인 서정시인 Percy Bysshe Shelley의 '서풍에 붙이는 노래'를 부른다.

The End

참고문헌

■ 한국편

공병호 『좌파적 사고』 서울, 공병호연구소, 2019.

김수복 『기업의 노동조합대책』 서울, 중앙경제, 2011.

김태일 『국가는 내 돈을 어떻게 쓰는가』 서울, 웅진, 2017.

김명자 『산업혁명으로 세계사를 읽다』 서울, 까치, 2019.

박지향 『중간은 없다. 마거릿 대처의 생애와 정치』 서울: 기파랑, 2007.

　　　『대처 스타일』 서울, 김영사. 2012.

　　　『대처리즘: 자유시장경제의 위대한 승리』 서울: FKI미디어, 2004

박지향 『한국 노동시장』 서울, FH미디어, 2003.

서병훈 『민주주의–밀과 토크빌』 서울, 아카넷, 2020.

설봉식 『대처리즘과 한국경제』 서울, 청림출판, 2007.

송병락 『한국 경제의 길』 서울, 박영사, 2006.

　　　『자본주의의 웃음, 자본주의의 눈물』 서울, 김영사, 1998.

송 복 『특혜와 책임』 서울, 가디언, 2016.

안재욱 『흐름으로 읽는 자본주의 역사』 서울, 프라이코노미북스, 2015.

오원철 『박정희는 어떻게 경제강국을 만들었나』 서울, 동서문화사, 2010.

이영훈 『대한민국 역사』 서울, 기파랑, 2013

장대환 『우리가 모르는 대한민국』 서울, 매일경제신문사, 2019.

정판영A 『아! 코리아, 코리안!』 서울, J&C Books, 2007.

정판영B 『독일 통일과 한국의 통일전략』 서울, 생각나눔, 2020.

한국공학한림원 『꿈이 만든 나라』 서울, 다니비엔비, 2019.

■ 해외편

글랜 허버드·팀 케인(김태훈 역) 『The Economics of Great Powers』 서울, 민음사 2013.

다케나카 헤이조(김소운 역) 『경제 고전』 서울, 북하이브, 2010.

다니엘 튜더(노정태 역) 『기적을 이룬 나라 기쁨을 잃은 나라』 서울, 문학동네, 2012.

다니엘 코헨(주명철 역) 『부유해진 세계 가난해진 사람』 서울, 시유시, 1997.

대런 애쓰모글루 제임스 A. 로빈슨 Daron Acemoglu and James a. Robinson(최완규 역) 『국가는 왜 실패하는가?』 서울, 시공사, 2012.

도널드 서순(유강은 역) 『불안한 승리』 서울, 뿌리와이파리, 2020.

라이너 지텔만(강영옥 역) 『부유한 자본주의, 가난한 사회주의』 서울, 봄빛서원, 2019.

막스 베버(박성수 역) 『프로테스탄티즘의 윤리와 자본주의 정신』 서울, 문예출판사, 2004.

밀턴 프리드먼(심준보 변동열 역) 『자본주의와 자유』 서울, 청어람미디어, 2007.

빅터 D.차(김일영 외 역) 『적대적 제휴』 서울, 문학과 지성사, 2004.

새뮤얼 헌팅턴 외(이종인 역) 『문화가 중요하다』 서울, 김영사, 2002.

새무얼 보울스 외2 『자본주의 이해하기 Understanding Capitalism』 서울, 후마니타스, 2009.

세바스티안 에드워즈(이은진 역) 『포퓰리즘의 거짓 약속』 서울, 살림, 2012.

스티븐 레비츠키·대니엘 지블렛(박세연 역) 『어떻게 민주주의는 무너지는가?』 서울, 머스크, 2018.

스티브 포브스·에리자베스 아메스(김광수 역) 『How Capitalism will Save Us』 서울, 아라크네, 2009.

아나톨 칼레츠키(위선주 역) 『Capital 4.0 The Birth of New Economy』 서울, 컬처앤스토리, 2010.

야스차 뭉크(함규진 역) 『위험한 민주주의 The People versus Democracy』 서울, 미래엔, 2018.

에릭 라이너트(김병화 역) 『How Rich Countries Got Rich and Why Poor Countries Stay Poor』 서울, 부 키, 2007.

오마에 겐이치(송재용 외 역) 『The Next Global Stage』 서울, 러그미디어, 2006.

요르겐 랜더스(김태훈 역) 『더 나은 미래는 쉽게 오지 않는다』 서울, 생각연구소, 2013.

Jared Diamond(강주헌 역), 『나와 세계』 서울, 김영사, 2014.

Jared Diamond(강주헌 역), 『총 균 쇠, Guns, Germs and Steel』 서울, 문학사상사, 1998.

Jared Diamond(강주헌 역), 『대변혁, Upheaval』 서울, 김영사, 2019.

Jared Diamond(강주헌 역), 『문명의 붕괴, Collapse』 서울, 김영사, 2005.

Joseph S. Nye, 『Do Morals Matter?』 2020.

조슈아 컬랜칙(고정태 역) 『Democracy In Retreat』 서울, 들녘, 2015.

조지프 스티글리치(이순희 역) 『불평등의 대가』 서울, 열린책들, 2012.

존 스토셀(조성진 역) 『Why Government Fails—But Individuals Succeed』 서울, 글로세움, 2012.

줄리안 아도니(이병태 감수) 『왜, 결정은 국가가 하는데 가난은 나의 몫인가』 서울, 지식발전소, 2019.

짐 로저스 백우진 『큰 그림Big Picture』 서울, 비즈니스북, 2019.

찰스 핸디(노혜숫 역) 『헝그리 정신The Hungry Spirit』 서울, 생각의 나무, 1998.

토마스 피케티(장경덕 외 역) 『21세기 자본』 서울, 글항아리, 2013.

클레이튼 M. 크리스텐슨 외2(이경식 역) 『번영의 역설』 서울, 부 키, 2019.

스티브 포브스 외(김광수 역) 『자본주의는 어떻게 우리를 구할 것인가』 서울, 아라크네, 2009.

프랜시스 후쿠야마(이상훈 역) 『역사의 종말The End History』 서울, 한마음사, 1992.

피터 F. 드러커(이재규 역) 『Post—Capitalist Society 자본주의 이후의 사회』 서울, 한국경제신문사, 1993.

피터 F. 드러커(이재규 외 역) 『프론티어의 조건』 서울, 청림출판, 2010.

필립 코틀러 낸시 리(남문희 역) 『착한 기업이 성공한다』 서울, 리더스북, 2006.

한국경제 10대 전략

펴 낸 날 2021년 5월 1일

지 은 이 정판영
펴 낸 이 이기성
편집팀장 이윤숙
기획편집 윤가영, 이지희, 서해주
표지디자인 윤가영
책임마케팅 강보현, 김성욱
펴 낸 곳 도서출판 생각나눔
출판등록 제 2018-000288호
주   소 서울 잔다리로7안길 22, 태성빌딩 3층
전   화 02-325-5100
팩   스 02-325-5101
홈페이지 www. 생각나눔.kr
이 메 일 bookmain@think-book.com

• 책값은 표지 뒷면에 표기되어 있습니다.
  ISBN   979-11-7048-220-8(03320)

• 이 도서의 국립중앙도서관 출판 시 도서목록(CIP)은 서지정보유통지원시스템 홈페이지(http://seoji. nl.go.kr)와 국가자료공동목록시스템(http://www.nl.go.kr/kolisnet)에서 이용하실 수 있습니다